Mein Juraland-Lesebuch

herausgegeben von

Gerold Bielohlawek-Hübel

Auszüge von Romanen und
Erzählungen, Geschichten und Gedichte,
sowie heimatkundliche
Beiträge aus dem Juraland zwischen
Nördlingen, Nürnberg,
Regensburg und Ingolstadt.

3K-Verlag

Titelaquarell: Traudl Adam-Brunnquell, Ingolstadt

CIP-Titelaufnahme der Deutschen Bibliothek

Mein Juraland-Lesebuch: Auszüge von Romanen u. Erzählungen, Geschichten u. Gedichte sowie heimatkundl. Beitr. aus d. Juraland zwischen Nördlingen, Nürnberg, Regensburg u. Ingolstadt / hrsg. von Gerold Bielohlawek-Hübel. - Kösching: 3K-Verl., 1988
ISBN 3-924940-21-5
NE: Bielohlawek-Hübel, Gerold [Hrsg.]

Gesamtherstellung: Druckerei Hage GmbH, Kösching

ISBN 3-924940-21-5

Inhalt

Vorwort

Dieses Lesebuch ist aus meinem Interesse am Sammeln von Büchern und Bildern über das Juraland entstanden. Eröffnet wird es mit einem „Lob des Fränkischen Jura" von Gottfried Kölwel, der im nächsten Jahr seinen 100. Geburtstag hätte. Es ist ein eindrucksvoller Rückblick des in Beratzhausen geborenen und aufgewachsenen Dichters und zeigt, wie sehr ihn seine geliebte Juraheimat prägte und ihm immer in Erinnerung blieb. Zahlreiche weitere Beiträge erzählen von den Menschen, die in diesem arg steinigen Land lebten, und schildern die Schönheiten des Juralandes. Jedoch gibt es auch Stimmen, die von schmerzlichen Veränderungen berichten, denen sich dieses Gebiet seit langem ausgesetzt sieht, und die darauf hinweisen wollen, behutsam mit dieser unwiederbringlichen Landschaft umzugehen.
Mein Dank gilt allen, die durch ihre freundlicherweise zur Verfügung gestellten Beiträge das Zustandekommen dieses Lesebuches ermöglichten. Insbesondere danke ich dem Köschinger Verleger Hermann Hage, der die Herausgabe großzügig förderte.

Ingolstadt, November 1988
Gerold Bielohlawek-Hübel

Gottfried Kölwel

Lob des Fränkischen Jura

Loben will ich dich, du altes, unbekanntes Land, in das mein Großvater einwanderte, obgleich er von den reichen, goldenen Ufern des Rheins kam, obgleich meine Urgroßmutter noch als alte Dame vom Rhein herüberfuhr, den Kopf schüttelte und zu meinem Großvater sagte: „Wie kannst du nur hier bleiben! Wie kannst du nur hier bleiben!" Aber er blieb, und mein Vater blieb, und ich erlebte dort meine herrlichen Kindertage.

Welch ein Zauber, wenn Weihnachten kam! Welch eine glückselige Hoffnung und zugleich welch eine dämonische Furcht! Denn das Schöne und Reine stand nicht so einfach draußen vor der offenen Tür, daß man es getrost fassen und hineinziehen konnte, nein, alles mußte erworben, alles mußte gleichsam erst dem Dunkel, dem Bösen entrissen werden. Kam schon der Nikolaus als halb drohendes Gespenst, so jagten uns die Lucie und der Thomas mit dem Hammer einen noch viel größeren Schrecken ein; denn die Lucie schnitt jedem Kind, das sie erwischte, mit einem langen Messer den Bauch auf, der Thomas mit dem Hammer (eine Anlehnung an den alten Gott Thor) schlug einem den Schädel ein. So wagte man sich in diesen Nächten denn auch nicht aus dem Zimmer, ins Haus selber aber kamen diese bösen Geister nicht, und so bekam man sie nie zu sehen. Aber sie gingen um, geheimnisvoll und schwer, und man war froh, wenn ihre Tage vorüber waren. Dafür ging gleich hernach das Christkind über die Erde, schaute heimlich zu allen Fenstern herein, und am Morgen fand ich nicht selten ein Zuckerstück im Blumentopf am Fenstergesims. Damit aber war die Zeit des Lichtes angebrochen, die Zeit der Freude. Wenn in der Christnacht auch alle Hexen umgingen und man sich schaudernd erzählte, daß man sie alle in der Christmette während der Wandlung sehen könne, wenn man die Knie auf einem Schemel aus neunerlei Holz beuge, all dies trat doch mehr in den Hintergrund vor der Freude, die das Christkind bringen sollte.

In der Nacht vor dem Dreikönigstag riecht es in den Häusern ebenso wie in den Stallungen nach dichtem Weihrauch. Jeder Unhold wird dadurch ebenso verjagt wie ihm durch das Aufzeichnen der drei Kreuze und der Anfangsbuchstaben der Heiligen Drei Könige der Eintritt durch jede Tür verwehrt wird. Im Januar, wenn der Bauer auf dem Dorf allmählich sein Getreide ausgedroschen hat und es auf niederen, schweren Schlitten in den Markt hinein zur Schranne fährt, denkt er auch anderweitig an sein leibliches Wohl; manches dick gemästete Schwein wird ge-

Steiniges Juraland *(Foto: M. Vogt-Vilseck)*

Früher wurde mit dem Ochsengespann geackert. *(Foto: M. Vogt-Vilseck)*

schlachtet, gebrüht, zerstückelt in den Kamin gehängt und geräuchert. Hierbei spielt sich bisweilen die Sitte des Wurstfahrens ab, maskierte Menschen kommen in das Haus, machen Spektakel und Unsinn und ziehen, mit Würsten beschenkt, wieder von dannen.

Wenn dann, gegen das Frühjahr zu, der Osterhase durch die Höfe läuft und man die von ihm gelegten Eier noch warm im Nest findet, beginnt für den Jurabewohner die Zeit der Arbeit. Fast ausnahmslos Ackerbauer, führt er den Pflug über das manchmal recht steinige Feld, und an den steilsten Hängen arbeitet der kleine Gütler mit der „Haue", bis mitten im grünen Rasen ein kleines Feld wie ein frischgebakkener, brauner Kuchen hängt. Der Mensch dieser Gegend ist überaus arbeitsam, er schindet sich förmlich, wenn es sein muß, und nimmt mit dem geringsten Ertrag vorlieb. Freilich schimpft er dabei, aber wenn man ihn vor die Wahl stellen würde, seinen kargen Acker zu verlassen, seine braune Kuh und sein Häusel, in dem es viel nach Kraut und Kartoffeln riecht, wo die Hühner oft auf den Tischen umherhüpfen, die Gänse unter der Ofenbank schnattern, ich glaube, er wäre doch nicht zu bewegen, seine Heimstatt gegen eine andere zu vertauschen; denn er ist verwachsen mit allem; er selber hat, wenn er im Sommer einerntet, die Form von Sichel und Sense, als wäre er das getreueste und noch immer beste Werkzeug, das je für die Ernte erfunden wurde. Genau, fast knauserig, sammelt er die letzte Ähre, um auch das letzte Korn auf die Schranne oder in den Hals der Gänse zu bringen. Denn Gänse gibt es in der Oberpfalz mehr als alle anderen Tiere: riesige weiße Herden ziehen über die Hänge der Täler empor und breiten sich aus auf den abgeräumten Feldern. Freilich ißt der Bauer, wenn die Kirchweih kommt, die wenigsten davon; sie wandern, von Händlern zusammengekauft, in die Stadt, um dort den Markt zu füllen. Der Jurabauer ißt sein Geräuchertes, im Sommer wie im Winter, dazu ganze „Standen", das sind riesige Zuber voll Sauerkraut, das im Spätherbst durch Rübenkraut ersetzt wird. In dieser Zeit kommt es bisweilen vor, daß man in einer dunklen Gasse oder irgendwo im Freien plötzlich erschrickt. Eine feurige, höllische Grimasse scheint einem entgegenzukommen und auf einen zu lauern, aber wenn man auf das Gespenst zugeht, ist es nichts als eine ausgehöhlte Rübe mit eingeschnittenem Gesicht, das von innen her durch eine brennende Kerze erhellt wird.

Wieder geht es dem Winter zu, dem Reich des Nebels, in dem die Geister umgehen. Es gibt ungezählte Sagen von den alten Burgen und Richtstätten; denn der Fränkische Jura hat eine sehr reiche historische Vergangenheit. Wo sich ein günstiger Bergkegel erhebt, besonders am Lauf der Flüsse entlang, findet man eine Ruine. Ihre einstigen Bewohner, ehemals Ritter und Minnesänger, verfielen in den späteren Geschlechtern zu Strauchdieben, und ihre Burgen wurden geschleift. Heute sind die Mauern zerfallen, Stein bröckelt von Stein. In der Reformationszeit mußten die Bewohner der Oberpfalz, je nach dem Bekenntnis des Landesherrn, oftmals ihren

Glauben wechseln. Nun ist alles längst wieder zur Mutterkirche heimgekehrt. Es gibt kaum einen größeren Bauernhof, der nicht eine kleine Kapelle in seiner Nähe hätte, große Kreuze stehen inmitten der Fluren, und viele größere Ortschaften haben eine Mariahilfkirche, einen Kalvarienberg oder sonst irgendeine Zufluchtstätte.

So steige auch ich jedesmal, wenn ich in meine Heimat komme, aus dem engen Tal empor zur Mariahilfkirche, auf jene Höhe, die den Blick öffnet für stundenweites Land. Auf dem Plateau wogen die Getreidefelder wie unermeßliche Meere, während sich zur andern Seite, dicht unter mir, ein enges Tal auftut. In ewig gleichmäßiger Ruhe, durch schmale grüne Wiesen zieht sich der schwarze Fluß und macht soviel Windungen, als wollte er die saftige Wiesenerde nach allen Richtungen durchkosten. Uralte Mühlräder stelzen über ihn hinweg, daneben läuft der Weg, gleichfalls vielfach gewunden wie er, und sieht aus wie ein im Winde wehendes Band, das sich aus der Niederung gegen die Höhen hinaufschlängelt. Um die steilen, ins Tal abfallenden Felsen kreisen die grauen Habichte, und die Raben fliegen in großen schwärmenden Wolken dahin. Wer hier auf einem jener zahlreichen Steine sitzt, die wie Gnomen aus der Erde hervordrängen, wird stundenlang nicht müde werden, den Reichtum einer großen, merkwürdigen Landschaft in sich aufzunehmen; drüben, jenseits des Tales, fangen die Hügel und Berge des Jura zu wallen an, eine Kuppel taucht über die andere empor und trägt da und dort einen Wald, einen Hof, eine alte Burg, als wären die Fäuste der Unterwelt emporgestoßen, um die Herrlichkeiten der Welt in ihrem Auf- und Niedergang zu zeigen.

aus: „Heimat"
Erinnerungen Deutscher Autoren
Herrenalb/Schwarzwald 1965
Horst Erdmann Verlag

*Der Abdruck aller drei Beiträge von
Gottfried Kölwel erfolgte
mit freundlicher Genehmigung
von Frau Charlotte Kaiser, Beratzhausen.*

Gottfried Kölwel

Land im Winter

Das kalte Land ist leer und weit,
Feld, Wald und Wiese tief verschneit.

Begraben liegt des Sommers Lust,
der Winterriese reckt die Brust.

In seinem Atem, nebelgrau,
trauert der blanke Sommertau.

Der Bienen Geläut, das Hummelsgesumm
geht im gespenstischen Winde um.

Wie von Libellen ein Blitzen? Da:
Eispfützen, wo ich Flügel sah.

Ja, selbst den leichten Schwalbenflug
verhöhnt ein schwarzer Rabenzug.

Erst jetzt begreif ich, was ich seh:
Wacholderbüsche, schwarz im Schnee?

Tief eingewühlt, froststeif und hart,
schläft Pan und reckt den Ziegenbart.

aus: „Wir Wehenden durch diese Welt"
Gottfried Kölwel
München 1959
Kösel-Verlag

Oft trifft man im Juraland einen Schäfer mit seiner Herde (Zeichnung: Alfons Dürr)

Gottfried Kölwel

Der schwarze Kaspar

Ja, ich war nachdenklich geworden, und es war Zeit, daß ich zu meinem Freunde kam, der mir die Welt wieder im paradiesischen Licht erscheinen ließ. Es war dies nicht etwa ein gleichaltriger Kamerad, nein, es war einer von den Großen, Erwachsenen, sogar von den Alten einer, aber er war doch mein Freund.

Draußen im Walde lebte er; bevor ich ihn genau kennenlernte, hätte ich nie geglaubt, daß ich ihm je näherkommen würde, geschweige denn, daß der Alte gar einmal zu meinem Freunde werden sollte. Denn eigentlich fürchtete ich ihn, so wie ihn alle Kinder fürchteten. Ging er doch mit kohlschwarzem Gesicht und schwarzen Händen durch den Wald. Wie der Teufel erschien er uns anfänglich, als er in die Gegend gekommen war, wie ein schrecklicher Waldgeist.

Er hauste in einer Felsenhöhle, abseits von den Menschen. Eigentlich war es gar keine richtige Höhle, es war nur ein Felsenschacht oder, noch deutlicher gesagt, ein Unterschlupf unter einem großen Felsen.

Wenn der schwarze Kaspar, so hieß man ihn nämlich, auf seinem Steinsitz saß, um Körbe aus gespaltenen Wurzeln zu flechten, so wölbte sich hinter seinem gekrümmten Rücken der Felsen auf, und es mutete fast an, als wäre der Kaspar einmal ein Riese gewesen und hätte sich mit seinem Rücken die Höhle selbst in den Felsen geprägt. Jedenfalls zeigten Kaspars Rücken und die hinter ihm aufsteigende Felswand die gleichlaufende Linie.

Auch waren beide ganz schwarz, denn das Feuer, das Kaspar dicht vor dem Felsen alltäglich entfachte, um sich sein Essen zu kochen, hatte die Steinwand völlig verrußt und ihr eine richtige, dicke Kaminschwärze verliehen.

Aber was ging den Kaspar diese Schwärze an. Sie war eben da, wie alles in der Natur, so wie das Wasser, wenn es regnet, wie der Schnee, wenn es schneite, wie das Licht, wenn die Sonne aufging, wie das Dunkel, wenn es nachtete, ja, so war der Ruß da, wenn das Feuer brannte, und somit, daß er da war, war es gut.

Denn siehe, alles um ihn herum war gut. Da wuchsen die Schwämme im Wald, die Beeren an den Sträuchern, die Nüsse am Baum. Auch die Milch war gut, die er von den Leuten geschenkt bekam, das Brot schmeckte ihm, und wenn ein Bauer oder ein Bürger für die schönen Körbe, die der schwarze Kaspar lieferte, gar einmal in die Räucherkammer griff, um ihm auch etwas Fett auf das Brot zu legen, so war die Welt überhaupt grenzenlos gut.

Was brauchte der Mensch nach Kaspars Anschauung schon? Solange die Sonne

für ihn auf- und unterging, solange er frisch erwachte und müde einschlief, so lange hatte Kaspar auch keine Sorge um sein Dasein. Wenn ihn auch nicht die Vögel ernährten, wie weiland den Propheten Habakuk, aber so viel war immer da rings um ihn, was er brauchte. Denn darin bestand gerade sein Reichtum, sein Glück, daß er fast nichts brauchte. Er wäre nicht zu bewegen gewesen, in einem Haus, unter einem geschützten Dach zu wohnen, oder in einem Bett zu schlafen, solange es im Freien überhaupt nur erträglich war. Sein Stroh und seine Waldstreu waren ihm genug, und wenn es ihn im Winter einschneite, so daß nur der Kopf aus dem Schnee herausragte, lachte er über die gesunde Frische, sprang hoch wie aus weichstem Bettflaum und schüttelte sich nur. Es mußte der böhmische Wind die Temperatur schon auf zwanzig Grad unter Null herunterdrücken, wenn der schwarze Kaspar einmal seine Höhle verließ und im Schuppen eines Bauern Unterschlupf suchte. Sonst war er froh in seiner Wildnis und allem abgetan, was die Menschen sich zu ihrer Bequemlichkeit erfanden.
„Was wißt ihr noch", sagte er oft zu uns Kindern, wenn wir uns vor seiner Höhle versammelten und ihn bestaunten. „Was wißt ihr noch vom Paradiese?"
Uns freilich kamen seine Reden anfangs recht seltsam vor: denn wie sollte diese Armut, in der er freiwillig lebte, diese Abgeschiedenheit von den Menschen, dieses schwarze Loch im Felsen, das harte Lager, auf dem er schlief, wie sollte da heraußen mitten im Wald, wo sich nur eine schmale und kurze Wiese vor seiner Behausung ausbreitete, wo die Nacht mit all ihren Unheimlichkeiten sich um ihn schloß, wie sollte da das Paradies sein?
„Er ist eben ein Kaspar", sagten die Leute und meinten damit einen Narren.
Wir Kinder meinten es auch lange, aber je öfter wir zu ihm kamen, nachdem wir wußten, daß er uns sehr gerne sah und sich stets lange mit uns unterhielt, desto mehr spürten wir, daß dieser einfache Mensch gar nicht so unansehlich war, wie er aussah. Es ging bald etwas Anziehendes, ja etwas Zauberhaftes von ihm aus, je mehr wir erkannten, daß das schwarze Gesicht und die schwarzen Hände, die er trug, wirklich nichts mit dem Teufel, sondern nur mit dem Ruß zu tun hatten, mit jenem schwarzen Ruß, der als Rest des lohenden Feuers übrigbleibt.
Ach, was uns der Kaspar alles erzählte! Die wunderlichsten Geschichten hörten wir von ihm. Er sah am frühen Morgen, wenn alle Leute noch schliefen, die Elfen auf der Waldwiese tanzen. So genau schilderte er uns diese kleinen, zierlichen Göttinnen des Lichts, daß wir sie uns in ihren Schleiern ganz genau vorstellen konnten: so leicht, so schwebend, wie kein Schmetterling war. Wir hätten es auch gar zu gern einmal gesehen, wie sich die Elfen im Tau wuschen, wie hätten gerne einmal ihre frischen Gesichter und ihre leuchtenden Augen gesehen. Aber so früh, so früh kamen wir nie an die Wiese, um sie wirklich einmal im Reigen tanzen zu sehen; auch wenn wir an warmen Sommerabenden so lange bei Kaspar blieben, bis die Däm-

merung kam und die Elfen wieder hätten kommen sollen, dann kamen die Elfen eben doch nicht. Sie ließen sich von niemand sehen als von ihm, erzählte er. Wenn irgendein anderer durch den Wald ginge, verzögen sich alle Zaubergestalten in ihre Höhlen, und selbst der große, zottelige Pan, der wie ein Bock aussehen sollte, ließ sich von niemand blicken. Nur schlafen glaubten wir ihn manchmal zu hören, fernab, irgendwo, wenn Kaspar am heißen Mittag plötzlich den Finger an den Mund legte und uns so zum Schweigen aufforderte.

Oh, wie wir da horchten! „Hört ihr nichts?" sagte der schwarze Kaspar. „Horcht doch! Jetzt müßt ihr's doch hören!"

Aber wir hörten nichts als das große Schweigen des Waldes, das manchmal freilich wie ein tiefes Atmen war; wenn sich aber gar ein Vogel irgendwo im Geäst rührte, dann waren wir erschrocken und bekamen heiße Gesichter und flimmernde Augen. Ganz atemlos saßen wir da. Aber es geschah nichts.

Nur ihn, den Kaspar selbst, sahen wir, wie er langsam und leise von seinem Steinsitz aufstand, etwas auf die Wiese heraustrat und sich fast lautlos nach allen Seiten wandte. Wie er seine schwarzen Ohren so nach allen Seiten richtete, glich er fast einem merkwürdigen, lebendig gewordenen Instrument, das alles Lautlose in sich auffing, um es zum Klingen zu bringen. So oder wenigstens ähnlich mußte es sein, denn wir Kinder sahen es ganz deutlich, wie er, in der Stille des Waldes dastehend, plötzlich zu lächeln begann, als hörte er nicht bloß alle Stimmen der Waldgeister, sondern als hörte er gar die Engel im Himmel singen.

„Schaut euch nur gerade um", sagte er dann zu uns. „Wie schön es ist. Da glauben die Menschen immer, daß es kein Paradies mehr gibt ... Ja, ja", nickte er oft vor sich hin. „Aber die Menschen sind eben so: Was nicht der Maurer und der Schneider gemacht hat, was nicht ein hoher Giebel ist oder ein eitles Gewand, das scheint ihnen nichts zu sein. Auch ganz taub sind sie geworden; nur wenn die blanke Münze klingt oder die Banknote rauscht, dann können sie noch lachen ... Was würde ich da tun", wandte er sich wieder zu uns. „Ich habe gar nichts, nicht einmal die Höhle, in der ich wohne, gehört mir. Und doch Kinder", fuhr er weiter, „ich bin noch etwas im alten Paradies." Er lächelte: „Da schaut nur hinauf auf den Felsen! Seht ihr da droben die roten Himbeeren? Wie sie leuchten in der Sonne! Man braucht nur den Mund aufzutun, und sie wachsen von selber hinein. Oder zählt einmal all die süßen Erdbeeren, die jeden Sommer auf den Holzschlägen wachsen. Zählt sie", lachte er, „wenn ihr könnt."

Nein, das konnten wir nicht, diesen Überfluß der Erde vermochte kein Mensch in Ziffern auszudrücken.

„Nur eins", meinte der schwarze Kaspar, „müßte man können. So einen Stab wie Moses müßte man haben, Kinder, nicht wahr, so einen Zauberstab, daß man damit an den Felsen schlagen könnte. Denkt euch nur", stellte er uns vor, „wenn da aus

dem Stein nun der Quell herausliefe und wenn das Wasser sich gar zu Wein verwandeln würde wie bei der Hochzeit zu Kanaan, nun, was würdet ihr da sagen?!"
Wir freilich konnten vor lauter Erstaunen gar nichts sagen, wir lachten nur, so erfreut waren wir über Kaspars Reden und Einfälle; in seiner Nähe gefiel uns die Welt ganz ungewöhnlich, und ich glaube, wenn wirklich plötzlich der Wein aus dem Felsen herausgequollen wäre, so hätte uns dieser Quell auch kein größeres Vergnügen gemacht als die bloße Vorstellung und Stimmung, die der schwarze Kaspar in uns weckte; denn das, was er in uns weckte, das war das Märchen selbst. Er stieß die Türe zum Paradies für uns auf und ließ uns hineinsehen in das Land des Zaubers und des Glücks.
Ja, er war innerlich reich wie wenige, vielleicht gerade deshalb, weil er auf alles verzichtete und mit dem zufrieden war, was ihm zufiel von der Tafel Gottes.

aus: „Das glückselige Jahr"
Gottfried Kölwel
Heilbronn 1953
Eugen Salzer Verlag

Altmühltalblick *(Foto: Johann Bauch)*

Günter Eich

D-Zug München-Frankfurt

Die Donaubrücke von Ingolstadt,
das Altmühltal, Schiefer bei Solnhofen,
in Treuchtlingen Anschlußzüge -

Dazwischen
Wälder, worin der Herbst verbrannt wird,
Landstraßen in den Schmerz,
Gewölk, das an Gespräche erinnert,
flüchtige Dörfer, von meinem Wunsch erbaut,
in der Nähe deiner Stimme zu altern.

Zwischen den Ziffern der Abfahrtszeiten
bereiten sich die Besitztümer unserer Liebe aus.
Ungetrennt
bleiben darin die Orte der Welt,
nicht vermessen und unauffindbar.

Der Zug aber
treibt an Gunzenhausen und Ansbach
und an Mondlandschaften der Erinnerung
- der sommerlich gewesene Gesang
der Frösche von Ornbau -
vorbei.

aus: Gesammelte Werke in 4 Bänden, Bd. 1, (S.19)
Günter Eich
Frankfurt 1973
Suhrkamp Verlag

Die „Hilzerne Klinge" *(Foto: H. Tischlinger)*

Eduard Dietz

Steinlese

Dies ist die Geschichte eines Mannes, über den man normalerweise keine Geschichten schreibt, denn er war immer bei den Verlierern, und wen interessiert schon deren Geschichte. Wer hätte sie auch schreiben sollen, seine krummgearbeiteten Finger wären dazu nicht imstande gewesen, und von denen, die solche Geschichten schreiben, hat ihn keiner nach seinem Schicksal gefragt.
Dies ist auch die Geschichte einer Burg und ihrer Bewohner, aber es ist nicht die Geschichte der Ritter und Grafen im Mittelalter, es ist die Zeit zwischen 1884 und 1952, in der dieser Mann gelebt hat. Die Ritter und Grafen waren längst aus der Burg verschwunden, und an ihrer Stelle hausten Bauern mit ihren Familien, mit Kühen, Schweinen und Hühnern, mit Stallfliegen und Kellerasseln in dem feuchten, zerfallenden Gemäuer. Bauern - ein hochtrabendes Wort für jene Kleinhäusler, die meist mehr Kinder als Kühe hatten, zu Ochsen hat es sowieso nie einer gebracht.
Dies ist auch die Geschichte einer Landschaft, über die man normalerweise nicht schreibt. Sie liegt in Bayern, aber sie liegt nicht da, wo die Berge und Seen sind, auch nicht an den großen Flüssen, wo die fruchtbaren Getreidefelder und Weinberge zu finden sind. Sie liegt da, wo schon immer die Not zu Hause war und wo auf den Feldern die Steine wachsen. Es ist die Landschaft, die der Sage nach nicht einmal der Teufel haben wollte, als sie ihm vom Herrgott angeboten wurde. „Pfhalts!" soll er gesagt haben, und damit hat er ihr den Namen gegeben. Pfalz, die obere Pfalz ist es, und in ihrer steinigsten Ecke, da, wo sie vom Jura durchzogen wird, da steht jene Burg und lebte jener Mann.
Als er geboren wurde, gab es in dieser Gegend nichts als eben diese Gegend, und wer dort leben mußte, der mußte von dem leben, was er dem kargen Boden abrang. Und wer ein Leben lang mit diesem steinigen Boden gekämpft hatte, trug die Spuren dieses Kampfes in seinem verkrümmten Rückgrat. Alljährlich klaubten sie im Frühjahr die Steine vom Acker, so, wie sie im Herbst die Kartoffeln klaubten, und alle Jahre, wenn der Schnee geschmolzen war, waren sie wieder da, bleich wie das Gebein auf einem Schlachtfeld und bleckend wie das Gebiß in einem Totenschädel. Die Drohung der Bibel: „Im Schweiße deines Angesichts sollst du dein Brot essen; Dornen und Disteln soll dir der Acker tragen", diese Drohung mußte ihnen wie Hohn klingen. Den Schweiß ihres Angesichts hätten sie ja gerne gegeben, aber der Boden forderte mehr, bis er das Brot hergab, er forderte ihre Gesundheit und

Jahre ihres Lebens. Dornen und Disteln? - was macht das schon, an Dornhecken wachsen immerhin Schlehen. Disteln geben noch Futter für die Ziegen. Aber welcher Dämon hatte sich ausgedacht, ihnen zur Plage auf den Äckern Steine wachsen zu lassen.

Dies ist die Geschichte eines Mannes, der im Jahre 1884 in einem alten Gemäuer, das einmal eine Burg war, zur Welt kam und der das Pech hatte, als Erstgeborener zur Welt zu kommen. Denn in dieser Gegend war es ein Unglück, der Erste zu sein, wenn man arm war. Seit Menschengedenken erbt dort der Jüngste den Hof. Wer als erster zur Welt kam, kam als Knecht zur Welt. Knecht seines Vaters und Knecht seines noch ungeborenen jüngsten Bruders. Und Knecht war man, bevor man Mensch sein durfte. Mit fünf Jahren hütete man die Gänse, mit acht die Kühe, mit elf Jahren führte man den Rechen bei der Heuernte, mit vierzehn stand man hinter dem Pflug. Und mit zwanzig verließ man das Haus - wer kann es ertragen, Knecht seines jüngeren Bruders zu sein.

Dies ist die Geschichte eines Mannes, der ein Erstgeborener und deshalb ein Knecht war. Der Arbeiter wurde, um kein Knecht sein zu müssen, und doch nur wieder eines Herrn Knecht war. Der in den Krieg zog, um für ein vermeintlich besseres Leben zu kämpfen, und doch nicht mehr bekam als einen Splitter in die Lunge. Der den Traum von einer besseren Zukunft nicht aufgab und deshalb Kommunist wurde und dafür verachtet und beschimpft wurde - nicht von seinen politischen Gegnern, welche bald darauf an die Macht kamen (für die war er so unwichtig, daß sie ihn gar nicht zur Kenntnis nahmen), sondern von seinen Mitmenschen, für die zu jener Zeit Kommunist sein soviel bedeutete wie Ketzer sein, Frevler gegen die heilige Ordnung, die so fest stand wie die Burg da hoch über dem Markt. Aber die Burg hatte schon Risse, an ihren Mauern saugte der Schwamm, in ihrem Gebälk bohrte der Holzwurm. Man konnte es hören: Eines Tages würden sie zusammenstürzen, die Burg und die Ordnung.

Auch dieser Mann hatte Risse bekommen, in seiner Lunge drückte der Granatsplitter, und in seinem Magen bohrte schon die Krankheit, die ihm den Tod bringen sollte. Einen Tod, langsam und unaufhaltsam wie das Zerfallen der Burg, in der er geboren wurde, nach einem mühsamen Leben, hart und karg wie die Landschaft, in der diese Burg stand. So war jedes ein Teil des anderen: die Landschaft, die Burg, der Mann. - Und dies ist seine Geschichte.

1884. In Bayern regierte König Ludwig und im Reich Kaiser Wilhelm. Vor einem guten Dutzend Jahren hatte man einen Krieg geführt gegen die Franzosen, und weil diese verloren hatten, mußten sie zahlen. Und weil sie zahlten, gab es viel Geld im Reich, und viele wurden reich. Und der Kaiser verkündete seinen Untertanen: Ich werde euch herrlichen Zeiten entgegenführen! Viele glaubten das, aber manche glaubten das nicht. Wenn auch viele reich geworden waren, noch mehr sind arm geblieben. Denn das Geld fand seinen Weg nur zu denen, die schon genug davon hatten. Es fand seinen Weg nur in die Städte, wo in riesigen Hallen mit Feuer, Ruß und Lärm des Kaisers schimmernde Wehr geschmiedet wurde. Es fand seinen Weg nicht aufs Land und schon gar nicht in jene Burg, die man nur das Gschloß nannte und hinter deren dicken Mauern an einem Oktobertag dieses Jahres eine junge Bäuerin gerade dabei war, ihr erstes Kind zur Welt zu bringen.

Das Gschloß war einmal eine mächtige Burg, erbaut von den Herren von Laaber. Überall, wo diese herrschten, hießen Flüsse und Bäche Laaber, so auch der Bach, der durch das Tal unter der Burg floß. Da, wo das Tal eine Biegung machte und der Berg dadurch ein Eck bildete, hatten sie ihre Burg gebaut mit dem Namen Breiteneck, denn zu jener Zeit bedeutete breit stark, mächtig.

Im Jahre 1884 war nicht mehr viel übrig von jener Macht, welche das Gschloß einst verkörperte. Mächtig waren nur noch die dicken Mauern, mächtig war noch das Gebälk und das bemooste Dach aus Kalksteinplatten. Die Herren von Laaber gab es nicht mehr, andere Herren kamen und gingen, und als keiner der Herren mehr dort wohnen wollte, da zogen Bauern in die verlassenen Gebäude und teilten sich das Gschloß in vier Anwesen. Den, welcher im Haupthaus einzog, nannte man den „Gschlößer".

In dieser Gegend geben die Häuser den Menschen ihren Namen; wer auf dem Moierhof saß, der war eben der Moierbauer, welchen Namen man ihm auch immer von Amts wegen gegeben hatte. Denn natürlich hatte jeder auch einen offiziellen Namen, einen Schreibnamen. Diese waren in dieser Gegend ebenso typisch und unverwechselbar wie die Hausnamen, die auf dem Haus lagen und die jeder annahm, der in das Haus einzog. Man schrieb sich Rackl oder Wolfrum, und man hieß: der Fuchsnbauer oder der Sunnerer. Oder eben der Gschlößer.

Derjenige, der an jenem Oktobertag des Jahres 1884 diesen Namen trug, trug ihn noch nicht lange. Es war noch kein halbes Jahr her, daß er die Walburga geheiratet hatte, oder besser: sie ihn; daß sie sich in das Gschlößer-Anwesen eingekauft hatten und daß man ihn den Gschlößer nannte. Daß das so war, daß er überhaupt Bauer war, das erschien ihm wie ein Wunder. Er hatte keinen Vater, und wer keinen Vater hatte, der zählte nicht viel.

Nun war es nichts Seltenes und auch nicht besonders schlimm, ein lediges Kind zu sein. In einer Gegend, wo man erst heiraten konnte, wenn der Vater den Hof übergab, und wo die Burschen und Mädchen bei der Arbeit auf dem Feld, im Stall oder im Stadel hautnah beieinander waren, war das ganz natürlich. Ein lediges Kind gab es fast in jeder Familie. Nein, es war nichts Besonderes, als lediges Kind zur Welt zu kommen, aber ein lediges Kind zu bleiben, das war etwas anderes. Meistens wurden die Kindsmütter später doch geheiratet, vom Vater des Kindes oder von einem anderen, der dann das Kind annahm. Auf einem Bauernhof konnte man nie genug Kinder haben - sie waren billiger als Dienstboten und mußten die gleiche Arbeit tun. Auch wenn einmal nicht geheiratet wurde, so wußte man wenigstens, wer der Vater war.

Beim Gschlößer war das anders. Wer sein Vater war, das wußte er nicht, darüber wurde zu Hause nie gesprochen. Im Dorf redete man zwar manchmal darüber, aber das waren nur Gerüchte und Mutmaßungen. Die, die davon redeten, wußten nichts, und die es wußten, redeten nicht. Seine Mutter, die Uldschmid-Walber, hat auch nie geheiratet, sie blieb bei ihrem Bruder auf dem Hof und machte ihm die Magd und lebte und sparte nur für ihren Buben. Da er schon keinen Vater hatte, sollte er wenigstens einen besonderen Namen erhalten, und so gab sie ihm den Namen Marzellus.

Sie war stolz auf ihn, und sie konnte stolz sein. Mittlerweile war er herangewachsen und 25 Jahre, und manche Bauerntochter sah ihm nach, denn er war so anders als die andern Bauernburschen. Er hatte schwarze Locken und dunkle Augen und einen Mund mit vollen fleischigen Lippen. Wenn ihn ein Mädchen ansah, bekam er einen roten Kopf und lächelte verlegen vor sich hin, er war einer von den Stillen und Sanften. Und wieder gingen im Dorf Gerüchte um: Ob sein Vater nicht gar ein Welscher gewesen sei, und Marzellus, das komme aus dem Französischen, und einige glaubten sich zu erinnern, daß früher einmal ein Franzose im Dorf gewesen sei, aber nichts Genaues wisse man halt nicht... Die Leute redeten, die Uldschmid-Walber schwieg, und die Mädchen drehten sich nach dem Marzellus um. Eine, die sich auch nach ihm umdrehte, war die Peller-Walburga vom Schnurhof.

Der Peller war kein kleiner Bauer, er hatte drei Ochsen und zehn Kühe, das war schon was in dieser Gegend. Seine Älteste, die Walburga, war eine Stolze und Energische, eine, die immer bekam, was sie sich in den Kopf setzte, und als sie sich den Marzellus in den Kopf setzte, da bekam sie auch ihn. Auf irgendeinem Tanzboden trafen sie aufeinander und tanzten, und dann tanzten sie den ganzen Abend miteinander, und wer dann wem das Kranzl abgetanzt hatte, das konnte man schwer sagen. Ob es vom Marzellus ausging, dem man das gar nicht zutraute, wo er doch immer so still und sanft war - aber waren es nicht gerade die Stillen, die es faustdick hinter den Ohren hatten? Oder ging es von der Walburga aus, die immer alles bekam, was sie wollte? Wurde es für sie nicht auch langsam Zeit, ans Heiraten zu denken, wo sie doch schon 24 war und ihr Bruder bald den Hof übernehmen sollte? Wie es auch war, nach ein paar Monaten ließ es sich nicht mehr verheimlichen und der Marzellus ging zu seiner Mutter und erklärte ihr, daß die Peller-Walburga ein Kind von ihm bekomme und er wohl nun mit dem Peller reden mußte. Und so, als ob sie all die Jahre nur auf diesen Tag gewartet habe, ging sie zu ihrem Kasten, kramte unter der Wäsche eine Kassette aus Zinkblech hervor und stellte sie

auf den Tisch. All das, was sie von seinem Vater bekommen, und all das, was sie in 25 Jahren zusammengespart hatte, war in dieser Kassette, und das sollte sein Heiratsgut sein - er brauchte nicht wie ein Bettelmann vor den Peller zu treten. 25 Jahre hatte sie gelebt und gespart - für diesen Tag.
Am Sonntag darauf ging er dann mit seiner Mutter zum Schnurhof, um beim Peller um seine Walburga anzuhalten, weil es sich so gehört und weil es Zeit wurde, daß etwas geschah. Der Peller war zwar nicht sehr begeistert, er hätte sich schon einen etwas wohlhabenderen Schwiegersohn gewünscht, aber er brauchte ja nur seine Walburga anzusehen, um zu wissen, daß es zum Reden zu spät war, paßte sie ja schon kaum noch in ihr Feiertagsgewand. Doch als er einen Blick in die Kassette getan hatte, da wurde er umgänglicher, das war schon was, damit konnte man schon etwas anfangen, und er, der Peller, wollte sich auch nicht lumpen lassen und legte auch einen anständigen Teil dazu. Das reichte aus, um sich in das gerade freigewordene Gschlößer-Anwesen einzukaufen und zu heiraten.
Es war kein großes Anwesen, das Geschlößer-Anwesen, zwölf Tagwerk Feld und drei Tagwerk Talwiesen und vier Kühe, damit konnte man gerade recht und schlecht eine Familie ernähren, wenn man sich ranhielt. Aber was machts, für einen, der

Der Hütebub *(Foto: M. Vogt-Vilseck)*

sich darauf eingerichtet hatte, sein Leben lang ein Knecht zu sein, da war das schon etwas. Wenn es auch nicht viel war, es gehörte ihm, er war ein Bauer, und er hatte einen Namen: der Gschlößer!

Marzellus stand in der Stube und starrte durch die engen Fenster, die früher einmal Schießscharten waren. Man sah nicht viel, wenn man durch die engen Fenster in der mächtigen Mauer ins Tal sah - ein Stück vom Ödtal oder ein Stück Wiesengrund mit der silbern schimmernden Laaber oder die beiden Zwiebeltürme von Sankt Sebastian -, aber dem Marzellus ging es nicht um den Ausblick, er hatte andere Sorgen. Drüben in der Kammer lag seine Walburga in den Wehen, die Hebamm und die alte Steinhauserin waren bei ihr, und ihn hatten sie in die Stube geschickt, daß er ihnen nicht im Weg herumstand. Kinderkriegen, das war Weibersach!

Es gab eine Sach für die Männerleut, und es gab eine Sach für die Weiberleut. So, wie es in der Kirche eine Männerseite und eine Weiberseite gab. Es hatte eben alles seine Ordnung, auch in der Kirche: rechts die Männer, links die Frauen, vorn die Kinder, hinten die Alten. Und jeder wußte, wo er hingehörte. Diese Ordnung hatte schon ihren Sinn, jeder wußte, wo er seinen Platz hatte, und jeder hatte seinen Platz in dieser Gesellschaft, wenn er sich an diese Ordnung hielt. Jeder hatte seinen Platz und seine Aufgabe. Wer im Kopf nicht ganz richtig war - und davon gab es in jedem Dorf einige -, der war noch zum Gänsehüten zu gebrauchen. Er war zwar ein Depp, aber er hatte eine Aufgabe, und er gehörte dazu. In den Städten, da war das anders, da verkündeten kluge Professoren, daß ein Depp kein Depp sei, sondern ein Kranker, den man von seiner Krankheit heilen müsse, und daß es beleidigend sei, ihn einen Deppen zu nennen. In den Städten, bei den klugen Leuten, da nannte man sie nicht mehr Deppen, sondern gab ihnen einen lateinischen Namen. Dafür gehörten sie nun nicht mehr dazu, und man sperrte sie ein wie die Zuchthäusler. Nein - da war es schon besser, ein Depp zu sein und dazuzugehören und eine Aufgabe zu haben - und wenn es nur das Gänsehüten war.

Es war schon recht so, wie es war, und so war es ja schon seit Jahrhunderten - die Männer hatten ihre Welt, und die Frauen hatten ihre Welt. Die Männer kümmerten sich um den Feldbau und den Wald; die Frauen hatten für den Stall und die Kinder zu sorgen. Die Männer hatten in der Gemeinde das Sagen und die Frauen im Haus. Mit dieser Ordnung, da war es so wie mit dieser Burg, beide ruhten auf festen Grundmauern, und es ist nicht ratsam, daran zu rütteln. War man zu schwach, so vergeudete man nur seine Kraft, war man aber stark genug, die Grundmauern zu erschüttern, so kann es geschehen, daß alles zusammenstürzt und man selbst von den Trümmern erschlagen wird. An alten Burgen und alten Ordnungen rüttelt man nicht, und er, der Marzellus, würde es bestimmt nicht tun. Wozu auch, ihm war die Burg gut genug, ihre dicken Mauern boten ihm ein Heim, und ihm war die

Ordnung gut genug, hatte sie nicht auch ihm, dem Lediggeborenen, dem Vaterlosen, ermöglicht, ein Bauer zu werden?
Draußen in der Kammer war es nun unruhig geworden, er hörte die alte Steinhauserein herumhantieren und die Stimme der Hebamme, die ihr sagte, sie solle sich beeilen, es sei bald soweit. Auch der Marzellus wurde unruhig, ein beklemmendes Gefühl kroch in ihm hoch - die Angst. Was da draußen in der Kammer geschah, das war jenes rätselhafte und geheimnisvolle Geschehen, wo sich Leben und Tod so nahe waren wie sonst nirgends. Lag es doch manchmal nur an einem Lufthauch, ob es ein neues Leben oder ein neuer Tod war, der durch das dunkle Tor in das Licht dieser Welt kam, und wurde nicht von mancher Mutter als Preis für das neue Leben ihr eigenes gefordert? Mußte er nicht fürchten, daß hier eine Schuld gefordert wurde? Hatte der Pfarrer nicht gesagt: Die Sünden der Väter...? Sollte hier vielleicht seinem Kind die Schuld seines ihm unbekannten Vaters aufgebürdet werden...?
Er fühlte, daß er zu gering und zu schwach war, und suchte nach einem mächtigeren Fürsprecher, um alles zum Guten geschehen zu lassen. Ohne es zu bemerken, hatte er begonnen, ein Gebet zu murmeln, aber er wußte nicht, welchen Nothelfer er um Beistand anbitten sollte, und als er durchs Fenster unten im Tal die beiden Zwiebeltürme von Sankt Sebastian sah, da gelobte er: Wenn alles gutgeht, werden er und seine Familie ins Nachtgebet auch ein Vaterunser zum heiligen Sebastian mit aufnehmen. Denn der Mensch ist klein und schwach und ohne Hilfe und Fürbitte der Heiligen verloren im Kampf mit den Mächten des Bösen.
„Bauer! - gut ist's gegangen - und ein Bub ist's!"
Marzellus schreckte aus seinen Gedanken und fuhr herum. In der Tür stand die Hebamm und hielt ihm ein zappelndes, quäkendes Bündel entgegen. Das war also sein Sohn, dieses rote, runzliche Etwas - er traute es sich gar nicht anzufassen, aus Angst, es zu erdrücken. Er ging mit der Hebamm hinüber in die Kammer, und als er das erschöpfte, aber glückliche Lächeln seiner Walburga sah, da fiel alle Angst und Sorge von ihm ab und machte Platz für eine neues Gefühl, den Stolz des Vaters. Alles war zum Guten geworden, er war Bauer, er war Vater, er hatte einen Sohn - und er wird ihn Sebastian nennen...

aus: „Steinlese"
Eduard Dietz
München 1984
Ehrenwirth Verlag

Godehard Schramm

Kiefer auf einer Schafhute bei Titting

Ausgesetzt,
mit Witterung geschlagen,
von dem Gift der Achtungslosen angesengt
und des Sterbens Fluch von Anfang an gewiß,
schlägt sie jede Warnung aus,
gibt sich hin; einsam, nie allein.

Keinen Blick mehr einer Wolke nach,
hart geworden, fest.
Ihre Wurzeln, unter der dünnen Grasnarbe,
alte, gewölbte Adern,
eingefleischt in den mageren Jurakalk -
so umarmt: das liebt die Erde.

Windkrumm über der Schafweide,
auf der Wetterseite ohne Äste -
schwer nachzuahmen der biegsame Stamm:
ohne die Stürme zu kennen,
ist er auf alles gefaßt.
Auf der Hut vor Frost behütet er
die wenigen Hirten.

Die Borke, von Larven zerlöchert,
glimmt von vielen Feuersommern,
die an Zeit erinnern,
als die Hirten schöne Frauen
zwischen ihren Schenkeln grüßten
und sie dort für kurze Zeit besaßen.

aus: „Allee nach Königsberg"
Godehard Schramm
Nürnberg, 1987

Godehard Schramm

Auf dem Jura

Ich schlittere auf der Kunsteisbahn der Autobahn bis nach Greding. Ich fahre zwei Kilometer. Dann ist es da: Anlautertal. In einem fast toten Winkel finde ich es - was einst der Segen fränkischer Kleinstaaterei war, erweist sich jetzt als das noch vorhandene Stück Einsamkeit zwischen Thalach und Anlauter.

Noch dröhnt es. Auf der Kunsteisbahn der Autobahn sirren Fahrzeuge an Greding und Kinding vorbei. Der Lärm schrumpft. Eine Straßenbiegung vor Enkering schließt ab.

Fahles und maifrisches Grün fällt von gewölbten Hangflächen herunter - gegen das milchige Weiß eines Hauses, das ocker wird: der Turm mit seinem Treppengiebel; zierliches Viereck, symmetrisch nach links und rechts, mit vier Stufen, abwärts gezackt.

Das ist kein Tal für große Siedlungen. Doch beengt wirkt es nicht, wo der Fluß schmal durch Wiesen wandert. An seinen Kehren schwarzgrünes Erlengebüsch, mühlengefleckt: Die Hain-, Ober-, Tafel-, Horn-, Aich-, Berg-, Wald-, Kohl-, Stein-, Panzer- und Schwabenmühle.

Drüben am Hang die Bruchstümpfe von Felsen, eidechsengetufft. Ich gehe über die alte Doppelbogenbrücke: Das Gehöft der Schloßmühle nistet im Wiesengrün. Eine Franzosenente mit rotem Kopffleck zischt mir klappernd entgegen.

Eine Frau kommt auf mich zu. Sie hat ein zierliches Gesicht. Mit sicherem Griff holt sie vom Türrahmenbalken den Schlüssel herunter. Aus dem Keller vibriert der Treibriemen des Mühlenantriebs. Die Frau liest mir ein Stück Mühlengeschichte vor.

Allmählich höre ich mich in die fast südliche Sprache ein: Wie ein Rückwärtsgehen in die Geschichte. Die Frau stammt aus einer Familie, in der sie 16 Geschwister waren. Da sei man noch mit dem Leiterwagen zum Schulausflug gefahren, auch an die Pferde könne sie sich noch erinnern, die zwischen Berching und Beilngries die Schiffe auf dem alten Kanal zogen.

Von draußen herein fällt das Sturzgeräusch des gestauten Mühlbachs, eine Abzweigung der Anlauter. Die Frau deutet zum Dach: Lange hätte man keine roten Ziegel verwenden dürfen, nur die schwarzgrauen Schieferplatten aus den benachbarten Brüchen. Jetzt stehen nur noch die Felszacken unter Naturschutz. Eingelassen ins Pflaster vor dem Stall: die beiden Mühlsteine. Auch das Mühlrad hat ausgedient, im Winter war es zu eisanfällig.

Am Sonntag treffen sich die Männer nach der Kirche zum Frühschoppen. Seit 50 Jahren betreiben Mann und Frau die Mühle: man kann davon leben. Eines Tages, im Dritten Reich, kam die Gestapo und hat die Mühle verplombt, denn der Müller hatte nicht nur das Soll gemahlen, sondern unter der Hand, aus einem natürlichen Mitgefühl, auch das Korn der Ährenleser: „Das paßte denen da oben nicht. War eine schwere Zeit. Wir da im Tal," sagt die Frau, „wir sind keine Parteimenschen". Ich horche auf. Ob das mit der Kirche zusammenhängt? „Das kunnt schon sein." Da weiß man halt, was recht ist. Außer dem „Eichstätter Kurier" wird hier viel der „Willibaldsbote" gelesen, die Kirchenzeitung.

Am schönsten und beruhigendsten aber klingt diese Sprache, wenn sie nicht abliest. Eine Kreuzung aus Südfränkisch, Oberpfälzisch und oberbayerischem Schwäbisch. Wie ich fortgehe und mich bedanke, sagt die Frau anstatt „bitte" „das kunnt' schon g'schehn" - eine sympathische Wendung.

Was für eine Färbung, wenn von den Hängen das weiche Grün der Weißbuchen und das härtere Grün der Hainbuchen sich mit dem Hellgrün der Fichtentriebe vermischt und unten im Tal das dunkle Erlengrün vom lanzettsilbrigen Grün der Weiden oder dem Blütenweiß der Akazien durchfleckt wird. Breit ist das Tal nicht einmal an seiner Ausmündung hinter Enkering. Plötzlich spannt sich ein überraschender Streifen Gelb quer: Ein Rapsfeld. Im Mai tupft der Blutweiderich die Wiesenränder.

Das Eibwanger Schloß hockt mit seinem asymmetrischen Giebel geduckt unterm flachen Legschieferdach. An der Wegbiegung gegenüber der Haltestelle der einzigen Busverbindung hängt Gott, gekreuzigt an einem karg verzierten Eisenkreuz: „Gelobt sei Jesus Christus."

Kaum ein paar Kilometer weiter flußauf: die Schafhauser Mühle. Frühe Pioniersiedlungen sind die Mühlen, kluge Bastionen: dem kargen Tal das abzugewinnen, was abzugewinnen ist. Und Häuser noch einzeln in die Landschaft gesetzt, über eine schmale Brücke zu erreichen, von zwei großen Linden bewacht.

In dieser Gegend gehören die Linden zum Menschen. Sie werden groß und alt. Als die Linde in Erlingshofen 100 Jahre alt wurde, feierte die Bevölkerung das Lindenfest mit Tänzen und Trachten. Manche Linden falten ihre Stämme zu Höhlen auf - für Sitzplatznischen und Kinderspielplätze: Ein Baum, der mitwächst, dazugehört, beschützt, kein Waldbaum. Im Frühjahr die gelbgrüne Flut der Lindenblüten...

Seit das Mehlmahlen keine großen Erträge mehr bringt, sind die noch arbeitenden Anlautermühlen fast alle zu Sägemühlen geworden. An heißen Sommertagen brennt die Sonne den warmen Holzgeruch aus den geschnittenen Stämmen. Aber das Holz wandert kaum mehr in die Stuben. Ich höre aus den Hecken den kurz gestoßenen, krächzenden, fast bellenden Ruf der Fasane. In einem Käfig an der Schafhauser Mühle bauscht sich ein goldgelber Fasan auf, warm-karmesinrot leuchtet sein Bauch. Und auch das Gurren der Tauben ist hier ein natürliches Geräusch.

An der nächsten Biegung wächst über den Hang, überm Dorf, aus dem Wald, auberginenrosafarben die Kirche von Erlingshofen. An der Straße fällt mir ein niedriges hellgrünes Haus auf, stockfleckig, abgeblättert, die Fenster sind Kerben und überm Schieferdach die schwarzen Polsterwölbungen des Dachmooses. In den Gärten ist das Holz für den Winter zu runden Türmen geschichtet; jeder hat sein Dach.

Die Mittagsstille wird hörbar als Glockengeläut. Ihr Klang markiert die Abschnitte des Tages: Abends, gegen sieben Uhr, ist es, als gehorchten ihm die Bauern, und sie kommen vom Feld zurück. Samstags, so um zwei Uhr herum, dann ist die Arbeitswoche wirklich zu Ende; Frauen fegen Bürgersteig und Straße vor ihrem Hof, als kehrten sie das große Wohnzimmer des Dorfes.

Ich gehe auf die Hochfläche.

Hat sich der Rhythmus der Landwirtschaft auch verändert: Der Rahmen blieb. Nur der Mann, der noch Körbe fürs Brotbacken machte, der ist tot. Aus dem östlichen Winkel von Euerwang läßt sich westwärts über die Jurahochfläche sehen. Härter und kompakter empfinde ich die Kirchtürme jetzt, spitz, gleichmäßiger, schmuckloser, protestantisch.

Das Bedürfnis, die Landschaft nicht nur auszunutzen für den Ackerbau, sondern den Rhythmus aus den Kirchen zwischen die Äcker tragen: ein klobiger, fast mannshoher Sockel, italienisch-weiß und baumstammrund - obenauf das Nischenhäuschen mit einer Bibelszene. Solche Bildstöcke sind selten geworden. Aber was war das für eine Kunst ... Ein Bild auf einen Stock zu setzen. Ein Stock, der ein Bild trägt. Allmählich am Aussterben wie die Muhackelstecken, mit denen Bauern zur Kirche gingen. Ein Kosename war Muhackel für Bauern nicht.

Zwischen den Feldern verläuft eine Buschbaumlinie. Windfang und Vogelbucht. Verbindungswege, keine Durchgangsstraßen. Ein großer Lkw schiebt sich wie ein Fremdkörper hindurch. Er kommt vom Möbelwerk aus Grafenberg, der einzigen Fabrik hier, wenn man da von Fabrik reden kann. Zwischen Waizenhofen und Reinwarzhofen noch ein großes Sägewerk, bei Nennslingen ein Schotterwerk, hinter Titting die großen Steinbrüche.

Auch Titting ist in eine Nische geduckt. Das Wehr staut die Anlauter auf. Zwischen Häusern die Kirche am Hang. Überm zweigeschossigen quadratischen Unterbau des Turms noch ein abgeteiltes Geschoß mit abgeschrägten Ecken. Stichbogige Fenster und rundbogige mit gekehltem Geläuf. 1762 wurde der Turm mit glasierten Hafnerziegeln gedeckt. Der Hafner, der Öfen setzte und Kacheln brannte: Auch dieser Beruf ist ausgestorben, wie der Sattler in Nennslingen. Ruhig, zurückhaltend erscheinen die Menschen. In einigen Zimmern hält sich noch der

Herrgottswinkel, in manchen Wirtschaften auch. Mit Caspar, Melchior und Balthasar wird noch mancher Türbalken gesegnet. Mit ihren flaschengrünen Kacheln sind die Kachelöfen fast ausgestorben. Ganz selten hängt noch ein Lüsterweibchen als geschnitzte Lampe von einer Decke.

Ein nüchterner Menschenschlag. In ihrer Sprache ist Luxus ein Fremdwort. Die in den Steinbrüchen schwitzen und Steinstaub fressen, wechseln nur handfeste Sätze. Was sie zusammenhält, ist das Dorf. Der Sonntag gehört dem Gespräch am Stammtisch - mit Schafkopf und „Waddn". Der Wirtshaustisch löst den Männern die Zungen: da kann einer dem andern seine Sorgen erzählen. Der Wirt ist noch ein Wirt, der zuhört.

Natürlich gehen auch die Bauern mit der Zeit - und die Zeit mit ihnen gegen sie. Man hat die Flurbereinigung überstanden, die Umstellungen der Gebietsreform, die zunehmende Technisierung, schluckt den Tribut an den gefräßigen Gott der EG, schimpft gelegentlich auf die in Bonn, und trotz alledem gibt es eine Grundhaltung und Anständigkeit, die sich zwar in Parteiprozenten messen läßt, aber schon mehr ist als bloße Partei.

Woher kommt diese Intakte - daß in Morsbach der Wirt des einen Wirtshauses, wenn nur das andere am Sonntag offen hat, seiner Kundschaft sagt: „Heut gehn wir alle zu dem" - ohne jeglichen Konkurrenzneid. Eine Antwort läßt sich in Ludwig Thomas „Bauernmoral" finden:

„Seine Sittlichkeit, seine Auffassung von Pflichten und Rechten und von Ehre gehen aus einem hervor und führen auf eines zurück: Auf Arbeit ... wie diese wahrhaftige Moral stark genug ist, um selbst das Sterben leicht zu machen, und wie sie also eine Kraft besitzt, die keiner Religion innewohnt. Der Bauer schätzt das Glück eines beschaulichen Alters nicht. Wenn man zu nichts mehr nütz ist, soll man sterben..."

Diese Art von Moral - ich will nicht sagen, sie sei nicht anfällig für Täuschung, Verhärtung, ja sogar Verbohrtheit-, hier ist sie zu spüren als eine zusätzliche Schutzschicht über der Landschaft. Da gibt es keine oberbayerische Trachtenprostitution. Wenn an Fronleichnam die Altäre aufgestellt werden, gelbweiße Kirchenfahnen und weißblaue Wimpel heraushängen, geht die Gemeinschaft des Alltags im guten schwarzen Anzug unter Führung des Pfarrers durch Dorf.

Wenn im Winter die Landjugend Stücke spielt, dann wollen die Zuschauer zuallererst Unterhaltung, denn Probleme hat ein jeder selber. Doch in den lösbaren Problemen der Heimatstücke sehen sie sich selbst. Und wünscht man sich Musik (nicht herbeipfeifbar aus dem Radio), dann spielt eine Jugendkapelle, oder die Petersbucher Blaskapelle präsentiert ihre Blechmusik. Wer mehr fürs Leisere ist, hört der Eichstätter „Stubenmusi" zu.

Mag man über Vereine lästern: Hier gibt es noch Formen der Zusammengehörigkeit, die den einzelnen nicht vereinzeln läßt; auch wenn einer hier seinen festen

Platz von früh an hat, seinen Spitznamen wie eine zweite Haut mit sich herumträgt. Früher gab es ja auch hier noch „Hausnamen".
Früher empfand man die Trennlinie, die nördlich der Anlauter auf dem Jura verläuft, als härtere Konfessionen-Wasserscheide; da ging man nicht hinauf zu den „Lutherischen" - „dene brauchst ka Bier verkaffa", sagte man damals und lächelt heute darüber.
Die Dörfer auf der Hochfläche sind herber. Streng prägen sie die dunklen Arbeitsschürzen der Bauersfrauen mit ihren dunkelblaugepunkteten Kopftüchern. Wie sie in der Mittagshitze Kartoffeln hacken, Frauen Traktoren fahren, Männer Mist aufladen, blaue Schürzen über dem festen bläulichen Stoff der Hosen und Kittel: Da sehe ich noch einen gewissen kantischen Imperativ, ein Sich-Fügen, einen angeborenen Sinn für Disziplin, ja, letzten Endes ein natürliches Verhältnis zur Arbeit. Ein Sinn für Schmuck hat sich dazwischen gehalten. Die Haufendörfer sehen aufgeräumt aus, auch der Misthaufen und die Odelbrühe haben ihre Ordnung. Petersbuch hat im Wettbewerb „Unser Dorf soll schöner werden" einen Preis gewonnen. In den Kirchen haben die Lieder von Paul Gerhardt noch einen lebendigen Resonanzboden: Bauern, die noch zur goldenen Konfirmation gehen. Der Klingelbeutel ist auch dann voll, wenn „für wo am nötigsten" gesammelt wird. Weltoffenheit ist schon ein Fremdwort. Kommen Rheinländer, sind das Rheinländer, freundlich aufgenommene Fremde aus einer fernen Gegend.
Die Waldränder: Ein Verhau aus Schlehdorn, Hecken, Büschen, Ahorn. Taucht man vom Tal hoch, sieht alles feldfarben aus - nur der Stift einer Kirchturmspitze stellt ein Rot dazwischen. Oder die kupfergrüne Helmhaube von Thalmannsfeld, die mich an einen flachen Hunnenhelm erinnert. Mehr nach Norden zu klingt die Sprache härter. Erzählst du einer älteren Frau etwas ihr Befremdliches, dann zischelt sie ein fast höhnisch-spitzes „sss-o" hervor, das Abwarten signalisiert und Skepsis.
Ein Wort für einen ganzen Satz: „Was du nicht alles sagst, na, das wollen wir erst mal auf uns zukommen lassen und sehen, ob's was taugt..."
Vielleicht ist das die Härte, die von evangelischen Emigranten aus Oberösterreich mitgebracht wurde, als sie hierherkamen - auch als Flüchtlinge. Während das zu Eichstätt gehörende Gebiet ja immer katholisch war, wurde im Hilpoltsteiner und Heidecker Bereich das Luthertum bald eingeführt, nur wenige Orte sind von den Besitzern wieder rekatholisiert worden, und so hält sich da ein breiter protestantischer Streifen.
Wenn ich manchen Alten durchs Dorf gehen sehe - „hatschen" sagt man dazu -, dann sind das schon Passionsbilder, eingerahmt von der Dornenkrone der Landschaft, der Pflicht und manchmal auch der Selbstaufgabe. Wohl hält sich auch da die verbissene Ex- und Egozentrik der Alten, aber das Fressen der älteren Genera-

tion durch die nachrückenden Jungen, das ist schon unheimlich - und selbstverständlich. Aber vielleicht empfinden sie selbst das gar nicht so hart. Wünsche haben da oft einen Maulkorb.

Dafür gibt es immer noch Bräuche - wie Reiher, Eisvogel und Bussarde noch nicht ermordet. Wenn ein Brautpaar aus der Kirche kommt, in der Wirtschaft einzieht, an die hundert Leute mitfeiern, dann spielt die Musik vor dem Essen erst mal einen „Hungertanz".

Von den beiden Brauereien in Thalmannsfeld und Nennslingen abgesehen, wird das Bier dazu in Titting gebraut. 1544 kam der Ort ans Hochstift Eichstätt. Weil die „bischöflichen Pfleger" ihren Amtssitz nur selten bewohnten, wurde er 1786 kurzerhand in ein „fürstliches Bräuhaus" umgewandelt. Heut ist es ein kleinbürgerliches Bräuhaus, besonders auf Weizenbier spezialisiert, das im Umkreis von vierzig Kilometern ausgeliefert wird. Zirka 10 000 Hektoliter werden da im Jahr gebraut - von zwölf Angestellten. Diese fast noch handwerkliche Produktionsform nützt den rationalisierten Betrieb am effektivsten aus. Außerdem fährt man mit eigenem Weizen am billigsten. Aber auf Dauer ist auch das hoffnungslos.

Während ich mit dem Brauereibesitzer rede, das herbe hefeversetzte Weizenbier genieße, wir uns fast darüber einig sind, daß man mit herkömmlichen Mitteln kaum etwas gegen die hinterfotzigen Dumpingpreise der Konzernkonkurrenz ausrichten kann, wird mir eine Form von Geschäftssinn sympathischer: Um Kundschaft zu halten und neu zu gewinnen, bedarf es des persönlichen Kontaktes - die alte Form des Kundschaftstrinkens...

aus: „Fränkische Heimat"
Godehard Schramm
Hof 1987
Oberfränkische
Verlagsanstalt

Blick vom Kalvarienberg auf Titting

(Foto: Karl Olma)

Kinast-Edi

Hoamat Jura

Ma mouß amol gschaut hom,
drobm vo der Höih
wou Waltersberg liegt,
weit iebers Land
aafd Altmühl zou.
Im Frühjoahr,
wenns junge Gröi
vo di Learcher
vom dunkln Holz
assaleicht.

Ma mouß amol ganger sei
drunt im Tal,
wou si d' Laabern
wöi a silberne Schlanger
durch d' Wiesn windt.
Im Summer,
wenn die Quellbachl
zwischer di Stoa
untern Wasserkraut
gluckern und glucksn.

Ma mouß amol gstanner sei
drobm aaf der Leitn,
wou d' Krampertstauern
wöi bucklnde Mannl
ummanandstenner.
Im Hirbst,
wenn der Nebl
an eahnerne Noudln
glänzerte Perla
no 'haucht.

Ma mouß amol furt gwen sei
draßt in der Welt,
wou is Lebm
zwischer Stahl und Beton
halbert derstickt
Und nou irgndwann
wieder hoamkummer,
daßma des alls wieder
nei derlebt,
-d 'Heimat.

Fröihjoahr

Fröihjoahr, des woar
wenn d'Wiarm vo der Sunn
in Winter vertriebm hot;
wenn der Schnäi aafm Feld
vo aon Tog am andern
wenger worn is.
Ower heint brauchtma d'Sunn nemmer
fiern Schnäi,
heint soltzt man ei'.

Fröihjoahr, des woar
wenn der Tog Herr worn is
ieber d'Läng vo der Nocht.
Ower mitn Elektrisch
is heintzutog
Nocht und Tog oans.
Heint, dou derschrickst scho
wennst wiederamol
d'Sunn aafgäih siahst.

Fröihjoahr, des woar
wenn d'Rösser im Stoll
voll Unrouh worn san;
wenn alls, wos voll Lebm woar
ieber Nocht gschpürt hot:
es gäiht wieder nauswarts.
Ower in Bulldog is wurscht
daß draßt aafm Feld
an anderner Wind waht.

Fröihjoahr, des woar
wöis nu Summer und Winter
gebm hot bei uns;
wöi no niat unser Welt
vo Fortschritt und Technik

A Schläicherheck

Schwoarz stechert und hiart
untern weißn Schnäi.
Schwoarz stechert und hiart
unter der weißn Blöih.
Im Summer nou
dick voller Blaattl und gröi.
Im Hirbst voller Bierl,
sauer und raß,-
a Schläicherheck
zwischer di Felder draß.

Sauer und raß
und stechert und hiart.
Ower,-
glaabm solltmas niat,
alls is voll Lebm
drinn in di Schläicher,
alls voller Bie'
und Vögl und Vöicher!
A Welt, hiart und stechert
und voller Dorn
is eahnern alln
a Hoamat worn.

Hoamat,
wos hot des heint fier an Klang?
I fiarcht,
des dauert nemmer so lang
nou homa fier des
is Gspür verlorn.
-Vielleicht
fahln uns die Dorn.

aus: Wouher da Wind waht"
Sindlbacher Kreis
(Kinast-Edi =
Oberpfälzer Hausname von Eduard Dietz).
Hrsg.: Firma Faber GmbH und
Brauerei Franz Xaver Glossner Neumarkt

Margret Hölle

Mei Hoamat

Dau is vüi Huiz
Wöilda socha da
finsta und staad,
daß da loi wird ...
aa äiamoi a Höilln
owa nau su schäi
mid dern Gfischba,
Gsiir und Gleißn ...

wäi a wundaschäine Muse
kummts da vir
und d Facht und d Loi
fläigt furt -
houch in Hümmö afe.

Juralandschaft mit Wachholderbüschen *(Foto: Helmut Tischlinger)*

Dolomitfels am Mühlberghang bei Dollnstein *(Foto: Helmut Tischlinger)*

Altmühl mit Burgsteinfelsen *(Foto: Helmut Tischlinger)*

Godehard Schramm

Stadtlandschaft Eichstätt

Jedesmal, wenn ich die Autobahn bei der Ausfahrt „Altmühltal" verlasse und ins Anlautertal hineinfahre, die Wacholderhänge sehe und den aufgebrochenen, hellen Altmühljura, dazu die breiten Häuser mit ihren flachen Dächern, beginnt für mich der Süden und in diesem noch mittelfränkischen Süden ist Eichstätt, obgleich zu „Oberbayern" gehörend, eine südliche Stadt mit lichten, zarten Farben. Daß diese Stadt einem in dem Zustand, wie sie heute ist, wie ein Wunder erscheint, ist in der Tat verwunderlich - denn der Kern dieser nicht ausufernden Stadt ist noch immer barock geprägt; diese Stadt wirkt durch ihr Alter, doch keineswegs gealtert; Eichstätt offenbart durch die Fügung seiner Häuser, in der Kuhle des Altmühltals, daß diese Stadt „stimmt" - und sie ist gestimmt durch die mächtig hervorragenden Kirchen und die jeweils individuell gefügten, getönten Häuser. Eichstätt ist ein Ort, in dem es den Bewohnern gelungen ist, einen Grundausdruck zu bewahren - so, als wäre jedem daran gelegen, den Bezug des einzelnen Gebäudes zum Ganzen zu wahren.

Dieses Wunder Eichstätt hat eine Mitte: Den Dom, der fest mit seinen beiden Türmen, nicht übertrieben hoch, dasteht - auf ihn ist alles bezogen, und zugleich schillert dieser Dom so nach allen Seiten, so daß die beiden ihm zugeordneten Plätze jeweils einen ganz anderen Charakter haben.

Der Dom ist die Mitte, die auch das andere erglänzen läßt - am südlichen Platz, dem Residenzplatz, sind es die wiederhergerichteten Kavaliershöfe mit ihren figurengeprägten Portalen.

Durch solche Homogenität unterscheidet sich Eichstätt von Bamberg und Würzburg. An einem winzigen Indiz spürt man das auch am Bewußtsein der Bewohner: hier ist es selbstverständlich, daß die Stadt auch auf Ansichtskarten als die „Bischofsstadt" gilt - das ist es, was der Stadt noch immer ihren Rang gibt.

Bamberg - Würzburg - Eichstätt: die kleinste Stadt ist die älteste Bischofsstadt: im Jahre 745 wurde hier ein Bistum gegründet, und man könnte sich jetzt einlassen auf die Tiefe der Geschichte: die Willibaldsburg, an der in drei Jahrhunderten viele Bischöfe bauten, als die Bischöfe zugleich auch die Stadtherren waren, was nicht ohne Spannungen blieb; einer der Fürstbischöfe unterdrückte mit Macht derlei „Spannungen", weil er sie als die „Pest des Gemeinwesens" betrachtete. Und 1634 machten die Schweden aus all dem einen Aschenhaufen - und was jetzt ein so herrlich geprägtes Antlitz hat, das ist die Frucht jener kunstfreudigen Fürstbischöfe, die eine Barockstadt, eine Südstadt bauten, an der nachfolgende Generationen mit einer bewunderungswürdigen Behutsamkeit weiterbauten, indem sie die Grundgestalt wahrten.

Längst residieren hier keine Fürstbischöfe mehr - deren Herrlichkeiten sind wohl noch zu besichtigen; nun ist es, als gelte nur noch die einfachere Münze der Bischöfe. Und auch dafür gibt der Dom als Schauseite Aufschluß: er ist klar im Inneren, nicht überladen, nicht himmelhoch gebaut, dennoch reich an Schätzen. Immer wieder muß man sich beim inneren Aufnehmen solcher Schönheiten fragen: Was geht dich das in deinem Inneren an, denn du willst ja nicht nur Sehenswürdigkeiten in deinem Kopf stapeln?

Das Aushalten der Tatsache des Todes, das ganz nahe Heranlassen der Tatsache des Sterbens - ohne dies zu verdrängen, und dieses Ereignis zum Anlaß für ein Kunstwerk zu machen: das ist die Leistung, die Bedeutung jenes Mortuariums, das als vierter Gang das Quadrat des Kreuzgangs vollendet, angebaut an den Dom des Heiligen Willibald. In dieser lichten Halle, von der aus man sieht, mit welcher Freude zu Zeiten der Gotik ein jedes Maßwerk eines jeden Fensterspitzbogens anders gebaut worden ist, in dieser Halle, getragen von sieben Säulen, deren eine, mit ihren Steinschrauben, wahrlich „die Schöne" heißt, in dieser Halle sind die Grabtafeln Fußbodensteine geworden - Erinnerung an Tode als Lebensgrund: Darüber wölbt sich eine Architektur, die sich dem Licht zuwendet. Es ist hier zu sehen, was christliche Kunst vermochte: dieses Dasein verherrlichen - wenn es sich dem zuwendet, was über den Menschen hinausweist, indem es Ordnung und Sinn offenbart, die der Mensch allein nicht zustande bringt.

Eichstätt *(Zeichnung: Rudolf Ackermann)*

Dies gehört zum Sichtbaren der Bischofsstadt - wie das im Alltag gespeist wird, dazu gibt der Eichstätter Generalvikar Auskunft:
„Der Bischof tritt im Alltag kaum in Erscheinung, aber an den Hochfesten kommt er zur Geltung; er hält den Hauptgottesdienst, und es gehört bei uns dazu, daß man die Heilige Woche gemeinsam mit dem Bischof feiert, und das spürt man natürlich in so einer kleinräumigen Stadt wie Eichstätt. Es wäre gewiß für jeden eine Lücke, wenn man die Willibaldsfestwoche, Weihnachten und Silvester nicht zusammen mit dem Bischof feierte, wenn er nicht in unserer Mitte wäre. Der Einfluß des Bischofs liegt dann natürlich auch in der Verkündigung: bei den Hauptgottesdiensten hält er die Predigt, und die hält er für gewöhnlich mit einem programmatischen Thema. Dabei darf man nicht übersehen, daß bei der Feier der Eucharistie eben nicht nur gepredigt wird - denn der Mensch hat ja nicht bloß Verstand, sondern auch Gemüt."
Eichstätt wird die „Stadt der kleinen Schritte" genannt. Wenn man bei solchen „kleinen Schritten" die Universitätsbuchhandlung betritt und dann die Gegenwärtigkeit von Meßbüchern, Bibeln sieht - auch jene schönen Ausgaben -, dann spürt man, daß das hier, auf diesem Grund, ein anderes Gewicht hat: es sind nicht nur Gebrauchsgegenstände, sondern Lebensinstrumente, die da nicht verloren zwischen tausend anderen Büchern stehen.
Und es gibt bei diesen „kleinen Schritten" winzige Beobachtungen zu machen, die Aufschluß geben über eine Lebensart, die Züge einer lebendigen Frömmigkeit aufweist: Beim Walburgakloster, wo es Walburgisöl zu erwerben gibt, in jener kleinen

Eichstätt *(Zeichnung: Rudolf Ackermann)*

Kapelle, zu der Stiegen hinabführen, liegt ein kleines Büchlein auf, in das Besucher ihre Bitten, ihre Gebete eintragen. Es hat dies etwas Anrührendes, wenn eine Frau in unserer Zeit zu einer Heiligen bittet, sie möge ihr ein gesundes Kind schenken. Man spürt da jene intime, beinahe scheue Art der Zwiesprache, wie sie von Mensch zu Mensch auf diese Weise nicht möglich ist.

Was nun aber über den Ort hinausweist, ihm Bedeutung verleiht: das ist die Fähigkeit, sich mit dem Vorhandenen nicht zu begnügen, sondern weiterzubauen. So wie der Bischofssitz mit ausschlaggebend war, daß Eichstätt auch nach der Gebietsreform die Landkreisverwaltung behielt, so verdankt die seit 1980 bestehende „Katholische Universität Eichstätt" mit ihre Gründung der hier seit langem bestehenden theologischen Hochschule, die dieser südlichen Stadt auch manches Tor zur weiten Welt geöffnet hat.

Eine Katholische Universität im kleinsten deutschen Bistum: hier ist das eine unmittelbare Anbindung und eine sinnvolle Ergänzung, die zugleich dem wahllosen Nebeneinander unserer Zeit Widerpart bieten kann ...

aus: „Fränkische Heimat"
Godehard Schramm
Hof 1987
Oberfränkische Verlagsanstalt

Willibaldsburg in Eichstätt *(Foto: M. Vogt-Vilseck)*

Michael Zöllner

Eichstätter Herbst

Weinselig steigt er vom Frauenberg talwärts,
stolpert zur Aumühlbrücke und streut dort
Blätter aus Kupfer und Gold in die Altmühl.
Herbst, trunk'ner Herold der Wegwerfgesellschaft!

Lindenallee, sing das Lied mir vom Winde,
Weggesell einst meiner nebligen Nächte,
harfe! Und spinne nicht Altweibersommer!
Herbst, zeige fromm dich im Altmühl-Florenz!

Antrittsbesuch ist beim Vorgänger fällig:
Sommerpalais winkt mit Szepter und Krone,
prall warten Äpfel am Seminarweg.
Herbst, sieh dich um im Hofgarten-Viereck!

Plätze und Brunnen in blattgoldner Sonne,
schwurfingergleich flehn die Türme des Domes:
Gib uns noch mehr dieser Tage des Südens!
Herbst, tändle nicht mit Sankt Walburgs Güte!

Weit weisen Osten- und Westen-Straße,
Hanggärten fließen vor Farbvielfalt über,
wuchtig bewacht von der Willibaldsburg.
Herbst, nun umgürte mit Astern die Domstadt!

Rebdorf, barocke Talfeste Gottes,
lehne dich breit an die Blumenbergfelsen,
die schon den Urvogelschrei überlebten.
Herbst, deine Endstation Wintershof grüßt dich...

Margret Hölle

Ein Kindertag im Sommer

Die Sommertage gingen in meiner Kindheit auf und unter in den Beerenwäldern. Wir wären die Wege im Schlaf gegangen, so vertraut waren sie uns.
Die nackten Füße entdeckten immer wieder neue Pfade. Sie liefen über strohgelbe, sonnendurchglühte Sandwege. Wateten durch kniehohe Bäche. Hüpften auf moosbewachsene Steine, zwischen Brennesselstauden und großaugigen Dotterblumen. Schlichen scheu um einsame Gehöfte - offene Scheunentore gähnten uns Kinder wie aufgerissene Mäuler an. Selten zeigte sich eine Menschenseele. Nur einmal sahen wir einen alten Mann unter einem Baum sitzen. Zwei Tauben flogen auf, weiß wie Flocken. Kein Laut ringsum - nur Stille.
In diese friedliche Stimmung, brach plötzlich aus seiner Hütte, ein schwarzer Kettenhund hervor. Kläffend, mit hechelnder Zunge und gleißenden spitzen Zähnen. Erschrocken bis ins Mark hasteten Arme und Beine dem schützenden Wald zu. Aufgescheuchten Hühnern gleich, hockten wir in den Beerensträuchern. Unsicher bewegten sich die Finger zu den dunkelblauen Kügelchen. Der schwarze Hund wuchs durch unser aufgeregtes Geplauder hindurch. Wuchs über die Bäume hinaus. War nicht im Wind sein Hecheln zu hören? Warf die Sonne nicht seinen Schatten? Ungeheuerlich wuchs der Hund.
Aus der Ferne grollte Donner. Schwül stand die Luft im Wald. Erlösend fielen die ersten Regentropfen in den endlosen Nachmittag. Wie auf ein Zeichen drängten unsere hitzigen Körper zur Lichtung, schoben sich die Schultern ins dichte Unterholz. Regungslos verfolgten wir die schwarzen aufgetürmten Wolkenberge über uns. Fauchend fuhr der Wind in sie und jagte fratzenschneidende Gespenster auseinander. Oder waren es Hunde? Ja, Hunde, immer mehr zogen vorbei.
Einer aus dem Rudel blieb zurück, schwarz und drohend. Bevor er den Himmel beherrschte, durchschnitt ihn der Blitz mit glühendem Messer. Gewaltig polterte der Donner nach.
Etwas Unerklärliches hatte uns angerührt.

Josef Fechner

Bacham (Berching)

Du bist mei Dahoam,
du bist des Nest, des mi wärmt.
In deine Mauern bin i gschützt.
Deine Türm stehna afrecht und drouhad,
wäi schou 500 Jouha zuvor.
Drum bleib i dou.
Weil draß in da Fremd is alles anders,
zu anders.

Berching *(Zeichnung: Alfons Dürr)*

Josef Fechner

Erinnerung

Dramverlorn hock i am Ranka
vom Stampfermüller seina Wiesn
und schau in d Sulz nei.
Als Bou woar i oft dou.
Amal hob i mei Schoitnschiffe
schwimma loun
oda hob vorn af da Bruck
Pfeiffala gschnitzt.
Im Summa bad
oda a weng gfischt.
Des Rauschn vom Wasserfall
bringt ma des alles wieda
in Erinnerung.
Schod,
wos amal drunt is,
iwan Wasserfall,
kummt nimma zruck.

Josef Fechner

Waldsterbn

Tanna, Fäichtn, Föhrn,
Vohrfahrtsschüdla,
Verbotsschüdla,
Ortsschüdla.
Da oa Wald stirbt,
da anda wachst her.

Josef Fechner

Roßmarkt im Wandl der Zeit

Leit und Rössa.
Leit, Rössa und Maschinen.
Leit, Maschinen und Rössa.
Leit und Maschinen?
Maschinen und Leit?

Ernte mit dem Pferdefuhrwerk. *(Foto: Max Vogt-Vilseck)*

Josef Fechner

Summadram

Mitn erschtn Sunnastrahl
gäiht s Gebrumm und s Gefischba o.
D Wülddaum schreia,
d Amsln homs recht noudwendig
im Gmäisgartn drin.
D Bäim und d Wiesna
san nu noß vom Wedareng.

Die erschtn Auto und Motorräda foahrn.
Af de Baustölln gäihts Awan o.
A Düsnjäga macht sein Übungsflug
Äits is a ausdramt
mei Summadram.

aus: „Wouher da Wind waht"
Sindlbacher Kreis
Hrsg.: Firma Faber GmbH und
Brauerei Franz Xaver Glossner Neumarkt

Rudolf Johannes Ackermann

Frühlingslied

Das Jahr steigt auf
Träger Schnee noch zwischen Schollen
Schritte über freien Boden in Unschuld

Ruh aus noch, Erde
Bald kommen sie mit Gift und Maschinen
Blaumeise und ich, wir werden traurig sein

Das Jahr steigt auf
Es lacht der Häher
Er hat sich angepaßt

Bagger und Bäume bei Wimpasing *(Zeichnung: Rudolf Ackermann)*

Elisabeth Dorner-Wenzlik

Städterin auf Abwegen

Ich habe es wieder getan! - Ich bog von der hitzeflimmernden Asphaltstraße auf den Feldweg ab und stellte das Auto in den Schatten der Akazienbäume.
Nach zehn, zwölf Schritten auf dem weißen Schotter zweigte ein leicht ansteigender doppelter Pfad ab. Hurtig nahm ich ihn unter die Füße.
Zwischen den beiden Fahrrinnen und an den Rändern des Wegleins wuchsen die schönsten altmodischen Blumen, die wertvollsten Kräuter: Schafgarbe, Kümmel, Wegwarte, Malve, Johanniskraut, Odermennig und alle möglichen Wickenarten und Kleesorten. Ihr mittagswarmer Duft mischte sich mit demjenigen des sattgelben Weizens zu meiner Linken.
Seine Ernte mußte unmittelbar bevorstehen. Denn rechts von mir roch es schon herbstlich. Aufgerissener Stoppelboden verriet, daß die Frühgerste bereits eingebracht war. Der Steffelbauer wollte gewiß noch Raps oder Rüben ernten, bevor er die Erde ausruhen ließ.
Mit einem Mal überwog als Geräusch das mittägliche Kratzkonzert der Grillen. Es mußten mehrere Dutzend sein. Sie geigten in der Ferne, der Nähe, überall. Laut! Und Bienen und Fliegen schwirrten geschäftig kreuz und quer. Durchschnitten die klare, heiße Luft vor mir, über mir, hinter mir.
Ich drehte und wendete mich. Saftig grüne Wiesen, sandgelbe Äcker senkten sich dem Dorfe zu oder vielmehr dem Bachlauf, dem entlang die kleine, bäuerliche Ansiedlung vor Jahrhunderten entstanden war.
Noch nahmen mir Weißdornbüsche und Schlehenhecken dic Sicht. Jetzt aber, ich war mit dem Rücken voran, einige Meter den die Felder ablösenden Wiesenhang hinaufgeschlendert, grüßte das rote Ziegeldach der Dorfkirche zu mir herüber. Zusammen mit dem klotzigen, grau verwitterten Schloßbau bildete das freundlich gelb gestrichene Gotteshaus eine Menschenleben überdauernde Einheit.
Dunkelgrüne Baumkronen und ein paar heitere Ferienwölkchen rahmten das Bild zu einem zauberhaften Medaillon. - Ich verglich es mit jenem, das ich all die städtischen Jahre in mir getragen hatte: Nichts schien verändert, wenigstens von hier oben aus.
Wach, alle Sinne auf Empfang, setzte ich meine ungeduldigen Füße seitwärts. Ich bückte mich flüchtig, entledigte mich der Schuhe. Sofort spürte ich angenehm kribbelnde Kneippsche Kühle zwischen den Zehen.
Das Gras fühlte sich stoppeliger an als zu Beginn des Sommers, es war bereits ein-

mal gemäht worden. Aber dank des reichlichen Regens nach dem ersten Schnitt, stand es voll im Saft. Allerdings war es nicht so hoch wie ehedem. Und nicht so bunt. Unaufdringlich sprenkelten gelbe, lila und weiße Blütchen die Wiese. Die grüne Farbe überwog zweifellos.
Und da tat ich es wieder! - Ich legte mich mitten hinein!

Elisabeth Dorner-Wenzlik

Untawegs

Da Heagoot is niat daot,
wäis aalawal moina.
Wennst an Zindschlissl assazäigst
un an Radio leisana drahst -
dann kannstn schnaufa hean.

Wedawächsl

Däi Aung,
däi Stimm
däi Hend.
- Stuam kummt af.

Geanhom

Geanhom bedeit
dasma'm andan säi Naot nehmt
un säi Glick laot.

aus: „Oberpfälzer Mundartlesebuch"
Hrsg.: Erika Eichenseer
Regensburg 1983
MZ-Verlag

Elisabeth Dorner-Wenzlik

I gäih über d Wiesn

I gäih so gern
über d Wiesn:

Aber
allerweil

tritt i was zamm,
druck i was um,
brich i was ab,
nehm i was mit:

Aber
allerweil

richt si was auf,
wachst si was grad,
wachst si was aus,
wachst was ganz neu:

I gäih so gern
über d Wiesn.

aus: „Löcher im Nest"
Elisabeth Dorner-Wenzlik
Passau 1987
Verlag Passavia

Godehard Schramm

Die schillernde Kröte der Kindheit

Als das noch alles selbstverständlich war: Der Weg vom Dorf zum nahen Wald, den Jura hinauf - hinüberschauend zum Landeck, zur Burgruine Stauf...
Als das noch alles selbstverständlich war...
Als das noch alles selbstverständlich war: dort mit den Händen wurzelige Morasterde herauswühlen; das Reißen feinfasriger Wurzeln schneidet in die Finger - dann Dreckbatzen ins Bachbett werfen, bis der Wasserstau übers verwurzelte Grasbuschufer quillt, die Füße einsumpfen zwischen fetten hellgrünen Blättern, Bärlapp und Schlieren, über denen ein stechender Knoblauchgeruch aus weißprimligen Blüten die Grenze des Waldes riechbar machte.
Hier sah ich es zucken: Es war nicht zu greifen. Ich sah es von unten an Blätter stoßen, lautlos und leise, ein stumpfes Rascheln, und eine jähe Stille spannte sich auf, jedes Geräusch steigerte die Wachsamkeit, die Angst; Was regte sich da? Ein Frosch wäre gelenkig und glatt - die Frösche am nahen Weiher hatten mit quarrenden Backenblasen diese aufschreckende Behendigkeit, der wir nur mit hinterlistigen Steinwürfen beikamen. Das aber, was da plötzlich auf einem morschen Ast anhielt, war warzig und sprenklig und plump und erdig gefleckt. Seine Augen schreckten mit Starre ab. Ich stand darüber gebeugt, und mein Ekel entzündete sich nicht an dem Gefleckten - doch schossen Warnungen ein vor Giftdrüsen und Schleim.
Ob es mit einem Taschentuch zu fangen wäre? Ich ließ es darüber fallen, das Tuch beulte sich, noch zögerte ich, suchte nach einem Ast, schlug darauf, bis ich zwei Tuchenden zu fassen bekam, schnürte zu, und weit von mir gestreckt, eines überraschenden Angriffs gewärtig, trug ich den Beutel, dessen Bewegungen nach und nach pulsend abebbten, als Beute nach Hause, wo ich ein Weckglas suchte. Darin saß das Tier und glotzte. Ich glaubte es sicher im glatten Glas. Was würde es fressen? Eine Weile mit anderem beschäftigt, sah ich nach einer Zeit wieder hin - ausgestreckt und fünfmal länger geworden, hing das Tier nun am weißen und faltig genau gezogenen Küchenfenstervorhang: warm aufleuchtend die orangene Bauchseite, gestreckt und gewölbt glatt, schöner als sein warziger Rücken.
Als die Mutter kam, hinsah, sagte sie etwas, was mich und das Tier jeweils anders erschreckte. Ich duckte mich vor ihrer harten Hand, das Tier zuckte klebrig springend in die Höhe und verfing sich in einer Vorhangfalte.
„So eine Sauerei", schrillte die Stimme der Mutter, die das Fenster aufriß, mit dem

Spüllappen nach dem Tier schlug, so daß es aus dem Fenster flog, und das Weckglas zerkrachte im Mülleimer. Da war die Mutter barsch.
Am Abend versprach mir der Vater einen Igel. Sie sah ihn böse an und drohend. Man sagte, Kröten hätten einen bösen Blick.
Wenn Vater und Mutter in Streit gerieten, was mir stets als ein Ausnahmezustand erschien, der über das ganze Haus verhängt wurde, denn beide verhielten sich dann so, als könne jeder nur leidend in den üblichen Zustand zurück entlassen werden, dann war manchmal der Vater dieser häßliche Rücken - die Mutter der warme Bauch.
Wenn ich ein andermal nicht wußte, wo es besser wäre - ohne Strafe oder Streit -, dann war die Mutter der flackernd fleckig schreckende Buckel - und der Vater, der rascher verzieh, das zutrauliche Bauchorange. Je nachdem, wie sich die Kröte drehte - und ich noch wählen konnte.
Das Kind stößt unaufhörlich gegen die Bauchdecke dieses Himmels.
Als das noch alles selbstverständlich war...
Das ist die erste Heimat, der man entwachsen muß.

aus: „Licht mit Schatten"
Godehard Schramm
Nürnberg, 1988

Helga Naubert

Hoffnung

Ich hoffe, daß die Tage der Blumen
nicht gezählt sind.
Daß die Lieder der Vögel fortklingen
in euren Herzen.
Daß auch in Zukunft die Bäume den
Himmel festhalten.
Daß ein Regenbogen sich spannt
von eurem Lächeln zu einem anderen.

Margret Hölle

Owa da Hümmö wird sa

An Afang is gwen
a Löicht
a Sunn und a Stern
a Wassa a Fisch
a Vugl a Baam
und daunauch erscht da Mensch.

Da Mensch is a Geiavugl woan
tragt an Houchmoud
in Hirn und in Gwissn
vaspeit Gift
und lescht as wos lewende nu is.

Ungstraufte bleibt nix
und mirkt da niad aaf
wird da Hümmö nu sa
und a Sunn und a Stern.
Owa koa Wassa koa Fisch
koa Vugl koa Baam
und koa Mensch.

Josef Fendl

Herbst im Jura

Ein ewigjunger Altweibersommer
segelt gelassen über die Hügel
der rostrot leuchtenden Gräser.
Unten der müde schwarze Fluß

und darüber die endlose Ebene.
Die grauweißen Grate und Klippen
warten, Schiffsbug an Schiffsbug,
seit Jahrmillionen am Hang.

Die milde Sonne des Herbstes
verklärt den südlichen Hafen.

Wie konnte mich nur frösteln
an dieser bevorzugten Küste?

Trockental bei Zell a.d. Speck *(Foto: H. Tischlinger)*

Erika Eichenseer

Schwarzer Herbst

Raben, schwarz und schwaar,
speckige Scholln,
aufbrocha bis ins Herz,
Stopplfeld gelb, brüchige Halm
spießm an Himml auf
hell, herbstlich und koid.

Schwarze Hand auf da helln Haut,
gelber Fetzn aufgspießt am Halm,
Schrei, schwarz und schwaar
schwingt si auf in den hellichtn Herbst;
koid gellt er zruck,
bricht si am Himme
und stirbt.

Schlaffade Schwärzn schleicht
übers herbstliche Feld,
hockt am Halm, speckig und schwaar.
Stopplfeld, brocha, spießt ins Herz,
in Fetzn flatterts davo
herbstlich und koid.

Gerold Bielohlawek-Hübel

Die Steinfelder aus dem Juraland

Der aus Solnhofen stammende Martin besuchte im Jahre 1860 in Eichstätt die höhere Schule. Sein Naturkundelehrer Pater Bayr erklärte den Schülern anschaulich die Entstehung der Jurasteine. „Vor etwa 150 Millionen Jahren dehnte sich hier ein riesiges Urmeer aus. Zahlreiche Schwamm- und Korallenriffe hatten sich in diesem Meer gebildet. Heute sind diese ehemaligen Riffe die vielen typischen Felsen im Juraland. In langen Jahren hat sie die Natur durch Regen und Wetter geformt. So gibt es beispielsweise den Zwölf-Apostelfelsen oder den Dohlenfelsen, da dieses Steingebilde sehr dem Aussehen dieses Vogels ähnelt.
Außerdem sammelte sich in den flachen Meerlagunen, wo der Wasserspiegel nur eine geringe Höhe hatte, ein dicker Kalkschlamm an, in den die hier lebenden Tiere oftmals eingebettet wurden. Aus diesem Kalkschlamm entwickelten sich dann in den nachfolgenden Jahrmillionen die Kalkschieferplatten, die man in den Jurasteinbrüchen abträgt und zum Belegen der Hausdächer und als Bodenplatten verwendet. In diesem Kalkgestein findet man die Fossilien - versteinerte Tiere und Pflanzen aus dem Erdmittelalter."
Doch sein Naturkundelehrer erklärte nicht nur die Entstehung der Versteinerungen, sondern brachte auch immer wieder hochinteressante Funde aus seiner Privatsammlung mit - oder unternahm mit den Schülern Exkursionen hinaus zu den Steinbrüchen am Blumenberg und in Wintershofen, wo die Schüler unter seiner Anleitung nach Fossilien suchen konnten. Der Martin fehlte bei keiner Exkursion. Außerdem erklärte sein Lehrer bei den herrlichen Ausflügen nicht nur die gefundenen Fossilien, sondern machte die Teilnehmer auch auf die heute lebenden Tiere und Pflanzen aufmerksam. So kannte der Martin bald zahlreiche Schmetterlingsarten und konnte auch viele Pflanzen, wie Orchideen und andere kalkliebende Pflanzen bestimmen.
Heute ist der Martin auch wieder unterwegs. Aber er will keine Versteinerungen sammeln, sondern hat seinem Großvater, dem Steinbrecher, versprochen, dieses Wochenende nach Solnhofen zu kommen. Das bedeutet jedoch einen mehrstündigen Fußmarsch durch das Altmühltal. „Vielleicht habe ich Glück und finde ein Pferdefuhrwerk, das mich mitnehmen kann", geht es ihm durch den Kopf, denn für eine Kutschfahrt hat er kein Geld. So wandert Martin am frühen Morgen frohgemut hinaus aus Eichstätt und schlägt den Weg in Richtung Rebdorf ein. Es scheint ein herrlicher Tag zu werden, denn die Sonne spitzt schon durch die Wa-

cholderbüsche und taucht die Jurahänge in ein kräftiges Licht, so daß er gegenüber, auf der anderen Seite der Altmühl, die Vorbereitungen für den Bau der neuen Eisenbahnlinie beobachten kann.
Bald hat er Obereichstätt erreicht und sieht den Schornstein des Eisenwerk-Hochhofens. Kaum hat er das Dorf hinter sich gelassen, will ihn ein Pferdefuhrwerk überholen. „Kann ich mitkommen", ruft der junge Wanderer dem Bauern zu. Martin hat tatsächlich Glück und kann bis zum Hammerwerk bei Mörnsheim mitfahren. Von dort hat er es dann nicht mehr weit nach Solnhofen.
Als der Martin in seiner Heimatstadt ankommt, brennt die Sonne schon gehörig vom Himmel, und er muß sich mehrmals den Schweiß aus der Stirne wischen, denn der Weg zu den Steinbrüchen geht ziemlich steil nach oben, vorbei am Gasthaus „Senefelder Hof", in dem der Großvater am Sonntag immer nach dem Kirchgang seinen Frühschoppen macht.
Oben angekommen hört Martin aus der Ferne den hellen Klang der Hämmerchen, mit denen die Steinbrecher ihre Schieferplatten untersuchen. An der letzten Wegkrümmung begegnet ihm noch der Schäfer Hans Arauner, der seine Tiere die karge Nahrung zwischen den Wacholderbüschen abgrasen läßt. Früher war er häufig beim alten Schäfer gesessen und hatte ihm bei seinem Tagwerk zugeschaut; auch hatte ihm der Arauner viele Geschichten aus dem Juraland erzählt. Besonders die Sage vom „Geißbub aus Solnhofen" hatte ihn tief beeindruckt und geht ihm jetzt wieder durch den Kopf...
Doch heute hat der Martin keine Zeit für neue Geschichten und Sagen, denn er will so schnell wie möglich zu seinem Großvater kommen. „Ich bin unterwegs zum Steinbruch", ruft er dem Schäfer freundlich zu. „Da kannst du deinem Großvater gleich ausrichten, daß ich wieder ein Eimerchen Honig von ihm bräuchte", entgegnet der Schäfer, und schon ist der Martin hinter ein paar Wacholderbüschen verschwunden.
Nach einigen Metern ist der Martin im Gemeindesteinbruch und geht gleich zum Arbeitsplatz seines Großvaters. Dieser nimmt freudig den angekommenen Enkel in die Arme und man merkt, wie glücklich er ist, daß der Martin da ist. „Hab' heute auch ein kleine Überraschung für dich", kündigt er dem Martin an und geht mit raschen Schritten in seinen Holzverschlag. Mit gespanntem Gesicht kommt der Großvater wieder. In der Hand hält er eine kleine Steinplatte. „Sieh dir mal diesen Abdruck an, wir haben ihn heute früh in einer Platte gefunden", und er reicht den Kalkstein vorsichtig seinem Enkel hin. „Du bist doch ein alter Fossiliensammler und hast ja in Eichstätt schon viel dazugelernt. Was sagst du zu diesem Abdruck, sieht das nicht wie eine Vogelfeder aus?" Der Martin hält jetzt die Steinplatte in den Händen und erkennt ebenfalls eine versteinerte Feder. „Das ist ein seltsamer Fund", antwortet er, „denn mein Naturkundelehrer in der Schule hat gesagt, daß

man noch nie ein Stück eines Vogels im Juragestein gefunden hätte. Darf ich die beiden Platten mit nach Eichstätt nehmen? Ich will sie unbedingt Pater Bayr zeigen, ob er der gleichen Meinung ist wie wir"...

Literaturhinweis:
Peter Wellnhofer
„Solnhofer Plattenkalke:
Urvögel und Flugsaurier"
Hrsg. Museum beim Solenhofer
Aktien-Verein,
8831 Maxberg, 1983

aus: „Ich fand den Urvogel"
Gerold Bielohlawek-Hübel
Gunzenhausen 1987
Schrenk-Verlag

Das Berliner Exemplar des Urvogels. Es wurde 1877 am Blumenberg/Eichstätt gefunden. (Foto: Dr. Peter Wellnhofer)

Franz Liebl

Archaeopteryx VI

Bürgermeister-Müller-Museum Solnhofen

Seitwärts versunken im Kalkschlamm.
Deutlich der Feder-Abdruck.

Weit zurückgekrümmt Hals und Kopf,
steil gestreckt die Schwanzwirbel -

Verlagerungen (so die Deutung)
nach Eintritt des Todes.

Oder war es der Balz-Tanz?
Der Aufschwung zum Wipfel?

Der Schrei, der Schwingenstolz -
lähmte, lähmt er die Feder?

Michael Zöllner
(aus meinem lyrischen Tagebuch)

Altmühl

Wie ein Mühlrad wälzt
sie träge ihre Wasser
vom Hornau-Weiher
bis Kelheim hin zur Donau,
die ihr einst ihr Flußbett grub.

Gunzenhausen

Die alte Kreisstadt
ist Rückhalt des neuen Sees,
den die Altmühl speist.
Hort am Rätischen Limes
mit dem Blasturm als Auslug.

Der Färberturm in Gunzenhausen
(Zeichnung: Klaus Selz)

Solnhofen

Sankt Sola gab dir
den Namen, Senefelder
aber den Weltruhm,
dank deiner Plattenkalke
und Fossilienfunde.

Solnhofen *(Zeichnung: Leonhard Schauer)*

Versteinerte Zeugen

Vom ersten Urvogelschrei
über der Jura-Lagune
bis zum Piä-Ruf des Bussards
über dem Altmühltal
spannt die Zeit ihre Flügel
über zwölf Dutzend Millionen
Jahre weit hin. Fossilien
im Stein allein geben Zeugnis
vom Wandel des Erdenantlitzes,
als Berge um Berge sich formten
im dunklen Schoße der Tethys.

Dollnstein

Rares Markt-Idyll
mit Mauerwehr. Am Fluß
bizarre Felsen.
Auf Burg Tolenstein entstand
Meister Wolframs „Parzival".

Marterfelsen bei Dollnstein (gemalt von C. O. Müller)

(Abdruck mit freundlicher Genehmigung von Frau Ilse Müller, Kipfenberg)

Horst am Hang

Am Wintershofer Mittagshang,
hoch oben, wo der Wald beginnt,
im letzten Haus am Ulrichsteig -
dort horste, denke, danke ich,
Bergkräuteratem tanke ich.

Vom Garten übers Blechdach flach
schwingt ab mein Blick sprungschanzenhaft
zur Bischofsburg Elias Holls...
Wie Efeu turmwärts ranken sich
in mir dann die Gedanken sich.

Tief unten still die Altmühl schleicht,
das Tal verschluckt den Straßenlärm,
darüber nur ein Bussard streicht.
Unaufgeschreckte Ruhe hält
mich hier in Eichstätts Ausweichszelt.

Pfünz

Einst Römer-Kastell,
nach „pons" benannt, der Brücke
über die Altmühl -
uralte Alcimona,
schon dem Keltenvolk heilig.

Pfünz *(Zeichnung: Matthias Schlüter)*

Kipfenberg

Reizvoll am Limes
gelegener Markt, beherrscht
von prachtvoller Burg,
die romantisch und gotisch
erbaut ist und niemals fiel.

Kipfenberg *(Foto: M. Vogt-Vilseck)*

Dietfurt

Siebentälerstadt
an der Laber und Altmühl,
mittelalterlich,
mit gotischen Wehrtürmen;
im Fasching Chinesen-Stadt.

Anlautertal

Verträumte Dörfer
mit Mühlen, Burgruinen.
Am stillen Ufer
Graureiher. Dazwischen blitzt
blaugrün der Eisvogel auf.

Blick vom Schellenberg auf Enkering am Ausgang des Anlautertals *(Foto: Karl Olma)*

Riedenburg

Alt, geschichtsträchtig.
Burgen und Brauereien
sind deine Trümpfe.
Unweit Schloß Prunn, der Fundort
des Nibelungenliedes.

Riedenburg/Partie unterhalb der Altmühlbrücke *(Foto: Kopp)*

Schulerloch

Tropfsteinhöhle, hoch
am Altmühl-Hang bei Essing.
Fliehburg der Natur.
Fledermaus, Schwalbenschwanz, ja,
selbst Apollo trifft man hier.

Befreiungshalle

Schönes Kopfballtor
zwischen Donau und Altmühl, mit
Kelheim zu Füßen;
als Foulelfmeter aber
gilt der RMD-Kanal.

Das Ries

Hier schlug das All zu,
ehe der Mensch kam. Nur die
Wörnitz lebt noch fort.
Zeugnis der Katastrophe:
Ein Kessel mit Suevit.

Karl Stöber

Der Geißbub von Solnhofen

Karl Friedrich Stöber wurde am 30.11.1796 in Pappenheim geboren. Er war ein bedeutender Heimatforscher und von 1842 bis zu seinem Tod im Jahre 1865 Dekan in Pappenheim. Weit über seine Juraheimat hinaus wurde er auch durch seine schriftstellerischen Arbeiten bekannt. Seine hier abgedruckte Nacherzählung der „Sage vom Geißbuben aus Solnhofen" stand in vielen älteren Lesebüchern.

An den Berghängen bei Solnhofen an der Altmühl findet man schönen, reinen, zuckerweißen Sand - da und dort in ganzen Nestern, gar nicht tief unter dem Rasen. Die Hausfrauen in der Umgegend fegen oder bestreuen damit ihre Stubenböden, Tische, Bänke und hölzernen Geschirre; sie kaufen ihn von Weibern, die ihn bei Solnhofen graben und zum Verkauf in die umliegenden Orte tragen.

In der ältesten Zeit befaßte sich eine Zeitlang nur ein einziges Weib mit diesem beschwerlichen Handel, bei dem sie oft über fünfzig Pfund auf dem Rücken aus- und nur ein paar Heller in der Tasche dafür heimtrug. Es war eine Witwe in mittlerem Alter, und sie hatte einen Knaben von zwölf Jahren, der im Sommer die Ziegen des Ortes hütete und im Winter mit seiner Mutter in den unterirdischen Felsklüften Sandnester aufsuchte und ausbeutete, wenn man vor Schnee und Eis in den Boden kommen konnte. Der kleine Vorrat von Sand, den sie sich im Herbste gegraben hatten, ging zu Ende und mit ihm das Brot, das sie sich für die erlösten Pfennige aus den benachbarten Orten mitzunehmen pflegten. An den Sommerseiten der Berge, wo die Februarsonne die dünneren Schneeschichten weggeleckt hatte, fingen sie nun an zu schürfen, aber überall vergebens und ohne Erfolg. Ihre Werkzeuge zerbrachen und sie hatten noch kein weißes Sandkorn gefunden. Dazu ging das Futter für die Ziegen zur Neige, und in der Hütte waren nun vier Geschöpfe, denen der Hunger aus den Augen sah. Das einzige, was sie noch unter sich teilen konnten, war ein Trog mit eingestampften Rüben und weißem Kohl und auch diese stritten schon mit der Verwesung, weil sie nur wenig gesalzen waren. Die Geißen erhielten ihren Anteil roh, wie er aus dem Troge kam; die Portionen für sich und ihren Knaben kochte die Witwe und salzte sie oft mit ihren bitteren Tränen. Der Knabe liebte seine Mutter und bewies seine Liebe dadurch, daß er nie über seinen Hunger klagte, sondern geduldig von einer Mahlzeit auf die andere wartete und überhaupt alles vermied und verbarg, war ihr das Herz noch schwerer machen konnte. Aber fast die ganze andere Hälfte seines Herzens war den Ziegen zugewandt, und es wollte ihm brechen, wenn er sah, wie sie, von Hunger getrieben, an der Raufe hinaufsprangen und vergebens Hals und Zunge streckten, um die Neige darin zu erreichen. Hätten sie von seinen schönen Worten und Vertröstungen auf den nahen Frühling satt werden können, dann hätten sie mehr als genug gehabt. Aber so wurden sie immer magerer und der Knabe entschloß sich endlich, für sie zu tun, was er noch nicht einmal für seine Mutter getan hatte.

In Solnhofen war ein Benediktinerkloster. An dessen Pforte pochte der Knabe mit dem schweren eisernen Klöpfel, der daranhing, und antwortete dem Bruder Pförtner, der nach seinem Begehren fragte, er müsse mit dem Abte selbst reden. Er wurde vor diesen ehrwürdigen Diener Gottes geführt, küßte ihm die Hand und bat, er möchte ihm doch nur erlauben, das Heu aufzulesen, das die Klosterkühe unter den Barren und unter die Streu würfen; denn seine zwei Ziegen wären am Verhungern. Den Abt überraschte anfangs die Bitte, deren Gewährung gar leicht mißbraucht oder wenigstens zu einer großen Versuchung werden konnte; aber bald überzeugte er sich, mit was für einer aufrichtigen und redlichen Seele er es zu tun hatte. Er fragte unter anderen Dingen nach dem, was nach den damaligen Anforderungen der Kirche ein Christ wissen sollte. Der Knabe sagte seinen Glauben, sei Vaterunser nebst einigen anderen kürzeren Gebeten gut her und beantwortete munter etliche Fragen aus den Evangelien. Nun sprach der Abt: „Mein Söhnlein, du darfst alle Tage, wenn unsere Kühe zur Tränke getrieben werden, kommen und holen, was sie unter dem Barren liegen gelassen haben, und wenn der Bruder Küchenmeister etwas übrig hat, so wird er es dir auch mitgeben für dich und deine Mutter!" Dann segnete er den Knaben und entließ ihn froh und getröstet.

In der Hütte der Witfrau hatte nun die Not ein Ende. Bald kam auch der warme und freundliche Frühling. Die Witwe entdeckte wieder eine ergiebige Sandgrube und ihr Benedikt trieb als gedungenes Ziegenhirtlein die Ziegen des Dorfes auf die hohen, luftigen Berge. In die Kost ging er bei den einzelnen Besitzern der Ziegen der Reihe nach. Sein Osterlamm aß er im Kloster, seinen Pfingstkuchen buk ihm die Wirtin, seinen Kirchweihschmaus hielt er in der neuen Mühle und seinen Namenstag feierte er wieder mit den Benediktinern. An Unterhaltung fehlte es ihm auch auf den einsamen Höhen nicht. Da lag der damals noch unbenutze Kalkschiefer so am Tage, daß es ihm leicht ward, Platten davon herauszuholen und aus ihnen mit einem ganz kleinen Hammer, den ihm noch sein verstorbener Vater gemacht hatte, regelmäßige Vierecke zu fertigen.

Was man so unrichtiger- und sündlicherweise Zufall nennt, führte den Knaben zu einer wichtigen Erfindung. Benedikt legte einmal eine Schieferplatte, wie er sie aus dem Boden gebrochen hatte, auf seinen Schoß, zeichnete mit einer Kohle von seinem Hirtenfeuer ein Viereck darauf und sprach dann bei sich: Wenn ich fünfzig solche viereckige Tafeln hätte, so könnte ich meinen ganzen Hausflur damit belegen, und die Hühner könnten dann nicht mehr darin scharren, wenn es draußen regnet! Und während er dies dachte, klopfte er mit seinem Hämmerlein auf dem einen schnurgeraden Kohlenstrich sanft auf und ab; denn er freute sich über den hellen Klang der Platte. Aber auf einmal wurden die hellen Töne dumpf und immer dumpfer wie bei einer zersprungenen Glocke und zuletzt sprang die Tafel gerade in der Richtung des Kohlenstriches mitten entzwei. Ist es da so gegangen, dachte nun Benedikt, so kann es bei den übrigen drei Seiten ebenso gehen und hämmerte auch auf dem zweiten Kohlenstriche eine Weile vorwärts und rückwärts. Sein Schluß war richtig. Nachdem er noch einige Minuten so fortgeklopft hatte, lag eine vollkommen viereckige Platte auf seinen Knien. Eine zweite gelang ihm nicht minder und so fort. Früher schon hatte er manchmal zwei Schiefertrümmer aneinander gerieben, um sie zu polieren, und gefunden, daß er damit am schnellsten zustande kam, wenn er von dem Sande, mit dem seine Mutter handelte, dazwischen tat und Wasser dazu nahm. Die frühere Erfindung wandte er nun auf seine Pflastersteine an und gewann so einige recht schöne Platten.

Indessen trieb er dies alles als eine bloße Spielerei und sagte davon niemandem etwas, selbst seiner Mutter nicht. Seine schönsten Tafeln verbarg er da und dort unter einem Busche. Eines Abends aber, als er eingetrieben hatte und seiner Mutter gegenüber an der Suppenschüssel saß, erzählte sie ihm, daß sie mit Sand in Eichstätt gewesen und dort dem Bischofe so nahe gekommen sei, daß sie jedes seiner Worte verstanden habe. „Was sagte er denn?" fragte Benedikt. „Er stand", antwortete die Witwe, „mitten unter den Domherren in der neuen Kirche, die er hat bauen lassen, und beratschlagte mit ihnen, mit was für Steinen der Fußboden belegt werden dürfte. Der eine riet dies und der andere das, bis der hochwürdige Herr der Unterredung damit ein Ende machte, daß er sagte: Nun, morgen um die elfte Stunde haben wir die fremden Steinmetzen hierher bestellt und wollen die Proben beschauen, die sie von allerlei Sand- und Marmelsteinen bei sich haben; aber wir fürchten, ein solches Pflaster möchte für unseren bischöflichen Beutel zu teuer kommen. Wir werden uns wohl die Backsteine gefallen lassen müssen, die am wohlfeilsten sind!" „So, so!" versetzte Benedikt, warf seinen Löffel von Horn in die Tischlade, wünschte seiner Mutter eine gute Nacht und ging unter das Dach hinauf in seine Schlafstätte.

Das Sandweib hatte übrigens den Fürstbischof ganz recht verstanden. Schon bald nach der zehnten Stunde des Morgens versammelten sich in der neuen Kirche zu Eichstätt, in der von der Hand des Maurermeisters nichts mehr fehlte als das Pflaster, etliche Steinmetzen, die der Bischof aus Tirol, aus dem Fichtelgebirge und dem Rheingau auf seine Kosten berufen hatte. Die Steinproben trugen ihnen ihre Gesellen in kleinen hölzernen Kasten nach und stellten sie nebeneinander auf eine lange Tafel. Darauf fanden sich nach und nach mehrere Grafen und Herren aus der Nachbarschaft ein, die schon reichlich zu dem Kirchenbau beigesteuert hatten und nun auch noch bei dem Pflaster ein übriges tun sollten. Endlich erschien der Fürstbischof mit der ganzen Geistlichkeit und seinen weltlichen Beamten hinter sich, und als alle beisammen waren, schien es fast, als sollte eine Kirchenversammlung abgehalten werden, so viele waren ihrer. Der Bischof nahm nun die schön geschliffenen Proben aus den Kästlein, eine nach der anderen, und es war keine darunter, die ihm und seinem Gefolge nicht gefallen hätte. Auch waren zum Teil die kleinen Marmelsteine in den Schubladen so nebeneinander gelegt, weiße und schwarze, gelbe und graue, bunte und einfarbige, daß man schon im kleinen sehen konnte, wie herrlich schön ein Steinpflaster davon im großen ausfallen würde. Aber als die fremden Steinmetzen nacheinander sagten, was der Quadratfuß an Ort und Stelle kostet, und als der Baumeister an den Fingern herrechnete, wieviel Quadratfuß er brauche, und als der Rentmeister die Gesamtsumme in Goldgulden aussprach, fuhr der Bischof mit der Hand hinter das Ohr, und sein Schatzmeister schüttelte mit dem Kopfe, und die Grafen und Herren machten große Augen. Ja, ein Mönchlein, das noch nie mehr als einige Heller im Opferstocke seines Klosters beisammen gesehen hatte, schlug in dem ersten Schrecken ein Kreuz. Alle standen und sahen einander schweigend an.

In diesem Augenblicke entstand unter dem Hauptportale der Kirche ein Geräusch. Zwei Trabanten des Fürstbischofs wollten einen barfüßigen Bauernknaben nicht hereinlassen und hielten ihre Hellebarden vor; aber der Knabe duckte sich, schlüpfte darunter hinweg wie eine Henne unter der Gartentüre und drängte sich dann ohne Umstände mitten durch die Versammlung, bis er vor dem Bischof stand, dem er den Saum seines Kleides küßte. Seine Mütze, an der nicht viel zu verkrüppeln war, nahm er zwischen die Knie, drei viereckige und zolldicke Schieferplatten, eine blaßgelbe, eine blaugraue und eine marmorierte, nahm er aus der Schürze, mit der sie umwickelt waren, und legte sie auf die Tafel. Sie waren noch naß, denn er hatte sie erst in den Dombrunnen getaucht. Desto mehr aber glänzten die geschliffenen Seiten und zeigten, wie schön die Steine erst dann werden würden, wenn eine kunstgeübte Hand darüber käme. Seine Ware zu empfehlen, meinte der Knabe, sei nicht nötig, sondern schaute nur einem von den Umstehenden nach dem andern ins Gesicht und wischte mit der Schürze den Schweiß von der Stirne. Als der Bischof anfing, ihn zu fragen, antwortete er munter und sprach: „Ich gehöre dem Sandweibe von Solnhofen, und die Steine habe ich auf dem Berge hinter dem Kloster gebrochen und zurechtgemacht. Und wenn ihr noch mehrere braucht, so dürft ihr mir nur eure Steinhauer mitgeben, so will ich ihnen zeigen, wie sie es anfangen müssen!"

Der Knabe war Benedikt, unser Ziegenhirtlein. Er konnte nach der Abendsuppe, bei der ihm seine Mutter von der neuen Kirche in Eichstätt erzählt hatte, nicht mehr schlafen. Ein Gedanke, der ihm unter dem Essen gekommen war, hatte ihn durch die Hintertüre hinaus auf den Berg, wo seine Steine lagen, und von da mit ihnen in der mondhellen Nacht gen Eichstätt getrieben, wohin er den Weg von dem Sandhandel her genau kannte. Seine Mutter erschrak freilich, als sie ihn in aller Frühe wecken wollte und das Nest leer fand. Und sie konnte nicht einmal gehen ihn zu suchen oder nach ihm zu fragen; denn die Ziegen waren schon alle aus den Ställen gelassen und standen meckernd auf der Gasse und naschten von den Blumenstöcken vor den Fenstern des Pfarrhauses. Wohl oder übel mußte sie Geißel und Stecken nehmen und das Vieh selbst auf den Berg treiben, wo sie den langen, langen Tag unter vergeblichem Warten und Sorgen zubrachte. Aber als sie abends hinter der gehörnten Schar des Dorfes hinunterging, kamen einige Maultiere herauf, ihr entgegen. Auf dem vordersten saß ihr Benedikt hinter einem Knechte des Fürstbischofs und zwar so munter, daß die Witfrau sogleich sah, es müsse ihm den Tag über nicht schlecht gegangen sein.

Und so war es auch. Der Bischof hatte sich sogleich für die Pflastersteine des Sandbuben entschieden und die fremden Steinmetzen wieder in ihre Heimat entlassen, den Knaben aber mit sich in sein Haus genommen, gespeist und ihm versichert, daß er für ihn und seine Mutter sorgen wolle. Dann hatte er ihn mit dem Baumeister, der das Steinlager untersuchen sollte, nach Solnhofen zurückgehen lassen. Der Bischof hielt Wort. Nachdem Benedikt bei einem Steinmetzmeister in Eichstätt in der Lehre gewesen war, ließ er sich in Solnhofen nieder und hatte fortwährend so viele Bestellungen an Pflaster- und Quadersteinen, daß es ihm und seiner Mutter nie mehr an dem täglichen Brote fehlte.

Franz Liebl

Hier logierte Goethe

Gunzenhausen, Gasthof zur Post, 12./13. Juni 1788

Im Tagebuch kein ausführlicher
Eintrag; Verweise später vereinzelt.

Die Gedenktafel nennt französische
und österreichische Marschälle, Feldzeugmeister,
König Ludwig I. von Bayern -
geziemend darunter; obenan ihn.

Blas-, Storchen- und Diebsturm,
Limes-Kastell, Kloster - öttingisch,
nürnbergisch, preußisch u. bayrisch -
die Schweden, der wilde Markgraf
(von Ansbach), sein Jagdschloß ...

Nie Reichs-, nicht mehr Kreisstadt,
mächtiger Zulauf aber des neuen
Altmühl-Stausees wegen mit allem
Komfort (auch in der Stadt, versteht sich).

Ob ich einmal die „Post" aufsuche?
Goethe - man wär es ihm schuldig.

Sommer ' 45 in Ellingen

Das Rathaus des kleinen Barockstädtchens
stand nur noch zur Hälfte,
vieles nicht mehr - ein Versehen
der Bomber, zehn Tage vorm Ende.

An einem offenen Fenster
standen Geranien; bei Kerzenlicht
übte ein Schüler Klavier,
unsicher.

Seine Nachtmusik -
auf staubigen Lippen trug ich
sie zu meinem Strohsack.

Das Loch im Dach
schlossen die Wolken.

Im Steinwald

Blausilbener Tauschimmer.
Hahn-Trompete im Frühglück.

Tag riecht nach Acker,
Schaftrieb und Karpfenweiher.

Steh barhaupt im Mittagläuten.
Hand schöpft am Röhrbrunnen.

Bedächtig
rückt der Abend in die Schenke.

Fuchs und Has sagen dir Gute Nacht,
und der Kauz verscheucht den Traum-Alp.

Die Welt ist mit Wald verschlagen.
Der schweigt auch dich still.

In W.

Friedrich Hebbel zum Gedächtnis

In Wien knien vor dir
polnische Barone - später.

Jetzt, am 13.3.1839, vermerkst du
nachts in einem Wirtshaus in W.
(zwischen München und Hamburg):
man müsse essen, was
auf den Tische gestellt wird
(und oft war und wird kein Tisch sein,
geschweige ein Essen).

Später - sie werden Gedenktafeln setzen
in Paris, Rom ...

In W. vermerke ich
dies nachts.

Vor Apoll

Römischer Schatzfund, Weißenburg

Siebzehn Säkula im Eimer verharft
unter mitvergrabenen Göttern.

Auch zur Zeit kein Bedarf für Altäre;
doch die schicke Vitrine ist staubsicher.

Schulmädchen umkreisen gesittet
den Leib im Scheinwerferkegel.

Ein Fachhändler flüstert
eine sechsstellige Zahl.

Was soll da mein Vers dir
auf vergänglichem Blatt?

Du zückst das Plektron,
grün schwingen die Saiten.

Skulptur in einem Kleinstadtmuseum

Scherben Gesicht. Wange und Mund.
- Ammonshörner, Steinbeilfund,
Römerziegel, ein Wappenschild -
Gestorbenes Lächeln, wem es auch gilt.

Aber wem galt es? Weiß es der Krug?
Jener, die Fibel und Gemme trug?
- Ratsherrnperücke, ein Knochenkamm,
Eintagsfliege im Juraschlamm -

Spottest du, Antlitz? Fragst du wie wir?
Zierte dich Lorbeer? Ein Eisenvisier?
Mund in Äonen. Wange im Licht.
Mensch in einem Scherben Gesicht.

Museum Willibaldsburg Eichstätt, Fundort Nassenfels. (Bearbeitet von Dr. Friedrich Winkelmann, Verlag Joseph Baer, Frankfurt 1926.)

Wellheim, gezeichnet von Heinrich Ullmann (1871 - 1953). Die Zeichnung stammt aus dem Altmühltal-Buch von Heinrich Ullmann (Greno-Verlag, Nördlingen, 1986/Reihe Delphi 1039, herausgegeben von Erika und Robert Böhm).

Manfred Böckl

Am Alten Haus

Manfred Böckls Roman „Der Meister von Amberg" spielt im späten 15. Jahrhundert in der Oberpfalz. Das Buch beruht auf historischen Gegebenheiten wie unter anderem der Amberger Hochzeit von 1447, dem Salz- und Eisenhandel im „Ruhrgebiet des Mittelalters", dem Bergbau im „Nordgau" oder dem Böckler-Aufstand (1465 - 1469) gegen die Vorherrschaft der Wittelsbacher in Bayern. Schwerpunkt ist aber der Handel mit Salz- und Eisenschiffen auf Donau, Naab und Vils. Diese zwölf bis vierzehn Meter langen Plätten wurden mit Hilfe von Zugpferden flußaufwärts getreidelt. Im Roman beschreibt Böckl eine solche Treidelfahrt von Regensburg nach Amberg. Der Weg führt auch an der tatsächlich existierenden Höhle von Ettertshausen vorüber, mit der im Roman eine schaurige „Sage" verknüpft ist...

Der nächste Morgen sah den Schiffer-Hartl und seine Gesellen schon früh wieder auf den Beinen. Doch heute ging der alte Kapitän, möglicherweise gewitzt durch das Unglück am Vortag, die Reise langsamer an. Er wartete ab, bis die beiden anderen Salzschiffe von der Etterzhausener Lände abgelegt hatten, ehe er die beiden Pferdeknechte aus dem Schloß ihre Gespanne vor das eigene Schiff schirren ließ.
„Wenn das Zugseil wieder reißt, dann können wir jedenfalls nicht auf die anderen auflaufen", erklärte er Wolfgang, den er mehr und mehr als seinen ganz besonderen Schützling zu betrachten schien. „Außerdem tu' ich's wegen dir, denn der Flußabschnitt, den wir heute befahren, ist so schön, daß du gründlich Zeit haben sollst, all die Wunder zu betrachten. Von mir aus können die Rösser ruhig auch mal langsamer gehen heute. Denn wir brauchen jetzt nicht mehr zu fürchten, die anderen Schiffe aufzuhalten."
„Wo ist denn dein Ehrgeiz geblieben?" fragte Nothaft erstaunt. „Ich dachte immer, der Hartl müsse der schnellste Flußschiffer von allen sein!"
„Ach was", gab der Angesprochene zurück. „Unser Lebensretter soll etwas von der Fahrt haben - und nach Kallmünz kommen wir immer noch rechtzeitig."
„Mir soll's recht sein", erwiderte der Nothaft und löste die Bugkette des Schiffs vom Ufer. Die Gäule zogen an, die Ruder tauchten ein; die Bergfahrt auf der Naab hatte begonnen.
Auf dem schmalen Fluß, der sich am Fuß einer dicht bewaldeten Hügelkette heranwälzte, ging die Fahrt allerdings ganz anders vonstatten als tags zuvor auf der Donau. Hier gab es keinen gepflasterten Treidelpfad mehr; mühsam mußten sich die vier Zugpferde ihren Weg durch den Ufermorast, über aufgeweichte Wiesen-

ränder und manchmal auch zwischen eng stehenden Weidenbüschen hindurch bahnen.

Der Nothaft auf dem Bugschnabel hatte heute alle Hände voll zu tun, um das doppelte Zugseil über Binsenbüschel oder Ufergestrüpp hinwegzuheben, und der Hartl selbst mußte manchmal höllisch aufpassen, um die Sandbänke zu vermeiden, die einmal da und einmal dort auftauchten, und auf denen sich das Salzschiff leicht festrennen konnte. Nur die Ruderknechte - und damit Wolfgang - hatten es leichter als am Tag zuvor. Denn die Naab strömte bei weitem nicht so reißend dahin wie die Donau, und so genügte oftmals der Zug der Gäule allein, um das Schiff vorwärts zu bringen. Nur dann, wenn der Hartl das Schiff in eine Fahrrinne nahe am Ufer steuern mußte, hieß es aufpassen, damit die Riemen sich nicht in den Pflanzen am Wasserrand verhängten und so die Fahrt aufhielten.

„So kann man sich's gefallen lassen, nicht wahr?" wandte sich Ruodlieb lachend an Wolfgang, als sie oberhalb von Etterzhausen um die erste Flußschleife bogen.

„Ja, es ist die reine Erholungsreise", stimmte Wolfgang zu.

„Warte nur ab, bis wir an die ersten Felswände kommen", warnte Eberhart von der anderen Seite des Schiffs her. „Dann ist's aus mit der Erholung, und es heißt wieder hart arbeiten, sonst zerschellen wir mit Mann und Maus am Kalkstein!"

Wolfgang musterte zweifelnd den untersetzten Ruderknecht. Er wußte nicht recht, ob er für bare Münze nehmen sollte, was Eberhart soeben gesagt hatte. Doch dann, als der dichte Wald in Fahrtrichtung links den Blick freigab, zuckte er plötzlich zusammen. Denn dort vorne trat das Felsenufer tatsächlich bis hart an den Fluß heran, und ein Durchkommen für die Pferde schien hier ganz unmöglich. Freilich gab es auf dem anderen Uferstreifen, wo die Gespanne jetzt gingen, immer noch genügend freien Wiesengrund, doch Wolfgang sah ein, daß es tatsächlich hart auf hart gehen würde, wenn die Felsen erst einmal auf beiden Seiten bis ans Wasser reichen würden.

Gleich darauf wurde er aber aus seinen düsteren Überlegungen gerissen, denn er erblickte links vor sich, hoch über dem Kalksteinfelsen des Ufers die zackigen, von der Zeit zernarbten Mauer- und Turmreste einer Burgruine. So einsam und düster thronte das alte Gemäuer über der Naab, daß Wolfgang alles andere darüber vergaß und nur noch gebannt nach ober starren konnte.

Der Schiffer-Hartl hatte Wolfgangs Blick bemerkt, und während drüben am freien Strand die Gäule unbeirrt zogen, winkte er Eberhart, damit dieser das Ruder übernähme und begab sich selbst zu Wolfgang, wo er sich auf den Bordrand setzte.

„Das Alte Haus hat's dir wohl angetan", sagte er. „Aber es hat ja auch eine seltsame Bewandtnis mit dieser Ruine, und jeder, der eine Ader dafür besitzt, spürt, daß ein Fluch auf ihr liegt."

Wolfgang schaute abwechselnd auf den Alten und auf die zerstörte Burg.

„Ein Fluch?" fragte er neugierig.

Der Hartl nickte. „Du möchtest gerne mehr darüber hören, nicht wahr?"
Und als Wolfgang bejahte, setzte sich der alte Schiffer noch bequemer auf dem Bordrand zurecht, strich sich mehrmals durch den weißen Bart und meinte: „Die Flußstelle hier sieht zwar gefährlich aus, ist es aber nicht. Der Nothaft kann deshalb das Steuerruder gut noch eine Weile führen; er versteht's ebenso gut wie ich. Und gerudert muß hier auch nicht werden. Die Pferde schaffen's schon allein. - Also hör' zu, was die alten Sagen von diesem Platz berichten. Wunderlich genug ist's, das kann ich dir flüstern!"
„Dann solltest du mich aber nicht länger auf die Folter spannen", drängte Wolfgang.
„Nur gemach!" sperrte sich der Alte. „Ich muß ja die dunklen Geschichten erst in meinem armen Schädel zusammenbringen. Schließlich sind schon zehn oder zwölf Jahre vergangen, seit ich sie selbst zum letztenmal gehört habe." Damit warf der Hartl einen langen Blick zur Burgruine hinauf, die immer noch ein gutes Stück voraus lag, während Wolfgang gespannt wartete.
Endlich, nachdem er sich nochmals durch den weißen Bart gestrichen hatte, begann der Schiffer-Hartl:
„Eines ist ganz gewiß, daß nämlich dieses Flußtal und der Berg schon in uralten Zeiten bewohnt waren, als es in unserem Land den Stamm der Bayern noch gar nicht gab und hier ganz andere Menschen lebten. Kelten wurden sie genannt, und man sagt, daß sie heidnische Götter anbeteten und allerlei Zauberkünste verstanden..."
Hier bekreuzigte sich der Alte ängstlich, ehe er weitersprach: „Auch bei Kallmünz sollen die Kelten eine Burg besessen haben, aber davon erzähle ich dir vielleicht später einmal. - Jedenfalls hausten sie auch hier, und zwar in einer domgroßen Höhle, tief im Inneren des Berges zu unserer Linken.
Nur ein enger Schlupf soll hineinführen, doch seit Menschengedenken hat niemand mehr sich dorthin gewagt. Nur die Sage von dieser Höhle ist geblieben - und die Erinnerung daran, was sich dort drinnen vor Urzeiten abgespielt hat.
Ein Druidentempel war's, ein Gotteshaus der geheimnisvollen Keltenpriester.
Wenn in bestimmten Nächten der Vollmond golden am Himmel stand, dann schritten die Druiden drinnen ihre magischen Kreise und malten die Zauberzeichen ins Höhlendunkel mit geschwungenen Fackeln. Geheimnisvolle Worte beherrschten diese Alten noch, die den Fels zum Klingen bringen konnten und die uralten Steinritzungen sprechen ließen. Dann raunte es in der Höhle von Geistern, und man sagt auch, daß die Druiden in ihren weißen Gewändern weit in die Zukunft schauen konnten, wenn sie die Mistelkrone trugen.
Doch kein Volk dauert ewig auf Erden, und deswegen verschwanden auch die Kelten und mit den Druiden wurde die Höhle vergessen.

Tausend oder mehr Jahre waren vergangen, und in dieses Land kamen ins Land die Boier oder Bajuwaren, unsere Vorväter. Von der Höhle im Berg wußten sie nichts. Doch dann geschah es zu den Zeiten des Tassilo, des letzten Bayernherzogs aus dem Stamm der Agilolfinger, daß ein Ritter, der sich auf der Jagd befand, die Höhle von neuem entdeckte. Ein Dachs soll sich vor ihm dort verschloffen haben; der Ritter drang ihm kühn nach und kam so in den Felsendom, in dem noch der keltische Altarstein stand und ringsum die Opferknochen von Bär und Auerochs lagen, während die Ritzzeichnungen an den Wänden im Schein von des Ritters Kienfackel lebendig zu werden schienen.
Falko hieß der Edelmann, und er vergaß den Dachs über all diesen Wundern und untersuchte die Höhle auf das gründlichste. Und schnell wurde ihm klar, daß dies der Platz war, auf dem er eine Burg errichten wollte. Hoch oben auf dem Kalkfelsen über der Höhle sollte sie stehen; die Höhle selbst wollte Falko als geheimen Schatzraum und letzte Zuflucht in Kriegszeiten nützen.
Auf diese Weise entstand das Alte Haus, dessen Ruinen noch dort oben zu sehen sind. Kühn schwangen sich die Mauern von der Felskuppe aus empor, am äußersten Rand, der Naabschlucht zu, erhob sich der Bergfried, und als der Bau vollendet und die Ringmauer aufgeschichtet war, da thronte die Burg des Ritters Falko wie ein Adlerhorst über den dunklen Waldfluß. Und Falkos Stolz kannte keine Grenzen mehr. Mit Hilfe seiner Burg beherrschte er das Tal und den Fluß, und er nahm Tribut von allen Reisenden und auch von den Schiffsleuten, die damals schon die Naab befuhren mit Salz und Häuten aus dem Süden und Eisen aus dem Nordgau.
Und wieder gingen die Jahre ins Land, und auf dem Alten Haus regierte nun Ulf, ein Urenkel Falkos.
Und Bayern wurde zu dieser Zeit nicht mehr vom angestammten Haus der Agilolfinger regiert. Lange zuvor war Herzog Tassilo blind in einem Kloster gestorben, und der ihm Augenlicht und Macht geraubt hatte, hieß Karl und war der König der Franken.
Dieses Volk siedelte nun neben den Bayern an Donau und Naab, und seine Macht reichte von den Rheinländern bis in die Ostmark, nach Austria.
Und als Ulf, der Urenkel Falkos, auf dem Alten Haus herrschte, da stand schon seit zwei Generationen am gegenüberliegenden Ufer des Flusses eine Frankenburg, die man Deckelstein nannte. Das Land war aufgeteilt worden, und die Herren des Alten Hauses hatten die Hälfte ihres Besitzes an die Deckelsteiner abgeben müssen. Thorwald hieß der Herr auf Deckelstein in Ulfs Tagen, und die beiden Geschlechter waren einander feind seit den Zeiten des letzten Tassilo.
Das Land war reich und hätte beide Freisitze und ihre Hintersassen ernähren können, doch nach Menschenart wuchs der Neid in Ulf immer mehr, und er trachtete

Tag und Nacht danach, den Thorwald von Deckelstein zu vernichten und dessen Besitz wieder an sich zu bringen. Doch der Deckelsteiner war vorsichtig und entging jeder Schlinge, die der Ritter Ulf ihm stellte.

Da griff der Herr des Alten Hauses zu einer List, und die Höhle unter seiner Burg spielte darin eine große Rolle.

Ulf ließ nämlich dem Thorwald durch einen unverdächtigen und verschlagenen Boten zutragen, daß sich in der Höhle unter dem Alten Haus ein großer Schatz befände, noch aus Keltenzeiten her, von dem niemand im Alten Haus etwas ahne. Und Thorwald könne dieses Gold bergen, wenn er es nur wagen würde, allein in die Höhle einzudringen.

Freilich kannte Thorwald den Eingang zur Höhle nicht, doch den wollte ihm der Verräter, der in Ulfs Diensten stand, gerne zeigen, wenn er dafür nur ein Zehntel des Schatzes bekomme würde. Und als Thorwald mißtrauisch fragte, warum der andere den Schatz nicht selbst heben wolle, da antwortete ihm dieser, das könne nur ein Ritter aus edlem Blut schaffen, denn das Gold sei durch einen Bann geschützt, den ein Unfreier nicht zu lösen vermöge.

Da glaubte Thorwald dem ränkereichen Boten des Ulf und machte mit ihm aus, daß er schon in der nächsten Nacht heimlich über die Naab setzen und in die Höhle dringen wolle.

Der Bote aber überbrachte alles getreulich Ulf, seinem Lehnsherrn, und Ulf lachte häßlich, als er von Thorwalds Goldgier hörte.

In der nächsten Nacht ruderte der Deckelsteiner Ritter in einem kleinen Nachen allein über die Naab und traf im Wald zu Füßen des Alten Hauses den Verräter, der ihn zu der Höhle brachte. Als er dem Ritter den Eingang gezeigt hatte, verschwand er im Wald, denn so hatte es ihm sein eigener Herr befohlen.

Thorwald achtete gar nicht mehr auf den Verräter, denn er hatte jetzt nur noch den einen Gedanken, den Schatz zu finden und zu heben.

Mitsamt seinem Harnisch versuchte er sich durch den schmalen Höhleneingang zu zwängen, doch der Eisenpanzer war zu sperrig und paßte nicht hindurch, so daß Thorwald ihn zuletzt ablegte und nur sein Kettenhemd und sein Schwert behielt, als er nun in die Höhle drang. Dieser Leichtsinn sollte aber sein Verderben werden.

Denn kaum war der Deckelsteiner aus dem engen Durchschlupf in den Höhlendom gesprungen, da flammte drinnen eine Fackel auf, die in einem Felsspalt steckte, und in ihrem blutroten Schein erkannte Thorwald den Ritter Ulf vom Alten Haus, seinen Todfeind.

Ulf war schlauer gewesen als sein Gegner, denn er hatte schon lange vorher die einzelnen Stücke seines Harnisches in die Höhle gebracht und sich drinnen gewappnet, so daß er nun einen Vorteil über Thorwald besaß.

„Du bist gekommen, einen Schatz zu heben, der mir gehört", herrschte er den erschrockenen Franken an. „Doch wisse, daß alles eine List war und ich dir jetzt das Leben nehmen werde!"

„Das war keine List, sondern feiger Verrat!" schrie Thorwald. „Laß mich wieder nach draußen gehen und mich meine Rüstung anlegen, dann will ich dich dafür schon züchtigen."

Doch Ulf lachte nur und rief: „Ins Freie kommst du deiner Lebtag nicht mehr. Hier in dieser Höhle mußt du verfaulen!"

Und im selben Moment zog er sein Schwert und stürzte sich auf den Franken, der nur noch sein Kettenhemd trug und seine eisernen Kampfhandschuhe.

Thorwald wußte, daß es auf Leben und Tod ging und wehrte sich gegen den voll gepanzerten Ritter nach Leibeskräften.

Aber seine Schwertstreiche prallten wirkungslos an Ulfs Harnisch ab, während dessen Klinge das dünne Kettenhemd Thorwalds bald zerfetzt hatte.

Schon blutete der Franke aus zahlreichen Wunden und brach in die Knie, wobei er Ulf um Schonung anflehte.

Doch der Herr des Alten Hauses kannte kein Gnade. Mit einem letzten gewaltigen Streich trennte er Thorwalds Haupt vom Rumpf.

Im selben Augenblick aber, in dem diese grausige Tat geschah, da schien es wie heiseres, spöttisches Gelächter durch den Höhlendom zu hallen, und Ulf wurde von furchtbarem Grauen gepackt. Er ließ das Schwert fahren und versuchte, in voller Rüstung den Ausgang aus der Höhle zu gewinnen.

Doch die Geister der Höhle wollten nicht, daß der Mörder entkommen solle. Ulfs Rüstung war zu groß für den engen Schlupf, und der Ritter blieb in dem Gang stecken und konnte zuletzt weder vor noch zurück.

Tagelang suchten ihn seine Gefolgsleute vom Alten Haus, doch erst als der Lockvogel plauderte, den Ulf zu seinem Feind Thorwald geschickt hatte, fanden sie die richtige Spur und drangen in die Höhle ein. Sie fanden Ulf tot in der engen Felsspalte. Der Ritter war kläglich in seiner eigenen Rüstung verschmachtet. Drinnen lag die Leiche Thorwalds, das abgeschlagene Haupt sieben Schritte vom Rumpf entfernt.

Bei diesem Anblick packte die Mannen ein solches Grauen, daß sie schreiend flohen und nicht wagten, die beiden Leichen mitzunehmen. Die Ritter verwesten in der Höhle und zerfielen zu Staub. Die Stücke ihrer Rüstungen wurden unter dem von der Decke fallenden Gesteinsschutz begraben. Doch immer wieder stießen Neugierige, die von diesen Dingen nichts mehr wußten, in der Höhle auf Rüstungsteile oder verrostete Waffen - und einmal soll es geschehen sein, daß sich ein Vorwitziger in die Höhle wagte und zu graben begann. Da fuhr plötzlich ein Eisenhandschuh aus dem Steinschutt, drohte dem Schatzgräber, und der Mann verlor daraufhin seinen Verstand.

Dies geschah aber erst, nachdem die Burg des Ulf schon längst von einem Blitzschlag getroffen und eingeäschert war, und dies ereignete sich wenige Monate, nachdem er den frevlerischen Mord in der Höhle begangen hatte. Ulfs Mannen verliefen sich, die Burg zerfiel, und in den leeren Fensterhöhlen hausten nur noch die Raben.
Auch Deckelstein wurde nach dem Tod des Thorwald von seinen Bewohnern verlassen und verschwand von der Erde. Die Ruine des Alten Hauses aber blieb stehen, zur Mahnung für alle, die durch feige Taten Gottes Vergeltung herausfordern!"
Bei diesen letzten Worten deutete der Schiffer-Hartl mit seiner sehnigen Hand hinauf zu den Trümmern der Ruine, die sich in diesem Moment direkt über dem Salzschiff befand. Und er setzte noch hinzu: „Dort hat sich alles so zugetragen, wie ich erzählt habe. Und mich schaudert's jedesmal, wenn ich an dieser Stelle vorbeikomme, denn herrlich und in Freuden hätte der Ritter vom Alten Haus leben können, wenn er sich die Seele nicht von Neid und Haß hätte vergiften lassen, so daß er sie zuletzt an den Teufel verspielte. Das soll jedem eine Lehre sein, der die Trümmer des Alten Hauses erblickt."

aus: „Der Meister von Amberg"
Manfred Böckl
Regensburg, 1984
MZ-Verlag

Kampf in der Höhle *(Zeichnung: Andreas Hanauer)*

Josef Ludwig Hecker

Das große Feuer

(Roman aus dem 30-jährigen Krieg)

Im leichten Schneetreiben des 4. Februar 1634 rollten zwei Kutschen über die notdürftig wiederhergestellte Schlagbrücke von Eichstätt nach Mariastein. Einige Musketiere ritten voraus, sechs Reiter folgten. In der ersten Kutsche saßen der Eichstätter Weihbischof Georg Resch und der hochfürstliche Kammerherr Richard von Lindheim und seine Frau Agathe. Die Priorin des Augustinerinnenklosters Mariastein, Clara Staigerin, und zwei Nonnen befanden sich in der zweiten Kutsche. Unmittelbar dahinter folgten hoch zu Roß Johanna von Lindheim, die Tochter des Kammerherrn, und Andreas Holl in der stolzen Uniform eines hochfürstlichen Obristen. Johanna, ganz in Leder gekleidet, trug einen breitkrempigen Reiterhut auf dem blonden Haar, ihre Mienen drückten Glück und Jubel aus. Immer wieder glitt ihre Hand in die des Mannes zu ihrer Linken, dessen Frau sie an diesem Tag werden sollte. Der Weihbischof wollte die heilige Handlung in der Mariasteiner Klosterkirche vornehmen.
Hinter Andreas und seiner Braut ritten die Haudegen Jirko und Balthes. Jirko, die gewaltige Keule Jeremia vor sich auf dem Sattel, ließ die Augen an den Berghängen hochgleiten, hätt ja sein können, daß sich schwedisches Volk auf den Höhen zeigte. Sollten wieder im Anmarsch auf Eichstätt sein, wie flüchtende Bauern aus Seuversholz berichtet hatten. Mußte nichts bedeuten, konnt freilich auch sein, daß der Schwed wirklich anrückte und mit Feuer und Schwert über Eichstätt herfiel, das verräterische, das dem Johann Werth Tor und Tür geöffnet und Herrn von Rascha und die schwedische Besatzung aus Burg und Stadt vertrieben hatte. Der Sperreiter hatte im vergangenen Dezember sein Mütchen an der Stadt schon gekühlt, der Obrist von Thann hatte ihn mit seinen Reitern alsbald aus der Stadt geworfen. Konnt also sein, daß sie wiederkamen, die Schwedischen, zur Generalabrechung, diesmal zu vielen Hunderten, wie Überläufer zu melden gewußt hatten. Sagten mitunter die Wahrheit, die Überläufer, logen und übertrieben freilich auch, um sich wichtig zu machen. War in aller Regel gut, sich aufs Schlimmste einzustellen und aufzuatmen, wenn's ausblieb, statt die Warnung in den Wind zu blasen und die Augen aufzureißen, wenn der Schwed wie aus heiterem Himmel über einen einrückte.
Es zeigte sich nichts auf den Höhen bei Wintershof. Jirko, den der Schnee im Nakken oder sonstwas kitzelte, gab dem neben ihm einherreitenden Balthes einen Rippenstoß. Der wandte den Kopf nicht, er hielt das eine Auge, das ihm in bitterer

Stunde ein Schwed gelassen hatte, unaufhörlich auf Johanna gerichtet. Johanna von Lindheim - es wollt ihm nicht in den Sinn, obwohl er's nun doch schon bald zwei Jahre wußte, daß sie adeliger Leute Kind war, sie, die mit ihm dreizehn Jahre ein wildes Leben auf den Landstraßen inmitten und abseits der Kriegsgreuel geführt hatte, wie's die Zeiten eben brachten. Heut wollte sie heiraten, und er sollte sie ganz und gar verlieren, an den einzigen freilich, der ihrer wert war, an den Obristen Andreas Holl, der sie den schurkischen Händen ihrer Widersacher entrissen hatte. Sein Auge verdüsterte sich. Heiraten hieß einem Manne Weib sein, vielleicht verblieb noch ein Rest für ihre Eltern, die dreizehn Jahre um sie getrauert hatten. Was blieb für ihn? Er hatte sie Schießen und Reiten gelehrt, er hatte ihr beigebracht, auf Bäume zu klettern und in Gehöfte zu schleichen, Hunde und Menschen zu täuschen und in der Wildnis zu überleben ohne Brot und Milch und all das, was der Mensch brauchte, um zu überleben. Angeblich brauchte. In Kriegszeiten ging's auch anders, man mußt nur wissen, wie, und er hatte sie's gelehrt. Brauchte sie's noch? Würde sie's je wieder brauchen? Über den Wolken gab's einen Gott, hieß es, und ihm kam vor, als müßt es ihn geben, ihn und die heilige Jungfrau. Er, der Bandit und Mordbrenner, hatte ihr, der Heranwachsenden, von Gott und der Gottesmutter erzählt. Tage und Stunden waren gewesen, da hatten sie sich der Schwedischen wegen nicht aus einem Waldversteck wagen dürfen, da hatte er ihr von dem rätselhaften Gott über den Wolken und von der seligen Jungfrau erzählt. War immer leicht eine Ursach zu finden, sie trug ja ein Kettlein am Hals und am Kettlein eine schwarze Madonna, sollt wenigstens eine Madonna darstellen, war angesengt und brandgeschwärzt, ein Familienheiligtum, hatte er viel später erfahren. Die Madonna sollte das Kind schützen und hatte es geschützt, anders freilich, als die Eltern es meinten, und hatte es, wundersam genug, zuletzt wieder in die Arme von Vater und Mutter geführt. Keine Herumtreiberin mehr, keine Tochter der Landstraße, die heute ein gebratenes Huhn und Butter und weißes Brot und wohl auch einen Schluck Wein genoß und dann wieder tagelang nur Wurzeln zu kauen hatte. Nichts mehr von alledem, ein adeliges Fräulein, Johanna von Lindheim, der Vater hochfürstlicher Kammerherr, die Mutter eine Dame in Rüschenröcken und mit Silberhäubchen. So war's mit ihr gekommen, aus dem wilden Schmetterling war ein Edelfalter geworden. Er war der alte geblieben, der grimmige rote Balthes, seine Freunde, den Federl und den Stößer, hatten bayerische Soldaten aufgeknüpft. Ihn selbst hatten sie nicht erwischt in jener Nacht des Jahres 1619, in der er mit einem Haufen plündernder Wallonen aus dem brennenden Herrenhaus in der Nähe von Heidelberg gestürzt und mit wundem Schädel und durchstochener Schulter im Garten liegengeblieben war. Von Schmerzen gefoltert, hatte er gelegen, bis ein weinendes Kinderstimmchen an sein Ohr gedrungen war, erstmals die Stimme jener, die da vor ihm einherritt, dem Kloster Mariastein und dem Traualtar entgegen, Jo-

hanna von Lindheim. Er konnt's drehn, wie er wollte, es mußt doch einer sein über den Wolken, der nicht alles laufen ließ, wie die Leut es wollten, die einen wie die andern.
Und da war nun Mariastein, das Augustinerinnenkloster der Priorin Clara Staigerin. Sie fuhren und ritten durchs Tor, zwölf Schwestern empfingen sie. Andreas und Johanna schwangen sich gleichzeitig von den Pferden, schneller noch war Jirko, er riß die Tür der vorderen Kutsche auf. Herr und Frau von Lindheim entstiegen dem Gefährt, dann folgte der Weihbischof Georg Resch. Der Bischof, der Jirko und Balthes an diesem Tag erst kennengelernt hatte, konnte sich eines gelinden Grauens nicht erwehren, sooft er die beiden sah, Jirko, den ungeschlachten Hünen mit der eingeschlagenen Nase und den breiten Backenknochen, und den einäugigen Balthes, Haar und Bart feuerrot und das Gesicht voll wüster Narben, ganz wie einer, der nicht genug hauen und stechen konnt in diesem unseligen Krieg, der immer noch kein Ende nehmen wollte. Mußten aber beide ihre Verdienste haben, denn Seine fürstbischöflichen Gnaden Johann Christoph von Westerstetten hatte ihrer beiden Namen erst am vergangenen Tage lobend erwähnt und sie förmlich als Freunde des Obristen seiner Leibwache Andreas Holl bezeichnet.
Johanna glitt aus den Armen ihrer Mutter in die der Priorin. Alle drei weinten. Balthes wandte den Kopf ab. Weiber, hätt er bei jeder anderen Gelegenheit gedacht, diesmal kam's ihm nicht in den Sinn. Er drehte das Gesicht der girlandengeschmückten Kirchentür zu, damit keiner der Nässe in seinem eigenen Auge gewahr wurde. Es schneite nicht mehr, blauer Himmel zeigte sich da und dort, über der Burg brach die Sonne durch. Die Priorin führte ihre Gäste ins Kloster, sie tat's mit lächelndem Gesicht, im Herzen freilich empfand sie Bitternis, denn sie war nur zu dieser Hochzeit aus dem sicheren Ingolstadt ins unsichere Kloster gekommen. In Ingolstadt hatte sie im vergangenen Dezember mit einem Teil ihrer Nonnen Zuflucht gefunden, nachdem Mariastein zu wiederholten Malen vom Feind übel heimgesucht war. Jeden Tag konnt der Schwed wieder auftauchen, weiß der Himmel mit welcher Übermacht, dann gnade Gott ihrem Kloster und der Stadt Eichstätt.
Eine Stunde später bewegte sich der kleine Hochzeitszug in die Kirche. Frau von Lindheim hatte für ihre Tochter ein erlesenes Brautkleid anfertigen lassen von der Meisterin Anna Ainhauserin zu Ingolstadt, die auch für den Hof in München arbeitete. Es war mit einer sieben Meter langen Schleppe versehen. Sieben weißgekleidete Mädchen, hatte Frau von Lindheim gemeint, sollten die Schleppe tragen, je drei an den Seiten und eines am Schluß. Die Mädchen waren auch schon benannt worden, aber Johanna hatte anders entschieden und ihren Willen durchgesetzt. Balthes, der einäugige und roh und wild aussehende, sollte die Schleppe tragen und sie mit seinen Händen gewissermaßen aus dem von ihm in dreizehn Kriegsjah-

ren behüteten Jungferndasein in den Ehestand geleiten. Frau von Lindheim war es anzusehen, daß ihr das Vorhaben ihrer Tochter nicht behagte, aber sie kannte die Geschichte dieser beiden so ungleichen Menschen, so daß sie sich mit einer ergebenen Handbewegung und einem zögernden Nicken in den Willen Johannas fügte.

Clara Staigerin und ihre Nonnen, die beiden im Kloster verbliebenen und die aus der Stadt herbeibeorderten, knieten an ihren Plätzen und weinten, als die Orgel einsetzte. Die Tränen kamen ihnen unwillkürlich, als ahnten sie an jenem 4. Februar, daß ihr geliebtes und wiederholt von den Schweden geplündertes Kloster bereits drei Tage später endgültig in Schutt und Asche sinken sollte. Balthes, mit dem struppigen roten Bart, dem toten Augenlid und dem narbenverwüsteten Gesicht geradezu furchterregend anzusehen, bewegte sich mit all dem kostbaren Seidenzeug in seinen Armen von der Braut weg und rückwärts, die Schleppe sollte in ihrer ganzen Länge zur Geltung kommen. Jirko wollte ihn unterstützen, die Priorin wies ihn mit einer freundlichen, aber bestimmten Geste ab. Sie selbst und zwei Schwestern breiteten die Schleppe über den Teppich hin, Balthes durfte das Ende in beiden Händen halten.

Der Weihbischof, vom fürstbischöflichen Generalvikar Dr. Motzel aus Eichstätt und Prälat Pater Gabriel Reb vom Augustiner-Chorherrenstift Rebdorf assistiert, betrat die Stufen des Altares. Die Orgel verstummte, im gleichen Augenblick ward die Kirchentür aufgestoßen, harte Schritte wurden laut, ein Kurier des Fürstbischofs näherte sich in einer dem Gotteshaus unangemessenen Eile dem Altar. Der Weihbischof wandte sich ihm mit hochgewölbten Brauen zu. Der Kurier salutierte und überreichte ihm eine dünne Pergamentrolle:

„Muß das jetzt sein?" fragte der Bischof stirnrunzelnd.

„Auf Befehl Seiner fürstbischöflichen Gnaden hab ich Euch das Schreiben zu übergeben, wo und wie ich Euch antreffe. Euch und dem Obristen der Leibwache Seiner fürstbischöflichen Gnaden."

Damit wandte sich der Kurier um und überreichte Andreas Holl, der mit Johanna vor der rotausgeschlagenen Trauungsbank stand, gleichfalls ein Pergament. Andreas wechselte einen Blick mit dem Bischof. Dieser nickte nach kurzem Zögern. Andreas entrollte das Pergament und las: „Sicherer Kundschaft zufolge ist der Landgraf von Hessen-Darmstadt mit wenigstens 3000 Mann auf dem Wege nach Eichstätt..."

(Der Roman erschien bisher als Vorabdruck
im Donau Kurier und in der Altbayerischen Heimatpost)

Altmannstein auf einer älteren Ansichtskarte

Die Eisenbahn in Hexenagger. Früher fuhr sie einmal von Ingolstadt bis Riedenburg.

Karl Kugler

Von Altmannstein nach Beilngries, um 1868

Der Eichstätter Gymnasialprofessor Karl Kugler (1803-1881) veröffentlichte 1868 sein Buch „Die Altmülalp". Es ist eine interessante historische Fundgrube, aus der wir nachfolgenden Auszug abdrucken. Weitere Hinweise zu Kuglers Buch finden sich im nächsten Beitrag von Anton Gäck.

... Von Altmannstein an kommen wir vor ein paar Mühlen und einem Hofe im einsamen Thale vorbei, unterhalb welcher die Waldungen an den höher ansteigenden Berghängen wieder beginnen. Endlich schaut uns eine dritte Mühle entgegen, welche zwischen schönen Baumgruppen versteckt ein äußerst freundliches Landschaftsbild gewährt. Unterhalb dieser Mühle, welche die Leistmühle heißt, wendet sich das Thal mit einemmal gegen Norden, und wir werden von einem eigenthümlichen Anblicke überrascht. Auf einer Berghöhe zur Linken stellt sich das Schloß Hächsenacker dar mit einem sonderbaren Thurme und einer jener schmalen Kirchen, wie wir sie auf alten Gemälden und Kupferstichen gesehen, aber nur für Phantasiegebilde gehalten haben. Am Fuße des Berges liegt das gleichnamige Dorf mit einer herrschaftlichen Brauerei. Alles zusammen mit dem anmutigen Thale und den waldbekränzten Bergen bildet eine Ansicht, auf welcher das Auge mit innigem Wohlgefallen ruht. Hächsenacker, welches mit wohl zehnerlei verschiedener Schreibung seines Namens vorkommt, war ehemals eine bedeutende Hofmark. Besitzer des Ortes, die sich davon benannten, kommen schon im 11. Jahrhunderte vor. Im 15. Jahrhundert kam es in den Besitz der Muggenthaler, einer vielbegüterten und angesehenen Familie des Landes. Ungewöhnlich reich für seine Zeit war Georg von Muggenthal, der außer seinen vielen Gütern an Kapitalien über 160 000 Gulden auf Zins stehen hatte, eine für jene Zeit ungewöhnlich große Summe. Er starb im J. 1662. Der letzte Sprößling dieses Geschlechtes wanderte als blinder Bettler durch die Besitzungen seiner reichen Ahnen, indem er einen Scheinhandel mit schlechtgemachten künstlichen Blumen und allerlei Kleinigkeiten aus Buntpapier trieb. Seine Frau trug die Ware, er marschierte neben her; milde Gaben der Landleute waren ihre Hauptnahrung. Er starb hohen Alters in äußerster Dürftigkeit zu Regensburg um den Anfang der vierziger Jahre dieses Jahrhunderts. Jetzt ist Hächsenacker im Besitze der Herren von Weidenbach in Augsburg. Wir haben nach Riedenburg nunmehr noch eine gute Stunde zu wandern; doch wird uns der Weg dahin durch den Anblick des Wiesenthales mit seinen friedlichen Mühlen,

Die Rosenburg liegt hoch über Riedenburg. Hier saßen die Burggrafen von Riedenburg, die frühzeitig auch Burggrafen von Regensburg waren, aus deren Sippe im 12. Jh. zwei Minnesänger hervorgingen, die in der berühmten Manessischen Handschrift (14. Jh.) abgebildet und mit vier Liedern vertreten sind. Später war die Burg Amts- und Wohnsitz des von den bayer. Herzögen eingesetzten Pflegers. Heute befindet sich hier der Landesjagdfalkenhof.
(Abbildung aus: Josef Lidl: „Die Altmühl")

Hexenagger *(Foto: M. Vogt-Vilseck)*

der schön bewaldeten Berge und der grotesken Felsen aufs angenehmste verkürzt. Das Oertchen Schambach, auf das wir stoßen, hat zwar nur drei Häuser, ist aber doch der Sitz einer Pfarrei, welcher Riedenburg einverleibt ist. Bemerkenswerth ist sein Pfarrhaus, welches ein nicht unansehnliches Viereck bildet und einem Klosterhofpitium gleicht. Sehr befriedigt von der Schönheit des Schambachthales treffen wir wieder in Riedenburg ein.

Der schönen Aussichten wegen ist es rathsam, bei der Fortsetzung unserer Reise den Weg über Eggersberg einzuschlagen. Wir steigen deshalb den Pfad zur Rechten des Schlosses Riedenburg empor. Haben wir die Höhe erreicht, so wenden wir uns zurück und schwelgen in einer der schönsten Aussichten. Zur Rechten ragt die Riedenburg in die Luft, zur Linken die Ruinen von Tachenstein, in der Tiefe ruht der Marktflecken lieb und heimlich mit seinem spitzen Kirchthurme, weiterhin streckt sich das Thal hinab und aus der Ferne herüber schaut die Burg Prunn und der Thurm von Randeck, den Hintergrund schließen dunkle Waldungen, welche zugleich den ganzen Gesichtskreis in weitem Bogen umfassen. Wir trennen uns ungerne von dem herzerhebenden Anblicke, um unseren Marsch fortzusetzen. Das Dörfchen Harlanden, welches hier vor uns liegt, lassen wir links und kommen durch eine kleine Bodeneintiefung auf die jenseitige Flur, wo uns zur Rechten das Pfarrdorf Eggersberg liegt, in welchem die Familie der Freiherren von Bassus ein Landschloß mit Oekonomiebesitzungen hat. Aus dem Altmülthale von Gundelfing her gesehen, bildet es eine Zierde der schönen Landschaft. Seine Bauart ist dieselbe, von welcher bei dem Schlosse von Sandersdorf die Rede war. „Das alte Schloß, welches noch Ruinen römischer Bauart bezeichnen, lag auf einem ungeheueren Felsenvorsprung mit einer sehr anziehenden Aussicht in das herrliche Altmühlthal." An der Stelle des alten Schlosses wurde eine kleine Kirche erbaut, welche gleichfalls schon wieder Ruine ist. Das felsenfeste Gemäuer mit den Kropfquadern, welches bei der über den Graben führenden Knüppelbrücke die Seitenwände bildet, ist unverkennbar Römerwerk. Wenn man auf die breite Felsenplatte hinaustritt, hat man in der That eine sehr reizende Aussicht, erstlich zu den Füßen in grausenhafter Tiefe Untereggersberg, weiterhin rechts Oberhofen und Gundelfing, welches ehemals der Sitz einer Adelsfamilie, der in Urkunden oft genannten Gundelfinger war, zur Linken zwei andere kleine Dörfer und im ganzen Umkreise die frischesten Waldungen. Die Thurmspitze, welche dort nördlich im Thale hinter Wäldern herüberschaut, ist die der Pfarrkirche von Dietfurt. Die ganze Landschaft hat einen höchst idyllischen Charakter, und das Auge ruht mit friedlichem Behagen auf ihr. Das Pfarrbuch des Ortes gibt in einer ganz kurzen Notiz einen furchtbaren Zug von den Verheerungen des dreißigjährigen Krieges. In einer Aufschreibung des Pfarrers heißt es vom Jahre 1635: „Zu der jährlichen nach St. Salvator (Bettbrunn) zu opfernden Kerze konnte keine Sammlung veranstaltet werden, weil sich in der ganzen Pfarre nur drei Familien, im Ganzen nur 10 Personen befinden."

Auf einem großentheils mit hölzernen Stufen versehenen Fußsteige nehmen wir unseren Weg in's Thal hinab. Wir wandern hier aber nicht lange, so öffnet sich links ein schmales Seitenthal, in welchem sich nicht gar ferne ein kleines Dorf mit Thurm und Kirche zeigt. Dies ist das Pfarrdorf Altmülmünster. Hier bestand in ältester Zeit ein Kloster, wie schon sein Name verräth; aber jetzt ist nichts mehr davon übrig als ein kleiner Theil eines Kreuzganges. Dieses Kloster, im Jahre 1150 von den Grafen von Riedenburg gestiftet, wurde von ihnen den Tempelherren als Eigenthum übergeben. Im Jahre 1312 nach der Austilgung dieses Ordens, räumte Herzog Ludwig das Kloster den Johannitern ein, denen es bis zur Säcularisation verblieb. „Noch geht die Sage unter dem gemeinen Volke dahier, es seien mitten in der Nacht Bewaffnete gekommen und haben die dahier wohnenden Templer fortgeführt." Jedenfalls müssen diese Herren der Schwelgerei sehr ergeben gewesen sein; denn das hiesige Volk sagt noch heute: „Du saufst wie ein Tempelherr."

Nicht weit geht unser Weg, so sind wir im Dorfe Deißing, welchem gegenüber am linken Altmülufer Mayern liegt, einst eine dem Hochstift Eichstätt gehörige Hofmark. Auch das Schloß Flügelsberg gehörte dazu, welches auf einem hohen steilen Berge über dem Dorfe lag. Jetzt sieht man nur noch wenige Trümmer davon. Die Gebäude der ehemaligen Schloßbauern sind noch bewohnt. Im 13. Jahrhundert hausten in dieser Burg die Schenken von Flügelsberg, welche bald ausstarben. Im Laufe der Zeit kam sie an verschiedene Familien. Im Löwlerkriege wurde die Feste, welche damals im Besitze der Parsberger war, von Herzog Albrechts Truppen 1491 erstürmt und zerstört. Sie muß groß und geräumig gewesen sein. Denn 12 schwer beladene Wägen führten die Beute nach Dietfurt. Aufgebaut wurde die Burg nicht wieder. Die Fürstbischöfe von Eichstätt kauften die Herrschaft im J. 1712 von den Grafen von Seiboltsdorf, und von nun an hieß sie die Hofmark Mayern. Dem Schlosse Flügelsberg gerade gegenüber am rechten Altmülufer sieht man auf dem Kühberge verfallenes Gemäuer, Wälle und Gräben, was auf ein ehemaliges Schloß deutet. Der Name des nahe gelegenen Kästelhofes läßt auf eine römische Befestigung schließen.

Wir setzen unseren Weg auf dem Fußpfade am rechten Altmülufer fort und erfreuen uns des erquicklichen Anblickes der hohen von Wäldern bewachsenen Berge und der Wiesenflächen im Thale. Ehe wir zu einem einzeln stehenden Bauernhofe, dem Einsidelhofe, gelangen, dürfen wir nicht außer Acht lassen, unsere Blikke an das jenseitige Ufer zu richten, wo sich uns ein recht hübsches Landschaftbildchen darstellt. Es guckt dort gar anmuthig das Dorf Mühlbach aus einem kleinen mit schönen Bergen umfaßten Seitenthale hervor. Wahrscheinlich hatten die Grafen von Hirschberg in diesem Dorfe ein Schloß. Denn hier vermachte der letzte

Graf dieses Hauses, Gebhart VI., im J. 1304 seine Grafschaft dem Bisthume Eichstätt. Von dem Einsidelhofe erreichen wir den Weiler Griesstetten in einer halben Stunde. Hier ist eine Wallfahrtskirche, welche den sogenannten elenden (elend ist altdeutsch und so viel als ausländisch, fremd) drei Heiligen geweiht ist. Sie hießen Bimius, Zimius und Martinus, waren Schotten und lebten hier als Einsiedler. Griesstetten gehörte mit mehreren umliegenden Besitzungen dem Schottenkloster zu St. Jakob in Regensburg. Das Landvolk der Gegend nennt diese Mönche nie, anders als Jakobiner und hat dabei nicht die geringste Ahnung von dem argen Kontraste mit deren französischen Namensgenossen. Eine Viertelstunde nördlich von Griesstetten sehen wir das Städtchen Dietfurt (siehe nächste Seite) liegen. Man leitet seinen Namen von dem bayerischen Herzoge Theodo I. ab, der im J. 508 mit seinem Volke hier über die Altmül gegangen sei, um die durch die Völkerwanderung verödeten Länder im Süden der Donau wieder in Besitz zu nehmen. Allein man wird wahrscheinlich besser thun, bei dem Mangel historischen Nachweises sich bloß an die sprachliche Bedeutung des Wortes zu halten. Dieses, wie jedes andere Dietfurt heißt nämlich nichts anders als: Volksfurt, allgemeine Furt. Es war die für Jedermann gewöhnliche Ueberfahrtsstelle. Ueberdieß macht das Vorhandensein zweier Dietfurt an der Altmül, die fast 20 Stunden von einander entfernt sind, obige geschichtliche Erklärung etwas bedenklich. Zum Unterschiede von dem bei Pappenheim liegenden Dorfe Dietfurt heißt dieses hier auch bayerisch Dietfurt. Schon im Jahre 1330 hatte es Mauern, Wall und Graben zum Schutze gegen die Reiterei des Adels, der

V.
Stadt und Kloster
Dietfurt

Stadt und Kloster Dietfurt

damals großentheils vom Stegreife lebte. Im Jahre 1525 zoge der Pfleger von Dietfurt, Erhard von Muggenthal, als Landrichter der Grafschaft Hirschberg mit Fußvolk und Reisigen und schwerem Geschütz dem Bisthume zu Hülfe, das von den aufrührerischen Bauern hart bedrängt wurde, und trug viel zur Unterdrückung des Aufstandes bei. Zur Zeit, als auch im Herzogthume Bayern die Reformation Luthers um sich griff, wurde der Name einer gelehrten Frau, der Argula von Grumbach, häufig genannt. Diese lebte längere Zeit in Dietfurt und war die Gattin des dortigen Pflegers Friedrich von Grumbach. Sie predigte die neue Lehre vor der Dietfurter Gemeinde und nicht ohne Erfolg. Dafür wurde sie sammt ihrem Manne aus dem Orte verbannt. In Dietfurt befindet sich ein Franziskanerkloster, welches trotz des Widerspruches des Bischofs von Eichstätt und des Pfarrers von Dietfurt 1660 errichtet wurde. Und das ist der Nachwelt auch in materieller Beziehung zum Heile geworden. Denn in unseren Tagen, da die gewissenloseste Habgier die meisten Braustätten zu Giftsiedereien gemacht hat, sprudelt in dem Franziskanerkloster zu Dietfurt wie in den andern Anstalten dieses Ordens der Quell des reinen, ehrlichen Gerstensaftes noch immer unverändert, und es ist ein Trost für die Bier trinkende Welt, daß in diesen geistlichen Stätten für die Zukunft wenigstens das Recept zu einem gesunden Getränke aufbewahrt wird. Wer mit den Verhältnissen nicht bekannt ist, möchte wohl leicht auf den Gedanken kommen, daß die Franziskanermönche in großem Luxus oder gar in Völlerei schwelgen. Allein er möge sich darüber beruhigen. Bei der einfachen Küche und den vielen Fasttagen dieses Ordens wird ein gutes und gesundes Getränk für ein Hauptnahrungsmittel angesehen, aber an die Klostergenossen nur in bescheidenem Maße abgereicht. Darum hat der Bierfreund keine Ursache, die armen Franziskaner um die Quantität, wohl aber alle Ursache, sie um die Qualität ihres edlen Gerstensaftes zu beneiden.

Von Griesstetten aus stehen uns zwei, und wenn wir wollen sogar drei Wege nach Beilngries zur Wahl. Denn außerdem, daß wir über den Atzberg wandern können, führt ein Weg längs des Canales durch das Othmaringer Thal und ein anderer durch das Altmülthal zu dem genannten Städtchen. Der letzte ist der schönste und interessanteste, und diesen wählen wir. Der erste Ort, den wir betreten, ist das Pfarrdorf Töging. Es war in früherer Zeit ein Marktflecken und soll nach einem alten Dietfurter Stadtbuche schon im J. 413 n. Chr. gestanden haben. Früher hatte es ein Schloß, welches vor grauen Jahren der Sitz der Ritter von Edelsheim war, die auch die Angelberger hießen. Nach diesen kam es an die Schenken von Töging im 13. Jahrhundert, hierauf an die von Hegnenberg, welche es an das Hochstift Eichstätt verkauften. Es befand sich hier ein fürstbischöfliches Kastenamt in dem ehemaligen Schlosse, das jetzt im ärgsten Verfalle steht und wie eine Trauerstätte von der Unbill der Zeit Zeugniß zu geben scheint. Es geht die Sage, einst habe in Töging ein Kloster bestanden; daß aber eine Judensynagoge hier war, ist sicher. Bei der Judenverfolgung im J. 1298 verminderten sich im Orte die Juden sehr, und wahrscheinlich am Ende des 17. Jahrhunderts wurden sie gänzlich vertrieben. Sie scheinen schon im J. 1445 eine wiederholte schwere Verfolgung erlitten zu haben.

Wir verlassen Töging und wandern durch das üppige Wiesenthal wohlgemuth dahin, indem unsere Blicke befriedigt auf den wohlbewaldeten Berghängen ruhen.

Dort jenes Dörfchen jenseits des Flusses ist Kregling. Es gehörte in den frühesten Zeiten zu den Besitzungen der Hirschberger Grafen, die sich in dem hiesigen Burgstalle öfters aufhielten, und auch davon benannten. Sobald wir das Pfarrdorf Kottingwörth (ehemals Werde) hinter uns haben, schaut uns schon das Schloß Hirschberg von seiner Berghöhe stolz entgegen und im Thale tritt das Städtchen Beilngries zierlich hervor. Bald haben wir es, am Dörfchen Leißing vorüberwandelnd, erreicht.

Beilngries, alt Bilingries, der Sitz eines kgl. Bezirksamtes, Landgerichtes und Rentamtes, ein hübsches, wohlhabendes Städtchen, ist durch den vorbeiziehenden Kanal in großen Aufschwung gekommen. Es hat viel Verkehr, besonders durch eine bedeutende Schranne und durch Viehmärkte, und man merkt ihm eine gewisse Behäbigkeit an. Recht freundlich und mit netten Häusern geziert ist seine Umgebung längs der Stadtmauer, doch scheint der Zwiebelbau, wegen dessen es die Neckerei der Nachbarn zu ertragen hat, nicht mehr ein hervortretender Gegenstand der Beilngrieser Kultur zu sein. Von den geselligen Verhältnissen des Städtchens wird seit längerer Zeit behauptet, daß sie ein Bild deutscher Einigkeit seien. Unrasirt sich nach Beilngries zu begeben, ist eine bedenkliche Sache. Man muß sich immerhin auf das Schicksal gefaßt machen, welches Cooper in seiner Vaterstadt Cooperstown erfuhr. Er schildert es in seinem Werke: „Die Heimat" ganz ergötzlich.

In ältester Zeit war Beilngries Eigenthum der Grafen von Babenberg, wurde aber nach der Aechtung und Enthauptung des Grafen Adelbert zum Reiche gezogen und von Kaiser Heinrich II. bei der Gründung des Bisthums Bamberg diesem seinem Schooßkinde geschenkt. Vermuthlich kam es zur Ausgleichung der Entschädigungsansprüche wegen Schmälerung des Eichstättischen Kirchensprengels von Bamberg an den Bischof von Eichstätt, welcher diesen Besitz sofort seinem Schirmvogte, dem Grafen von Hirschberg, zu Lehen gab. Im Jahre 1305 fiel es wieder an das Hochstift zurück. Stadtrechte erhielt es im Jahre 1485 und wurde nun mit Mauern umgeben. Die dort übliche, einst in weitem Umkreise bekannte aber auch verrufene Charfreitagsprocession erhielt sich bis in das zweite Decennium unseres Jahrhunderts. In der Gottesackerkirche (Bühlkirchen), welche erst vor Kurzem sehr freundlich restaurirt wurde, finden sich „vier sehr schöne altdeutsche Holzreliefs (die Beschneidung, die Anbetung der 3 Könige, die Verkündigung, die

Geburt Christi)." Mögen sie vor drohender Veräußerung bewahrt werden! Nicht weit von dieser Kirche entfernt, auf dem Atzberge, gerade oberhalb der Ziegelhütte, genießt man die schönste Aussicht über das Städtchen und in die Thäler der Altmül, der Sulz und des Webbaches. ...

aus: „Die Altmülalp"
Karl Kugler
Ingolstadt 1868
(Nachdruck 1983, Antiquariat
J. Steutzger, Eichstätt)

Ludwig Gustav Voltz: Stadtmauerpartie in Beilngries (12. August 1891) aus einem Skizzenbuch einer Altmühltalreise im Herbst 1891 (Stadtarchiv Ingolstadt). Die Route führte von Ingolstadt über Kelheim, Weltenburg, Altessing, Burg Randeck, Neuessing, Prunn, Riedenburg, Dachenstein und Rabenstein, Beilngries, Dietfurt, Hirschberg, Kinding, Kipfenberg, Walting, Eichstätt nach Ingolstadt zurück. Voltz erwies in diesen Skizzen eine Vorliebe für die Landschaft wie auch für malerische Partien in den Städten, repräsentative Stadtbilder lockten ihn nicht. Die Zeichnungen tragen den Charakter von Vorstudien, zum Teil mit Farbhinweisen.
(S. Hofmann: Ludwig Gustav Voltz: Skizzenbuch einer Altmühltalreise aus dem Jahre 1891 mit weiteren Skizzen aus Ingolstadt, Kadolzburg und Nürnberg, in: Sammelblatt des Historischen Vereins Ingolstadt, 91. Jahrg. (1982), S. 261 - 263, 269, 274 - 298.

Anton Gäck

1868 erschien Karl Kuglers Heimatbuch „Die Altmülalp"

Am 20. Mai 1803 wurde den Handelsmanneheleuten Georg und Franziska Kugler, einer geborenen Wenger, zu Monheim ein Kind geboren, das man ein paar Tage später in der Stadtpfarrkirche auf den Namen Karl taufte. Nach vierjährigem Volksschulbesuch schickten die Eltern den talentierten Knaben zum Studium. Er wollte Lehrer an einer höheren Schule werden. 1829 taucht er mit dem Titel Studienlehrer am Gymnasium Eichstätt auf, das für ihn zur zweiten Heimat werden sollte. Hier heiratet er am 13. November 1832 Karolina Wild, eine Tochter der Goldschmiedseheleute Xaver und Magdalena Wild, einer geborenen Scheurer; die Braut war am 13. Mai 1813 zu Eichstätt geboren. Als Trauzeugen fungierten der Vater der Braut und der Stadtturner Andreas Völkl. 1833 bekamen die Eheleute ihr erstes Kind, das auf den Namen Franz Xaver Emilian getauft wurde, 1838, am 3. September, das zweite mit dem Namen Karl Xaver. Bei dieser Beurkundung wird der Vater bereits Professor genannt. Dann trat das Fürchterlichste ein. Während sich die Eltern über die Geburt des Kindes freuten, lag über dem Bett der jungen Mutter der Schatten des Todes. Das Knäblein war um fünf Uhr nachmittags zur Welt gekommen und schon vier Stunden später riß der Tod die erst 21 Jahre alte Mutter aus der jungen Familie, die damals in Litera A17, also im Hause des Kasinos, dem späteren Stadttheater, heute Aula Mariana, wohnte. Die Professorsgattin, die nach Dr. Nissler an Brand verstarb, wurde am 5. September nachmittags fünf Uhr von Domkapitular und Dompfarrer Jakob von Brentano-Mezzegra im Eichstätter Friedhof beerdigt. Die älteren Eichstätter könnten noch wissen, was aus den beiden Buben Kuglers geworden ist. Wir aber wenden uns ihrem Vater zu.

Nicht allein der Not gehorchend, sondern auch einem inneren Triebe, griff der junge Witwer zum Wanderstabe und durchstreifte seine engere und in den Ferien seine weitere Heimat. Und dies nicht nur einmal, sondern des öfteren. So lernte er Land und Leute der Eichstätter Gegend und darüber hinaus kennen und lieben, machte fleißig Aufzeichnungen und ließ diese, nachdem er 1865 in den Ruhestand getreten war, im Verlag der Krüll'schen Buchhandlung in Ingolstadt, Inhaber Eduard Weiss, unter dem Namen „Die Altmühlalp, das heißt das Altmühltal mit dem Flußgebiet innerhalb seines Berglandes, topographisch, historisch und landschaftlich dargestellt von Karl Kugler. Mit Zeichnungen von G.

Schröpler" drucken. Das Büchlein, das 224 Seiten umfaßt, ist heuer 100 Jahre alt. Die Kipfenberger interessiert vor allem, was der damalige Gymnasialprofessor Karl Kugler über diesen Ort und seine nähere Umgebung zusammengeschrieben hat. Er nennt ihn als Sitz eines Landgerichts und Rent-(Finanz-)Amts. Über den Verkauf von Burg und Markt Kipfenberg an das Hochstift Eichstätt war er richtig unterrichtet. Dagegen wartet er aus der Zeit der Raubritter mit einer wildromantischen Geschichte auf: „Im Anfange des 15. Jahrhunderts sollen viele des fränkischen Adels, die als Raubritter waren gefangen worden, in den Gewölben dieser Burg (der Burg Kipfenberg) eines blutigen Todes gestorben sein. Überhaupt hört man aus dem Munde des Volkes über diese geheimnisvollen Ereignisse und von den Verließen des Schlosses unheimliche Gerüchte."
Ausführlich und anschaulich berichtet Kugler, wie die Kipfenberger zu ihrem Spottnamen kamen. Dabei erwähnt er auch das aus der Mitte des 18. Jahrhunderts stammende älteste Bild von Kipfenberg, das in der Gemeindekanzlei hängt. Der Forschung seiner Zeit entsprechend, hält er auch in Kipfenberg alle Bodendenkmale für römisch, angefangen von der Burg bis zu den Gräben, Wällen und Mauerresten auf dem Michelsberg. Vom Limes sieht Kugler vor 100 Jahren noch viel mehr Überreste als wir heute. Interessant ist jene von ihm aufgezeichnete Sage, wonach sowohl auf dem Michelsberg als auch auf dem Vögelebuck (Bergkuppe oberhalb der Burg) je eine den gleichen Schloßherren gehörige Burg stand und sich zwischen den Burgen eine Brücke über das Birktal spannte. „Bei dem Riesenwerkbll der böse Feind behilflich gewesen sein. Der Vorderbau der Burg wurde im Jahre 1865 auf Staats- und Gemeindekosten wegen drohenden Einsturzes abgetragen, da man die etwas mehr betragende Summe zur Wiederherstellung nicht zusammengebracht hatte. Wir fügen noch bei, daß die Quelle des Baches, der aus dem Birkthal kam und durch Kipfenberg floß, im Juli versiegte und die dortige Mühle (im Birktal) in Stillstand versetzt wurde. Dies fiel auch im vorigen Jahrhundert zweimal vor, und das erstemal blieb die Quelle sieben Jahre lang aus."
So wie im Falle Kipfenberg behandelte der wandernde Professor auch die anderen Landstriche der Eichstätter Alb von Treuchtlingen bis Kelheim, von der Donau bis Thalmässing. Überall bringt er auch geologische Bemerkungen. „Nur eines hätte ich gar gerne noch dargeboten, nämlich die Bezeichnung derjenigen Stellen, wo dem Wanderer interessante Erscheinungen der Pflanzenwelt begegnen würden - und die Altmühlalp ist reich genug daran; aber ich bin nicht Botaniker und da ich ungeachtet meiner Bemühungen keine Unterstützung fand, so mußte diese Beigabe leider wegbleiben."
Karl Kuglers heimatkundliches Büchlein hat weiteste Verbreitung gefunden und sicher mehrere Auflagen erlebt. Ich besitze ein Exemplar aus dem Nachlaß des Kipfenberger Bürgermeister Allio, das dieser im Jahre 1888 gekauft hatte und

Karl Kuglers Buch erschien 1868 in Ingolstadt.

mir sein Nachbesitzer Josef Hofmann am 9. Juli 1950 schenkte. Auf dem Umschlag zeigt es den Preisaufdruck „3 Mark", ist also erst nach der Währungsumstellung von Gulden und Kreuzer auf Mark und Pfennig im Jahre 1870 gedruckt worden. Dr. Josef Schwertschlager, der Altgeologe der Eichstätter Alb, erlaubt sich in seinem 1905 erschienenen „Altmühltal und Altmühlgebirge" folgendes Urteil über Kuglers Alp: „Ich habe dieses Werkchen häufig benützt. Wohltuend berührt die Frische und Anschaulichkeit, mit der es geschrieben ist, und der poetische Hauch, der über seinen Schilderungen von Land und Leuten liegt. Aber auch seine topographischen Erörterungen bieten vieles Wertvolle, und selbst gar manche geologische Aufstellung, die Kugler mit der Bescheidenheit eines Laien macht, geht auf den Kern der Sache. Wenn der Verfasser der Altmühlalp andererseits auf dem Flügelroß der Phantasie oft gar leicht über turmhohe Schwierigkeiten hinwegsetzt, wird man ihm das gerne verzeihen. Er will in rein geographischen und geologischen Fragen lediglich als Dilettant sich äußern." Wie kritisch sich aber Schwertschlager den Erzählungen Kuglers gegenüber verhielt, zeigt sich am Beispiel des feuerspeienden Berges in der Eichstätter Alb, dem Euerwanger Bügel. Kugler begründet seine Aussage, wonach am 18. Mai 1822 ein vulkanischer Ausbruch auf dem Gipfel des Euerwanger Bügels stattgefunden haben soll, mit einer diesbezüglichen Veröffentlichung in der „Medizinaltopographie des Landgerichts Greding". Schwertschlager geht der Sache auf den Grund, findet aber keinerlei Anhaltspunkte für die obige Darstellung im geologischen Aufbau des Berges; die Ortstradition hält heute noch hartnäckig am damaligen Geschehen fest.
Kugler überlebte den Erstdruck seines Werkes noch um 13 Jahre. 1873 gab er noch ein zweites heraus: „Erklärung von 1000 Ortsnamen der Altmühlalb und ihres Umkreises." Auch auf dieses greifen, wenn es auch mit Irrtümern behaftet ist, manche späteren Ortsnamenforscher zurück. Am 30. April 1881 ist der verdienstvolle Heimatforscher Karl Kugler im Haus der Dom-Augusto-Stiftung gestorben. Auf dem kleinpyramidalen Stein im Eichstätter Friedhof (an der Ecke links vom Gabrielidenkmal) stehen nur die schlichten Worte: Grabstein des Herrn Karl Kugler, kgl. Gymnasialprofessor, geb. 20. Mai 1803, gest. 30. April 1881. Der Arzt Dr. Magdalener stellte als Todesursache Altersschwäche fest. Beerdigt wurde Kugler am 4. Mai 1881 von Dompfarrer Hofmann unter Assistenz zweier Kapläne. Leider ist das Archiv des Humanistischen Gymnasiums, in dem sich sicher weitere Aufzeichnungen über Kugler gefunden hätten, am Ende des Zweiten Weltkrieges verlorengegangen. Mein Schluß: Ich kannte ihn nicht von Gesicht zu Gesicht, aber ich lernte seinen Geist kennen und lieben.

aus: Heimatsblätter für den Kreis Hilpoltstein, Nr.36/1968

Joseph Anton Müller

Aus meiner Lebensgeschichte

Der spätere Kanzler des Stiftes St. Emmeran zu Regensburg, Joseph Anton Müller (1764 - 1852), hat interessante Lebenserinnerungen hinterlassen, die erst lange Zeit nach seinem Tode veröffentlicht wurden. Er wurde in Monheim geboren, wo sein Vater als Pfalz-Neuburgischer Finanzbeamter angestellt war. Im Jahre 1774 kommt er ins Seminar nach Neuburg, wo er einen Freiplatz erhält. Nach seinem Studium in Ingolstadt erhielt er 1786 die Ernennung zum Pfalz-Neuburgischen Zoller und 1797 zum Kanzler des freien Reichsstiftes St. Emmeran.

Zu einiger Erholung schickten mich meine guten Eltern auf einige Tage zu einem Geistlichen nach Wemding, der bei der dortigen, sehr berühmten Wallfahrtskirche angestellt war. Dieser für mich äußerst merkwürdige und unvergeßliche Aufenthalt hat in mir einen tiefen und wunderbaren Eindruck gemacht. Ich sah und hörte da Dinge, die mir früher ganz fremd waren und anfänglich Schrecken und Furcht, durch die tägliche Wiederholung aber allmählich Unterhaltung und Vergnügen verursachten; es wurden nämlich in dieser Kirche die Teufel der Besessenen beschworen und ausgetrieben, und deren war eine solche Menge vorhanden, daß die Kirche besonders während der hl. Messe und ihren Hauptteilen, der Konsecration und Sumption, durch den von ihnen gemachten wahrhaft teuflischen Lärm wiederhallte und alle Andacht gestört wurde. Sie brummten wie Bären, wieherten wie Pferde, sie bellten wie Hunde und miauten wie Katzen. Wer kein Augen- und Ohrenzeuge davon war, kann sich gar keinen Begriff machen. Später und nach dem Gottesdienste, wenn der Teufel durch die Exorcismen erst unmittelbar in die Hetze kam, ward das Toben, Poltern und Schreien noch weit ärger. Dank der immer fortschreitenden wahren Aufklärung! Dank dem erfolgreichen Einwirken der weltlichen Macht! - Die betrügerischen Teufel sind in unserer Zeit aus den Gotteshäusern und aus den Menschen gewichen und verbannt. - Sie werden nicht mehr zurückkehren. Noch vor meiner Zurückkunft sah ich auch in diesem abergläubischen Städtchen eine Hexe verhaften und in das Amtshaus führen. Es war ein uraltes, armes, zerlumptes Mütterchen, das man bezichtigte, einigen Kühen aus Haß und Feindschaft wegen verweigertem Almosen statt der weißen rote Milch angehext zu haben. O Zeit! - Wie ganz anders denkt man schon jetzt nach einem Verlauf von kaum sechzig Jahren?

Wenn nur die Menschen dem weisen Gange der Natur, die keinen Sprung duldet, nicht, wie es leider in unseren Tagen geschieht, Gewalt antun; dann wird alles recht werden und zum erwünschten Ziele gelangen.

Nach noch nicht ganz zurückgelegtem zehnten Jahre führte mich mein Vater nach Neuburg an der Donau in das dortige Seminär, einem Institute, worin Knaben nach einem bereits vorausgegangenen Unterrichte in den Anfangsgründen des Lateins und der Musik, wenn sie in der Prüfung bestanden, während ihrer Studienjahre bis vollendeter philosophischen Kursen teils ganz frei, teils gegen Bezahlung der Hälfte oder des ganzen Kostgeldes aufgenommen wurden. Ich bestand diese Prüfung glücklich und erhielt einen Freiplatz. Das war für mich und meine guten Eltern eine große, ja unbeschreibliche Freude. Einerseits waren sie dadurch vor beträchtlichen Auslagen, die sie wegen ihrer übrigen zahlreichen Familie für mich nur äußerst hart hätten bestreiten können, auf mehrere Jahre ganz befreit, andererseits hielten sie sich auch schon durch die von mir in diesem Institute zu erwerbenden Kenntnisse von künftigen bedeutenden Kosten ziemlich sicher gestellt, sie erwogen aber, oder kannten die Gefahren nicht, die Kindern in solchen Erziehungshäusern auf verschiedene Art und unter mancherlei Gestalten bevorstehen. Glücklich die Wenigen, die der Verführung entschlüpfen und nicht an Geist und Leib zugrunde gerichtet werden!
Dieses traurige Los würde auch mich getroffen und für mein ganzes Leben unglücklich gemacht haben, wenn ich nicht zufälligerweise, noch eben zur rechten Zeit, vielleicht durch mein aufgewecktes, munteres und gefälliges Betragen und vielleicht durch meinen guten Fortgang im Studieren und der Musik oder durch mein nicht ungestaltetes Äußere, was die ehemaligen Jesuiten besonders angezogen haben soll, zuerst der Liebling meines unmittelbaren Vorstandes, des Seminarpräfektes, und dann auch bald darauf seines Freundes, des bei den adeligen Eleven des Institutes besonders angestellten Inspektors geworden wäre. Durch die Zuneigung und Liebe dieser zwei aufgeklärten Männer dem Trosse ungebildeter Jungen entzogen und stolz gemacht, war ich durch ihr Vertrauen doch wohl zu früh in Geheimnisse jeder Art eingeweiht, die mir beim geringsten Mißbrauche zum höchsten Nachteil hätten gereichen können, gleichwohl aber - dank der gütigen Vorsehung! - in der Folge bei den für mich gestalteten sonderbaren Verhältnissen manchen Nutzen und Vorteil gewährt haben. Diese beiden gelehrten Männer, mit denen ich noch einige Zeit lang in Chiffern korrespondierte, lebten nicht lange. Der erste starb in Calecut in Südamerika, von einem eifersüchtigen Neger erdolcht, der zweite, wie man sagt, im Gefängnisse. Von seinen feindlichen Standesbrüdern bis in den Tod verfolgt. - Friede ihrer Asche!
Bei den gelehrten Exjesuiten K. B. begann ich meine Gymnasialstudien und setzte sie immer unter seiner Leitung mit einem jährlichen Fortgange unter den ersten 3 Schülern bis nach der zweiten Rhetorik, jetzt Oberklasse genannt, fort, trat sodann zur Philosophie über und studierte bei den Exjesuiten P. die Logik und Metaphysik und bei dem Benediktiner und nachmaligen Abte G. R. die Physik. - Ich habe

bei diesem edlen Manne und vortrefflichen Lehrer nebst drei andern Kandidaten den ersten Platz errungen und seine Schätzung und sein Vertrauen in so hohem Grade genossen, daß ich unter ihm öffentlich defendirt haben würde, wären nicht wichtige Hindernisse dazwischengekommen.

Nun war meine kostenfreie Verpflegung nach Verlauf von sieben Jahren zu Ende, und es galt den Übertritt auf die höhere Schule zu Ingolstadt. Ehe ich zu dieser neuen Periode schreibe, muß ich mich noch wegen meiner oft in Ausgelassenheit ausgearteten jugendlichen Munterkeit, wegen meiner unbesonnenen Keckheit, wegen meinem unbändigen Vorwitz, der alles hören, sehen und wissen wollte, und wegen meinem großen Leichtsinn, wodurch ich mir viele Strafen zuzog, selbst anklagen. - Ich will davon nur einige Beispiele anführen.

Ich versäumte keine der damals sehr häufigen in Rutenhieben, in Köpfen, Hängen und Rädern bestandenen Kriminalexekutionen. Überall mußte ich auf der Richtstätte und beim Galgen, ja sogar auf demselben, der nächste sein. Daher geschah es einmal, daß ich den Kopf eines Gerichteten, der durch die Gewalt des Hiebes von der Richtstätte herabrollte, aufhob und dem Scharfrichter übergab. - Ein andermal: daß ich den einem Geräderten zur Hälfte abgestoßenen Bart hinwegriß, und um meine Kameraden damit zu necken, nach Haus trug, und selbst noch meine zweite Gattin, wiewohl ohne mein Verschulden, in Schrecken versetzte. Durch das Blut, von dem ich bei meinem ersten Wagestück ganz überrommen wurde, verraten, mußte ich zwei Tage hintereinander während des Mittagessens auf einem in der Mitte des Speisesaals angebrachten kleinen Tischchen, Katzentisch genannt, bei Wasser und Brot sitzen, und zugleich noch längere Zeit Hausarrest halten.

Wir waren im Seminar von den Wanzen sehr geplagt. Sie fanden sich in unseren Schlafgemächern nach den Tausenden ein. Statt diesem Übel mit einigen Kosten durch eine radikale Reinigung abzuhelfen, zog der erste Vorstand desselben, ein Bigott, freilich auf weit wohlfeilere Art, die Wunderkraft des hl. Dominikus, des Patrons gegen die Wanzen, vor. An jeder Bettlade wurde das Brustbild dieses Heiligen mit einem Gebete und unter demselben ein Draht mit fünf Kügelchen geheftet, und der schärfste Auftrag gegeben, daß täglich vor dem Einschlafen dieses Gebet zu verrichten, und fünf Vaterunser und Ave Maria zur Abwendung dieses Übels andächtig zu beten seien. Dieses Mittel fruchtete nicht, und konnte auch natürlicherweise nichts nützen, und darum sagte ich in meiner Unbesonnenheit: „Der Wanzenfresser taugt nichts" - und wurde verraten. Diese in der Tat strafbare Äußerung war in den Augen des Direktors das größte, unverzeihlichste Verbrechen, und meine Entlassung aus dem Institute würde unfehlbar ohne Nachsicht erfolgt sein, wenn sie nicht durch die tätigste Verwendung des schon oben bemerkten Präfektes diesmal aus besonderer Rücksicht auf mein bisheriges immer untadelhaftes religiöses Betragen abgewendet und in eine dreitägige Abendkarrenz

und einen monatlichen Pultarrest nebst Verrichtung einer reumütigen Beichte und Kommunion verwandelt worden wäre.
So sehr ich mich, vom jugendlichen Leichtsinn betört, nach der Freiheit sehnte, so sehr fürchtete ich eine schimpfliche Entlassung wegen meinen besorgten, lieben Eltern, denen ich dadurch die tiefsten Schmerzen verursacht haben würde.

aus: „Neuburger Geschichten"
Hrsg.: Max Direktor
Neuburg 1982

Neuburg a.D. (Alte Postkarte)

Karl Kühmoser

Drei Lausbuben in Neuburg

(über Ludwig Ganghofer, Ludwig Thoma und Georg Queri)

Berühmte, freilich erst später berühmt gewordene Vertreter der bayerischen Literaturgeschichte besuchten im vorigen Jahrhundert in Neuburg an der Donau die renommierte königliche Studienanstalt nebst Seminar. Unter den ohnehin nicht allzu zahlreichen Studienanstalten Bayerns im 19. Jahrhundert genoß Neuburg einen ganz besonderen Ruf. Es war weithin bekannt dafür, daß aus Mitteln des Seminarfonds unbemittelten, aber begabten Zöglingen, das Studium (= Besuch des Gymnasiums) ermöglicht wurde. Neben den Sprößlingen von Fürst Thurn und Taxis, die eine solche Förderung wohl nicht nötig hatten, finden sich so auch die Söhne von Schuhmachermeistern, Oekonomen, Bahnexpeditoren, Schullehrern, Tändlern und armen Witwen.

Unverbesserlich

(über Ludwig Ganghofer)

Bereits 1865 trat Ganghofer Ludwig, Sohn eines königlichen Revierförsters in Welden nahe Kaufbeuren, in die 1. Lateinklasse des Seminars ein. So einfach wie dies hier klingt, war es allerdings nicht. Wegen des hohen Schülerandrangs war es notwendig, Aufnahmekriterien zu treffen, die man in persönlichen Referenzen hochstehender Männer des öffentlichen Lebens gewährleistet sah. Der Pensionspreis für Unterbringung, Betreuung und Verköstigung betrug 400 Mark im Jahr. Ermäßigt durch eine 1/2 Freistelle war dies zwar immer noch eine hohe, aber zumutbare Belastung für den Revierförster August Ganghofer. Es wird sich zeigen, daß sich der lebhafte Ludwig im Laufe der Schuljahre immer weniger würdig erwies für diese 1/2 Freistelle und den Eltern schließlich nahegelegt wurde, die „ungeartete Frucht" aus dem Seminar zu nehmen. Er folgte dann einem Ruf ans Anna-Gymnasium nach Augsburg und legte dort auch sein Abitur ab. Befolgt man die Gliederung in Ganghofers Autobiografie „Lebenslauf eines Optimisten", so bedeutete der Abschied aus Neuburg auch das Ende seiner Kindheit.
Aus den mehr oder weniger sorgfältig aufbewahrten Schulzeugnissen läßt sich ein sehr aussagekräftiges Bild von dem damals 10jährigen Zögling Ganghofer rekonstruieren, der nicht immer eine Freude seines Direktors und der Präfekten war. Wenn es nicht allzusehr gegen den Datenschutz verstößt, möchte ich aus dem Zensurbogen am Ende der 1. Lateinklasse zitieren:

„Dieser wohlbegabte Knabe, wegen seiner geringen Vorbildung und sonstiger Vernachlässigung anfänglich unter den allerletzten seiner Klasse, hat es durch sichtliche Besserung bis zur II. Note in Fleiß und Betragen und im Concours zu einem Platze im ersten Drittel gebracht. Derselbe wird für eine halbe Freistelle empfohlen, seiner Qualifikation und der Verhältnisse seiner Eltern entsprechend."

Von der Schule bekam er dieses Zeugnis:

„Mit Beginn des Jahres in auffallender Weise ungehorsam und heimtückisch trotzig, wendete er sich im zweiten Semester zum Besseren, nur die Bequemlichkeit und Unreinlichkeit behielt er beharrlich bei."

Es bleibt zu erklären, daß Schule und Seminar selbständige Beurteilungen abgaben, den unterschiedlichen Zwecken entsprechend. Bereits jetzt bekommt man allerdings einen Eindruck davon, wie offen und direkt das Verhältnis von Lehrer und Schüler war. Die Lehrkörper nahmen kein Blatt vor den Mund und traten, gelinde gesagt, den zu Unterweisenden menschlich sehr nahe. Wie wenig sagen dagegen die heutigen Beurteilungsfloskeln und -phrasen über die Wesensart des Schülers aus. Gerechterweise muß man in diesem Vergleich auch die unglücklichen Fehlinterpretationen miteinbeziehen, denen auch Ganghofers Lehrer unterlegen sein mochten. Die angeführte „Trotzigkeit und Bequemlichkeit" war vermutlich zum großen Teil nur die Ablehnung der nachgewiesenerweise hölzernen Schulmeisterei, die für selbständige Gedanken und Ideen wenig Platz ließ. Man muß sich immer vor Augen halten, woher der damals „verzogene" Waldbauernbub kam. Bis dahin führte er in der Dorfschule und zu Hause ein unbeschwertes Leben, das ihn sehr wenig einschränkte. Im Seminar dagegen wird er in eine ganz bestimmte Rolle gezwängt, der er sich anpassen muß, will er nicht überall anecken. Dies gelingt ihm nur sehr bedingt.

In der III. Lateinklasse wird von seinen Lehrern sogar nachdrücklich gefordert, ihn aus der Schule zu entlassen. Sein Ordinarius oder Klassenvorstand schreibt in Ganghofers Zeugnis:

„Der unordentlichste, trägste, unverbesserlichste Schüler der Klasse, höchst gleichgültig und zerstreut, verlogen und hinterlistig und beständig deshalb in der Strafe. Er übt als ein fortwährendes Muster aller Illegalität bei völliger äußerer Ruhe einen schlimmen Einfluß auf seine Mitschüler aus und es läge dessen zeitige Entfernung im Interesse der Schule und des Seminars."

Ganghofer hat übrigens nie verleugnet, daß er ein schlechter Schüler war, und gibt auch ganz offen zu, bei einigen Streichen nicht nur beteiligt, sondern auch deren Initiator gewesen zu sein. In seiner bereits vorgestellten Autobiographie hat er an die 45 Seiten über seine Erlebnisse in Neuburg erzählt. Es geht darin um dieselben Themenbereiche, die bereits Generationen von Seminaristen vor und nach ihm beschäftigten: das unbeschreibliche Heimwehgefühl, wenn sich die Tore hinter den Nahestehenden schließen, der langsame aber stetige Aufstieg in der Seminar-Hierarchie, die diversen Bestrafungs- und Züchtigungsmethoden, das „Durchbrennen" oder der Traum davon, die Hungergefühle und ihre Konsequenzen und schließlich all die Erlebnisse in den großen Studier- und Schlafsälen.

Der Stil, mit dem Ganghofer dies beschreibt, ist etwas pathetisch und für heutige Begriffe ein wenig veraltert. Man mag ihm zugute halten, daß er es nicht anders gewohnt war und seinem gern romanlesenden Publikum zu Diensten sein wollte. (Einige Kostproben seiner Erzählungen sind auch in diesem Lesebuch abgedruckt.)

Aber kehren wir wieder zum Thema zurück. 1869 mußte er leider Seminar und Schule verlassen. Seine Leistungen hatten den absoluten Tiefpunkt erreicht. Unter den 26 Schülern seiner Klasse war er der 26. In den Fortgangsnoten hatte er durchwegs dritte und vierte Noten, bis auf seine Beiträge im Deutschen, die stechen mit einer zweiten Note hervor.

Man hatte also schon seine Begabung auf diesem Gebiete wohl damals schon erkannt. Dasselbe trifft übrigens auch auf den Kollegen Thoma zu, bei dem dieser Unterschied zu seinen übrigen Noten doch deutlicher ist.

Ganghofers Abschlußzeugnis in Neuburg ist wieder ein Paradebeispiel für die schwelgende und sich selbst gefallende Art der damaligen Pädagogen, die fast vollständige psychoanalytische Charakterstudien in die Zensur mithineinlegten: „Ludwig Ganghofer ist ein wohlbefähigter, aber ganz nichtsnutziger, überaus träger und leichtsinniger Schüler, der schon vom Beginn des Schuljahres an zeigte, daß er eine völlige Abneigung gegen die Studien hege. Für alle Mahnungen ward er taub; Strafen hatten bei ihm keine Wirkung. Bei vielen Gelegenheiten zeigte er überdies einen boshaften und rohen Charakter. Dem entsprechend sind sein Fortgang und seine Noten. Er bestand die Absolutorialprüfung für die lateinische Schule mit der III. Note „hinreichend befriedigend", unterzog sich aber der Übertrittsprüfung für das Gymnasium nicht und kann deshalb auch nicht in die I. Klasse eines humanistischen Gymnasiums eintreten." (Anmerkung: Die gymnasiale Schulausbildung war gegliedert in eine Lateinschule mit vier oder fünf Klassen und die eigentlichen vier Gymnasialklassen).

Studienseminar Neuburg a. D.

Studienseminar Neuburg a. D., Außenansicht

Durchgefallen

(über Ludwig Thoma)

„Dem Schüler fehlt es nicht an Anlagen, aber sein andauernder Unfleiß, der auch durch wiederholte Strafen nicht befriedigt werden konnte, haben bewirkt, daß er hinter den Anforderungen der Klasse weit zurückblieb. Die Unreinlichkeit in seinem Äußeren wie in seinen Arbeiten mußte oft gerügt werden."
Diese vernichtende Schlußzensur beendete Ludwig Thomas weiteres Fortschreiten an der königlichen Studienanstalt zu Neuburg an der Donau.
Er war nicht lange hier, gerade ein Jahr, und zwar in der II. Lateinklasse des Schuljahres 1876/77. Thoma trat von Landstuhl in der Pfalz nach Neuburg über. Dort erinnerte sich ein Landstuhler Bürger noch sehr gut an den „dickköpfigen, kraushaarigen und sehr lebhaften Bub, der den Pfälzer Klassengenossen durch sein wohlgepflegtes Altbayrisch auffiel."
Unter der Obhut seines Onkels Paulus, der als Geometer tätig war, lebte er dort fast zwei Jahre. Die Witwe Thoma hatte nämlich 1875, ein Jahr nach dem Tod ihres Mannes Max, zu Prien den Gasthof „Zur Kampenwand" gepachtet und konnte sich recht wenig um die schulische Entwicklung ihrer Kinder kümmern. Ihre Aufgabe sah sie darin, ihre größeren Kinder in Instituten unterzubringen und ihnen Stipendien und Freiplätze zu besorgen. Das fünfte von den sieben Kindern, nämlich Ludwig, mußte sie am weitesten weggeben. Der Lehrer in der Landstuhler Volksschule bemerkte zu den hervorragenden Noten seines Schüllers: „Sehr oft geistig abwesend und darum auch vergessen; er begreift aber sehr leicht."
Bereits am 25. September des darauffolgenden Jahres ist Ludwig Thoma Schüler der ersten Klasse der Lateinschule, merkwürdigerweise im Jahresbericht eingetragen mit dem falschen Geburtsdatum und dem ebenfalls falschen Geburtsort Ries in Oberbayern (auch im Studienseminar Neuburg wurde er später mit falschen Geburtsdaten angemeldet). Vermutlich hängt dieser „Irrtum" mit dem Eintritt in die Lateinschule zusammen, die man erst ab einem bestimmten Alter besuchen durfte, und Thoma war dafür wahrscheinlich noch zu jung.
Im Winterhalbjahr der I. Lateinklasse hat er sich folgende Noten erworben: Religion - 2, Deutsch - 2, Latein - 2, Arithmetik - 1, Geographie - 3. Seine Beurteilung: „Von schneller Auffassungsgabe und sehr gutem Gedächtnis ließ er es sehr am häuslichen Fleiße fehlen. Besonders läßt die Unreinlichkeit seiner Hefte und Bücher sehr viel zu wünschen übrig. In seinem Charakter liegt etwas Durchtriebenes. Bei Tadel und Strafe zeigt er eine für seine Jahre ungewöhnliche Kälte und hartnäkkige trotzige Unempfindlichkeit ."
Mit etwas mehr Verständnis hätte man bemerken können, daß dieses Verhalten wohl an dem stetigen Heimweh und der begreiflichen Fremdheit in der neuen Um-

gebung gelegen hat. Den damaligen Pädagogen kamen aber solche Faktoren wahrscheinlich gar nicht in den Sinn, und sie gefielen sich in der schwelgenden Art, ganze Charakterstudien in die Zensur zu bringen.

Mit der Versetzung des Onkels ins Rechtsrheinische endet Thomas Gastspiel in der Pfalz. Seinem Vormund, Baron Ludwig von Raesfeld, gelang es, im Studienseminar Neuburg eine 3/4 Freistelle für ihn zu bekommen.

Das Seminar hatte damals noch einen wesentlich bedeutenderen Einfluß als heute. Schule und Seminar trennten sich erst am 11. September 1872 voneinander, nachdem sie seit der Gründung unter Herzog Wolfgang Wilhelm im Jahre 1638 immer unter einem Rektorate standen. Die Seminarstiftung war vor allem auch durch die Unterstützung armer, aber begabter Schüler bekannt und hatte allein daher schon einen guten Ruf in ganz Bayern.

Im Schuljahr 1876/77 waren an der kgl. Studienanstalt insgesamt 237 Schüler eingeschrieben, von denen 133 zugleich im Seminar lebten. Damals war noch die Zeit der großen Studier- und Schlafsäle, in denen bis zu 40 Zöglinge auf einmal untergebracht waren. Es herrschte eine strenge Klassenhierarchie, in die sich jeder „homo novus" erst langsam einleben mußte. So waren zum Beispiel bestimmte Teile des großen Seminargartens nur den höheren Gymnasialschülern vorbehalten, in die ein Lateinschüler nicht vorzudringen wagte, da dies sofort mit einem strengen „körperlichen Verweis" bestraft worden wäre. Eine gedruckte Hausordnung, die vom Direktor und den Präfekten aufrechterhalten wurde, regelte den ganzen Tagesablauf. Nach dem Aufstehen um halb sechs, im Sommer um fünf Uhr, wurde im Studierzimmer das Morgengebet verrichtet. Hernach war Studium, dann Frühstück, um halb acht heilige Messe in der Studienkirche, anschließend Unterricht. Der Vormittagsunterricht umfaßte in früherer Zeit nur die zwei Stunden von 8 bis 10 Uhr. Von 10 bis 12 Uhr waren zumeist im Seminar Wahlstunden in Französisch, in Kunst- oder Musikunterricht. Um 12 Uhr gab es Mittagessen. Nach alten Speiseplänen, die übrigens in den alten Wirtschaftsbüchern der Küche noch nachzulesen sind, gab es außer Suppe, einer Fleischspeise und Gemüse auch noch ein Voressen. Nach Tisch war bis Viertel zwei Freizeit, dann Übungsstunden oder Studium. Der Nachmittagsunterricht dauerte durchwegs von zwei bis vier Uhr. Von halb fünf bis sechs Uhr war Studierzeit, danach bis zum Abendtisch um 7 Uhr Repetitionsstunde. Nach dem Abendessen durfte sich dann bis zum Abendgebet um 9 Uhr jeder „frei beschäftigen", worauf der Direktor den einzelnen Klassen seine Zufriedenheit ausspricht.

Mit bestimmter Sicherheit hat der damalige Seminardirektor Leonhard Hohenbleicher bei dieser Gelegenheit auch Ludwig Thoma wiederholt ermahnt und angesprochen. Als das Schuljahr schon fast zu Ende gegangen war, schrieb er an die kgl. Oberförsterswitwe Katharina Thoma zu Prien folgenden Brief:

„Ich kann Ihnen leider von Ihrem Sohne keine guten Nachrichten zukommen lassen, indem derselbe wenig Mühe anwendet um vorwärtszukommen und seiner Freistelle sich würdig zu zeigen. Sein Aufsteigen in die nächste Klasse ist sehr zweifelhaft, so daß ich schon länger bei mir zu Rathe gehe, ob es nicht besser wäre, wenn er einem Gewerbe übergeben würde. Doch will ich das Resultat dieses Semesters abwarten."

Das endgültige Resultat des Schuljahres sah dann leider nicht anders als befürchtet aus. Die Erlaubnis zum Vorrücken in die nächsthöhere Klasse hat er gemäß Lehrerratssitzung nicht erhalten. Im einzelnen waren folgende Noten daran schuld: Religion - mittelmäßig, lat. Sprache - ungenügend, deutsche Sprache - gut, Arithmetik - ungenügend, Geographie - mittelmäßig.

Bemerkenswert ist, daß seine guten Leistungen im Deutschen bereits damals aufgefallen sind, bei Ludwig Ganghofer und Georg Queri ist dies übrigens ähnlich gewesen.

Wenn man mit Hilfe des Jahresberichtes von 1876/77 den Stundenplan der II. Lateinklasse rekonstruiert, bekommt man eine Vorstellung, welchen Stellenwert damals die humanistische Bildung einnahm. Die Lehrgegenstände umfaßten im ganzen 25 Wochenstunden, damals wohl noch Schulstunden á 60 Minuten. Den größten Teil des Unterrichts, nämlich ganze 10 Stunden, verwandte man für die Erlernung der lateinischen Sprache. Dementsprechend groß war auch die Zahl der Prüfungen. Man schrieb 16 Schul- und die vorgeschriebenen Hausaufgaben allein im Fach Latein. Daneben hatte man selbstverständlich noch Religion, Deutsch, Arithmetik, Geographie, Turnen und Kalligraphie, das sogenannte Schönschreiben. hierfür sah der Lehrplan drei Stunden pro Woche vor, genausoviel wie für Arithmetik und Deutsch.

All diesen vielen und verschiedenen Anforderungen in Schule und Seminar war Thoma noch nicht gewachsen. Dies ist auch verständlich, bedenkt man, daß er von den 29 Schülern seiner Klasse mit 10 Jahren der zweitjüngste war und somit zwei Jahre unter dem Durchschnittsalter lag.

In seiner Autobiographie hat Thoma selbst einiges über sein Verhältnis zu Lehrern und Schule berichtet:

„Wenn ich eine stattliche Reihe von Professoren in der Erinnerung an mir vorüberziehen lasse, finde ich kaum einen darunter, der uns ein wohlwollender Freund oder gar ein Kamerad gewesen wäre. Sonderlinge, Tyrannen, die Aufruhr witterten, gute Kerle, die seufzend ihren Dienst taten, waren sie Lenker unserer Geschicke, mißtrauische Vorgesetzte, aber niemals Kameraden. Es wurde ungeheuer viel Respekt verlangt und recht wenig eingeflößt. Leichte Dinge wurden unmäßig schwer genommen, und man dachte wohl gar nicht daran, wie empfindlich die Jugend gegen die Unwahrheit ist, die in jeder Übertreibung steckt.

Ich konnte mich nur schwer in gleichmäßige Ordnung fügen, und noch weniger gelang es mir, in der Schule aufmerksam zu bleiben. Dazu kam, daß ich vieles begann, eine Zeitlang mit Freude betrieb und dann wieder achtlos liegen ließ. So erinnere ich mich, daß ich einige Monate hindurch eifrigst Zeichnungen zur Odyssee machte, zu denen ich in verschiedenen Büchern Unterlagen fand; ich kolorierte sie säuberlich, erwarb mir damit auch die Anerkennung eines noch zielich jungen Professors, der in mir künstlerische Begabung entdeckte und mir hinterher sein Wohlwollen entzog, als mein Eifer nachließ und zuletzt ganz einschlief. Es war klar, daß ich bei dieser Veranlagung wenig Neigung zur Mathematik fassen konnte, die systematisches Fortschreiten verlangt und keiner Draufgängerei Vorschub leistet."

Neuburg hat er übrigens in seinen „Erinnerungen" mit keiner Silbe erwähnt. Entweder fand er die Geschehnisse hier nicht sonderlich erwähnenswert oder er hat diese frühen Jahre einfach vergessen. Mit Sicherheit blieben aber allgemeine Eindrücke und auch einige Details im Unterbewußtsein haften. So steht z. B. die Überlegung, ihn in ein Handwerk zu stecken, nicht nur in Hohenbleichers Brief, sondern auch in der Lausbubengeschichte „Gretchen Vollbeck". Auch die Erlebnisse auf der Eisenbahnfahrt in „Besserung" dürften auf eigene Erlebnisse zurückzuführen sein, denn nach allem Gehörtem war Thoma alles andere als ein Musterschüler. Die meisten Anregungen in dieser Hinsicht dürfte er allerdings nicht in Neuburg, sondern in Burghausen erlebt haben, wo er die II. Lateinklasse repetierte und auch noch in der III. Klasse zu finden war.

In Burghausen wurde auch einmal versucht, das Bild des ehemaligen Religionsprofessors Faltermeier richtigzustellen, den Thoma in der Gestalt des „Kindlein" stark verunglimpft hat. Auch über andere Personen in den Lausbubengeschichten bestehen Vermutungen, nach welchem Vorbild sie gezeichnet wurden. Thoma hatte ja reichlich Gelegenheit sich umzusehen. Denn nach Landstuhl, Neuburg und Burghausen ging er noch einige Jahre am Wilhelmsgymnasium in München zur Schule und absolvierte schließlich in Landshut. Insgesamt hatte er also fünf Schulen besucht, von denen eine jede wahrscheinlich froh war, ihn wieder loszuwerden.

Als im Jahr 1967 erstmals in Neuburg öffentlich bekannt wurde, daß Thoma auch hier zur Schule ging, überlegte man im Stadtrat, ob man nicht zum 100. Geburtstag des Dichters eine Straße oder einen Platz nach ihm benennen sollte. Im Gespräch war der Frauenplatz, über dessen Namensgebung zu Anfang einige Mißverständnisse herrschten. Als aber aufgeklärt werden konnte, daß dieser Platz vor dem Gymnasium an das segensreiche Wirken der Ursulinerinnen erinnern soll, beschloß der Stadtrat nun einstimmig, die Umbenennung nicht durchzuführen, und taufte zum Gedenken an den großen bayrischen Dichter den Parkplatz am städtischen Hallenbad Ludwig-Thoma-Platz. Auch von der geplanten Gedenktafel am

Descartes-Gymnasium sah man ab, da man sehr richtig annahm, daß sich Thoma nur mit Unbehagen an seine Schulzeit in dieser Stadt zurückerinnert haben würde.

Geheime Zensur

(über Georg Queri)

Der bekannte, heute schon fast ein wenig in Vergessenheit geratene bayrische Satiriker und Erzähler Georg Queri war auch einige (Schul-)Jahre Gast in Neuburg a.d. Donau. Er besuchte von 1894 bis Weihnachten 1897 die Latein- und Gymnasialklassen der kgl. Studienanstalt und lebte während dieser Zeit auch im Studienseminar.

Obwohl Queri ein außerordentlich guter Schüler war, hatte er ganz und gar nicht das, was man eine unbeschwerte Jugend nennen könnte. Als Dreizehnjähriger stürzte er beim Turnen so schwer, daß sein linker Hüftknochen zerschmettert wurde. Er lag fast ein Jahr im Streckverband, aber sein Bein blieb verkürzt, und wegen sich ablösender Knochensplitter und Eiterungen mußte er immer wieder ins Krankenhaus. In seinen Neuburger Zeugnissen ist dieser Unfall auch erwähnt und die langen Operationen sind hier genau festgehalten.

Queris Beurteilungen waren gut, und die Noten schwankten fast in allen Fächern zwischen 1 und 2. Nur in Geschichte, damals wohl einem reinen Lernfach, hatte er eine 3. Dies erklärte sich aber vielleicht durch folgende Bemerkung im Zeugnis der V. Klasse:

„Begabung wie es scheint gut, sehr gewandt im deutschen Ausdruck, etwas überschwenglich. In den Memorialfächern wollte er anfänglich gar nicht ziehen; er redete sich auf Gedächtnisschwäche aus, die von einer schweren Krankheit oder richtig gesagt, von den dabei in Anwendung gebrachten betäubenden Mitteln herrühren soll."

Über Queris Führung und Verhalten gab es bis auf eine Ausnahme nie Klagen. Dieser Vorfall aber, der auch im Zeugnis vermerkt wurde, ist typisch für jene Zeit, die von einem falschen ethischen Pathos getragen wurde. Vor allem sah man in manchen Werken der Literatur eine ernsthafte Gefährdung und stellte eine Liste von Büchern auf, die verboten waren und konfisziert wurden. Sogar Goethes „Reinekke Fuchs" war zu Ganghofers Zeiten noch unter diesen verbotenen Büchern. Der damals 17-jährige Queri mußte ein ähnlich „verwerfliches" Buch besessen haben, denn wegen „Lesens und Weitergabe von unlauterer Lektüre im Seminar wurde er zur Anzeige gebracht und erhielt eine Rektoratsstrafe".

Die interessanteste Eintragung während seiner Neuburger Schulzeit findet sich ebenfalls im Zeugnis der VI. Klasse. Sie verrät schon einiges über Queris Lebenseinstellung und seinen späteren Arbeitsstil als Journalist. In die „Geheime Zensur",

die damals neben der allgemeinen Beurteilung für jeden Schüler eigens erstellt, jedoch nicht ausgehändigt wurde, schrieb ein tüchtiger Lehrer:
„Gewandt, aber nicht treu im kleinen, sozusagen ein rascher Wurstler. Reif vieleicht auch in des Wortes unsymphatischer Bedeutung, man merkt es ihm ordentlich an, daß er sich seiner Geistesgaben bewußt ist."
Wie sehr diese paar Zeilen das Wesen Georg Queris schon erfaßt haben, zeigt auch eine Erinnerung, die sein späterer Freund Ludwig Thoma über ihn geschrieben hat:
„Ich lernte ihn näher kennen, als er 1910 während der Ammergauer Passionsspiele bei meinen Verwandten wohnte. Was er mir von seinem Leben erzählte, seine Art den Himmel immer voller Baßgeigen zu sehen und, was fehlschlug, leicht zu verschmerzen, auch in bescheidensten Verhältnissen nie ängstlich und nie kleinlich zu sein, jede Behaglichkeit ausgenießend, an allem Genüge zu finden, machte ihn mir lieb. An Ernst fehlte es ihm keineswegs, und er hat sich ohne Hilfe, ganz aus Eigenem vom kleinen Reporter Münchner Blätter zum geachteten Schriftsteller durchgearbeitet. Als Altbayer trug er das Seriöse nicht zur Schau, sondern versteckte es hinter einem fröhlichen Leichtsinn, den manche, die ihn nicht genauer kannten, sehr irrtümlich für den Grundzug seines Chrakters nahmen.
Er hat viel gearbeitet, freilich auch einiges flüchtig herausgebracht, nach dem alten süddeutschen Rezept: „Es tuat's scho...' Aber er schritt vorwärts und ließ sich vor allem nicht durch Selbstgefälligkeit darin beirren."

Zeichnung: Erich Hölle

Ludwig Ganghofer

Über meine Neuburger Schulzeit

Ludwig Ganghofer hat seine Schulzeit in Neuburg sehr ausführlich in seiner im Jahre 1909 zum ersten Male erschienenen Autobiographie „Lebenslauf eines Optimisten" - „Buch der Kindheit" geschildert. Aus Platzgründen können hier nur wenige kleinere Passagen folgen.

Während der letzten Tage gab mir die Mutter Nähstunden, damit ich mir selber richtig helfen könnte, wenn ein Knopf abgesprungen, ein Knopfloch ausgefranst oder ein Strumpf zerrissen wäre. In den Koffer kam eine Nähschachtel, die alle zur Kur einer leidenden Wäsche nötigen Dinge nett und zierlich enthielt. Was ich in Mutters Nähstunde profitierte, das nützte ich später, um einem Professor die Ärmel seines Winterrockes so drahtfest zu vernähen, daß man die Naht mit dem Messer kaum aufzuschneiden vermochte.

Am Abend nach dem Essen gab's immer eine lange Lehrstunde für mein Verhalten in der Fremde. Was der Vater predigte, läßt sich in zwanzig Worten zusammenfassen: was Tüchtiges lernen, fleißig sein, aufrichtig und ehrlich, sich ordentlich waschen, nie eine Lüge sagen und lieber eins hinter die Ohren kriegen, als sich von einer Strafe losschwindeln durch ein erlogenes Wort! Auch mußte ich immer hören, welch eine kostbare und rare Sache das Geld wäre. Der Vater legte mir ein „Ausgabenheftle" an, mit einem sauber geschriebenen Lehrbeispiel, wie man das bescheidene Taschengeld als Einnahme zu registrieren und dann alle Ausgaben bis auf den Kreuzer zu buchen hätte. Während des ersten Monats in der Fremde machte ich die Sache auch ganz genau so, wie mir's der Vater gewiesen hatte, im zweiten Monat rundete ich ab, und im dritten Monat hatte das „Ausgabenheftle" seine ungestörte Ruhe. In meinem späteren Leben hab' ich noch mehrmals den Versuch gemacht, mich an regelrechte Buchführung zu gewöhnen. Es ist mir nie gelungen...

Die Kutsche rollte über die sonnige Straße hinaus. Obwohl mir das Bild des Hauses und des Gartens wie unter Wasser flimmerte, sah ich doch die Mutter auf der Altane stehen. Ich wollte aus dem Wagen springen. Aber der Vater hielt mich fest. Und als ich vernünftig wurde, sprach er ruhig und ernst mit mir während der ganzen dreistündigen Fahrt bis Augsburg. Nun stellte ich auch zum erstenmal die Frage: warum ich denn nicht in Augsburg studieren dürfte? Da wär's doch so nahe bis heim! Ich merkte, daß es dem Vater schwer wurde, mir das zu sagen: es wäre für ihn seinem mageren Beamtengehalte kein leichtes Stück, vier Kinder gut erziehen zu lassen; drum käme ich nach Neuburg in das reiche Seminar; dort könnte ich einen

Freiplatz bekommen, wenn ich fleißig wäre. Ich klammerte mich an Vaters Arm und fragte nicht weiter...

In dem Städtchen Rain, wo die Postpferde gefüttert wurden, begannen viele Studenten zu rauchen und mit schrecklichem Durst zu trinken. Im Omnibus gab's dann üble Folgen. Immer wieder mußte einer aussteigen oder den Kopf zum Fenster hinausstrecken. In der Gegend zwischen Rain und Neuburg roch es nicht gut. Und als es Abend wurde, war ich in unserem Omnibus der einzige, dem nicht übel geworden...

In der Dunkelheit fuhren wir an einer endlos langen Mauer vorüber, über die man viele und große Baumgruppen emporsteigen sah. Das war der Seminargarten. Ein Garten wie ein Wald! Und die Freude schoß mir heiß in die Stirne.

Die Omnibusse holperten über grobes Pflaster, an Laternenpfählen und enggereihten Häusern vorüber. Dann kam ein mächtiger Bau mit großen, schwervergitterten Fenstern. Und ein riesiges Tor. Auf der Schwelle stand ein altes, freundliches Männchen mit einer Laterne: der Seminarpförtner. Gewirr und Geschrei, kräftige Kehlen und bange Stimmchen - und hinter den sechzig Studenten und ihren Koffern fielen die schweren Torflügel zu.

Die Weisheit hatte mich an ihre Brüste genommen. Das war eine kalte Zärtlichkeit - eine Milch, die man nicht gerne sog...

Eine rasselnde Glocke. Und der Morgen ist da. Vierzig junge Kerlchen raufen sich in Hemd und Unterhosen um die Plätze am Waschtisch. Gelächter und Wassergepritschel. Nach dem Morgengebet das gemeinsame Frühstück - eine schreckliche Brennsuppe, die an Sparta erinnerte...

Vormittags verlas man die Seminargesetze. Dann mußten wir alles Geld abliefern - ehrlich gab ich meinen Kronentaler und die elf Gulden her; und drum mußte ich in den Wintermonaten immer ein bißchen entbehren, während die anderen von ihrem verschwiegenen Gelde heimlich knapperten...

Gleich bei der ersten Mahlzeit merkte ich die Nachteile der „Klassenwirtschaft" im Leben. Die Älteren suchten sich die besten Bissen aus, die Jungen mußten nehmen, was übrig blieb. Das war oft wenig. Mit Speisen, die der eine liebte und der andere verschmähte, wurde ein schwunghafter Tauschhandel betrieben. Hoch im Preis stand das „gelbe Voressen" - eine merkwürdige Eierspeise - und alles, was Knödel oder Nudel hieß. Sehr billig waren die Kartoffeln zu haben, die so häufig erschienen, daß man sie schließlich zu hassen begann. (Ein Jahr nach meinem Abgang von der Lateinschule kam es zu einer tumultuarischen „Kartoffelrevolution"; während des Abendgebetes im Gymnasiastensaale wurden die vorbetenden Präfekten plötzlich mit Hunderten gesottenen Kartoffeln bombardiert; aber ohne Salz und Butter.)...

Wir machten - die erste Lateinklasse mit ihrem Professor-Dichter Binhack - den

„Maispaziergang" nach Steppberg zu den Parkwundern und Glashäusern des Grafen Arco. Dabei kamen wir durch ein kleines Dorf, und ich sah auf dem Dach eines Bauernhauses einen alten Mann sitzen, der die Schindeldecke ausbesserte und sich in seinem hurtigen Fleiß durch den Lärm des „Heerwurmes" nicht stören ließ. In der folgenden Woche mußten wir diesen Maispaziergang zu einem deutschen Aufsatz verarbeiten. Ich kam auf die verwegene Idee, dieses Pensum in Hexametern zu erledigen, war riesig stolz auf meine Leistung und hielt vor den Kameraden erwartungsvoll den Schnabel, um der großen Überraschung und meinem Erfolg nichts vorweg zu nehmen. Nach Hangen und Bangen erschien der bedeutungsvolle Tag, an welchem Professor Binhack den korrigierten Aufsatz in die Schule brachte. Mir schlug das Herz und meine Wangen glühten. Note um Note wurde verlesen, gute und schlechte Arbeiten wurden besprochen - und endlich nahm dieser Schreckliche auf dem Katheder das letzte Blatt in die Hand, das meine! „Jetzt kommt das Allerschönste! Ein Dichter ist unter uns! Ein homerischer Sänger. Apollo möge ihm gnädig dieses Fürchterliche verzeihen. Ich kann es nicht." So was Ähnliches sagte er, unter dem Gelächter der ganzen Klasse. Und während mir die Augen tröpfelten, begann er zu lesen. Immer nach ein paar Versen brach wieder diese niederträchtige Heiterkeit los. Und dann der Knalleffekt! Ich hatte versucht, den hurtigen Fleiß des Schindeldeckers durch mehrfache Wiederholung des Zeitwortes zu veranschaulichen. Dieser Hexameter - von allen der einzige, der in meinem Gedächtnis haften geblieben - lautete:

„Hoch am Dache ein Greis. Der schindelte, schindelte, schindelte ..."

Aus einundvierzig Kehlen ein fideles Gebrüll. Und ich, von Zorn geschüttelt, kreischte in den vergnügten Lärm hinein: „Ihr Oxe! Dees isch doch ein absüchtlücher Iterativ!" Dann mußte ich zwei Stunden nachsitzen, meine Dichtung in schulgemäße Prosa übertragen - und von diesem Tage an hatte ich zwei neue Spitznamen: der „Schindler" und der „Iterativ"...

Das Seminar hatte eine Folterkammer. Aber da braucht ihr nicht gleich an den gespickten Hasen und an die eiserne Jungfrau zu denken, wie sie auf der Nürnberger Burg zu sehen sind. Die Folterkammer des Seminars war jener große leere Korridor zwischen dem Schlafsaal I der Lateinschüler und jenem Raume, für den die deutsche Sprache, obwohl sie schon ein paar Jahrtausende sucht, noch immer keine salonfähige Bezeichnung zu finden wußte. Dieser Raum hatte wieder eine zimmergroße Vorhalle, in der zu allen dunklen Stunden eine Hängelampe brannte - und unter diesem milden Ampelscheine führten drei schmale Türen zu den Zellen der Einsamkeit.

Doch ich höre meine Leser ungeduldig fragen: „Folterkammer? Wieso?"

Unter den vierzig Kameraden des Schlafsaales passierte es zuweilen einem verträumten Jungen, daß er in der Nacht um eine wichtige Minute zu spät erwachte.

Freilich sprang er dann flink aus dem Bett, wickelte sich etwas verstört in das rot oder blau passepoilierte Schlafröckerl mit den langen Quastenschnüren und wanderte dem milden Scheine der Ampel zu - obwohl es eigentlich gar nimmer nötig gewesen wäre. Begab er sich wieder zur Ruhe, so lag er für den Rest der Nacht höchst unbequem auf der Bettkante - war den Tag über sehr bedrückt und schwermütig - und merkte am Abend im Schlafsaal, daß seine geduldige Seegrasmatratze gegen einen fürchterlichen Strohsack vertauscht war. - Erster Grad der Folter. - Denn wenn der arme Junge, der doch wirklich nur das Opfer eines „Traumes" geworden, sich nur ein bißchen rührte, fing der Strohsack zu rascheln an. Das hörte man im ganzen Schlafsaal, die heimliche Schande wurde offenbar, und bald von linksher, bald von rechtsher ließen sich deutlich und grausam allerlei termini technici vernehmen, die der gefolterte Schächer als schmerzende Kränkung empfinden mußte. Wie viel bittere Tränen mögen wohl in solchen Strohsacknächten auf die harten Kissen getröpfelt sein! Und die armen Jungen sahen acht Tage immer elend aus, weil sie in der Sonne dem Spott nicht entrinnen konnten und in der Nacht nicht einzuschlafen wagten, um ja nur den gottverfluchten Strohsack nach der obligaten Strafwoche wieder loszuwerden.

Mißlang ihnen das, so kam der zweite Grad der Folter; sie durften, wenn sie „rückfällig" wurden, nimmer im Schlafsaal bleiben; ihre Bettlade mitsamt dem unglücklichen Strohsack wurde in den großen öden Korridor hinausgestellt. Nun denkt euch, was für Nächte die kummervollen Einsiedler da nach allem Spott der Tage durchzumachen hatten! Denn bei manchen kam als dritter Grad der Folter noch die Gespensterfurcht hinzu - in diesem großen öden Raume, in dem die Mäuse knapperten und das Mondlicht durch die hohen Gitterfenster seine geheimnisvollen Milchfluten hereinschüttete.

Ich erinnere mich noch eines zwölfjährigen, mageren und kränklichen Jungen, der immer zitterte, keinem anderen Buben mehr in die Augen schauen konnte, immer für sich allein blieb, immer ein mauerblasses Gesicht und den Blick eines verzweifelten Tierchens hatte. Der mußte viele Nächte da draußen schlafen in der Folterkammer.

Zuerst verhöhnte ich ihn geradeso, wie es die anderen gesunden und trocken schlafenden Bengel taten. Aber dann bekam die Sache plötzlich ein neues, erschreckendes Gesicht für mich. Es war in einer Mondscheinnacht. Da mußte ich, nach rechtzeitigem Erwachen, mein grünverschnürtes Schlafröckle spazieren tragen. Und als ich in den Korridor kam, auf dessen Dielen die Mondflecken lagen, hörte ich ein merkwürdiges Geräusch, das mich an die Weiher auf dem Theklaberge und an einen fleißig singenden Frosch erinnerte. In einer Ecke des Korridors, vom Zwielicht der Mondnacht umdämmert, stand das Bett jenes blassen Jungen, der wieder für einen seiner chronischen Rückfälle büßen mußte - und jenes Ge-

räusch, das ich hörte, war das Lallen seiner Stimme und das Klappern seiner Zähne. Er konnte doch nicht frieren? In dieser warmen Sommernacht? Mir hauchte etwas Kaltes an das Herz. Rasch ging ich an ihm vorüber. Doch als ich aus dem milden Scheine jener Ampel wieder heraustrat, mußte ich fragen: „Männdle, was tuescht du denn da?"
Er gab keine Antwort, murmelte nur und klapperte. Starr aufgerichtet saß er im Bette und hielt vor dem Gesicht die Hände auf eine merkwürdige Art gefaltet - nur die zitternden Fingerspitzen berührten sich.
Es ließ mich nicht von der Stelle. Und ich mußte fragen: „Männdle, tuescht bete?"
Da sagte er in jagender Hast und mit einer Stimme, die ich im Leben nie vergessen werde: Gott liebt mich nicht! Gott liebt mich nicht! Gott liebt mich nicht! Alle liebt er! Nur mich nicht ... mich nicht ... micht nicht ..."
Stammelte ich ein barmherziges Wort? Ich weiß es nimmer. Doch als ich an sein Bett kam, umklammerte er mich, daß ich vor seiner Angst erschrak. - Dreißig Jahre später, als auf dem Starnberger See bei grobem Sturmwetter mein Segelboot unterging, klammerte sich mein Matrose, der nicht schwimmen konnte, genau so an meinen Körper. Dem mußte ich einen Faustschlag aufs Hirndach geben, um ihn dann so lang über Wasser zu halten, bis ein Boot uns beide rettete. - Aber die Arme jenes verzweifelten Jungen auf dem Strohsack brachte ich nicht von meinem Körper los. Doch als die Schlafzimmertüre ging, stieß er selbst mich von sich fort, warf sich gegen die Mauer und zog die Wolldecke über den Kopf. Ich kehrte in den Schlafsaal zurück. Und der Schlafrockwanderer, der mir im Korridor begegnete, sah mich eigentümlich an - und lachte. Ich wußte nicht recht, warum?
Am anderen Morgen suchte ich auf dem Weg zum Klassenzimmer mit dem scheuen, blassen Jungen zusammenzutreffen und riet ihm, er sollte alles aufrichtig an seine Mutter schreiben. Das tat er wohl. Denn wenige Wochen später wurde er aus dem Seminar genommen.
Aber so oft ich dann den Korridor betrat, erwachte immer wieder in mir die Erinnerung an den singenden Frosch und an diese lallende Verzweiflung eines Kindes: „Gott liebt mich nicht! Gott liebt mich nicht!"...
Als ich zu Ende September den Wald verlassen mußte, wurde meine Sehnsucht nach ihm schon während der Reise zu einem schmerzhaft brennenden Durste. Der machte mich im Seminar zu einem verdrehten, widerhaarigen und jähzornigen Gesellen. Nicht nur die Präfekten und Lehrer, auch meine Kameraden hatten ungemütliche Zeiten mit mir. In den Freistunden war ich so empfindlich, daß ich fast Tag um Tag in eine Keilerei hineingehetzt wurde. Alles, was Studium hieß, war mir eine gleichgültige und ferne Sache, in den Studierstunden konnte ich nicht arbeiten, in der Klasse konnte ich nicht aufpassen, immer war ich mit allen Gedanken weit da draußen, wo die hundertjährigen Bäume jenes Lied sangen, das kein anderer hören konnte, nur ich allein!

Diese ewige Zerstreutheit mag es wohl verschuldet haben, daß mir vom Professor der vierten Lateinklasse nur der Name im Kopf geblieben ist: Pusl! Wie war der Mensch, der diesen komischen Namen trug? Ich weiß es nimmer. Kein Zug seines Gesichtes, keine Farbe seines Wesens, kein Klang seines Lebens, nichts Gutes und nichts Böses blieb von ihm in meiner Erinnerung. Aber ich glaube, daß ich ihm viele verdrießliche Stunden bereitet habe. Und drum kann ich ihm das erbitterte Urteil nicht verdenken, mit dem er mich im Zensurenfaszikel der Studienanstalt Neuburg solcherweise verewigte: „Ludwig Ganghofer ist ein wohlbefähigter, aber ganz nichtsnutziger, überaus träger und leichtsinniger Schüler, der schon vom Beginn des Schuljahres an zeigte, daß er eine völlige Abneigung gegen die Studien hege. Für alle Mahnungen war er taub; Strafen hatten bei ihm keine Wirkung! Bei vielen Gelegenheiten zeigte er überdies einen boshaften und rohen Charakter. Dem entsprechend sind sein Fortgang und seine Noten." Das alles mochte - bis auf ein einziges Wort - gewiß der Wahrheit entsprechen. Aber: Boshaft? Mir scheint, da hat der sonst sehr gewissenhafte Herr Professor Pusl doch wohl ein bißchen falsch gesehen.

Man darf in der Kunst der Schilderung mit Gegensätzen wirken - auch in der Schilderung seiner selbst. Drum füge ich hier das Urteil an, das Professor Loher, der prächtige Mensch mit der zwiefachen Seele, über mich fällte: „Ganghofer Ludwig, der talentvollste Schüler der Klasse, lernt und begreift alle Klassengegenstände mit Leichtigkeit. Er ist in der Klasse zerstreut und unaufmerksam, mutwillig, bisweilen sogar etwas ungezogen und unfolgsam". - Etwas ungezogen! Was für ein liebes, wohlwollendes, nachsichtiges Lehrerwort ist dieses „etwas"! Ich glaube, Professor Loher schrieb das aus seiner Turnerseele heraus und dachte dabei an meine Doppel-Kniewelle mit tadellosem Absprung!

Aus dem Jahre bei Professor Pusl, dessen Bild in meiner Erinnerung völlig erloschen ist, vermag ich mich auch keiner heiteren Sache, keines lustigen Streiches zu erinnern. Nur auf das eine besinne ich mich, daß mehrmals verbotene und „unsittliche" Bücher während des Schulunterrichtes bei mir konfisziert wurden. Welche? Das weiß ich nimmer. Doch was vor vierzig Jahren für die Erzieher der Jugend als „unsittliche Lektüre" galt, erhellt aus einem Präfektenbriefe, der im Juni 1867 an meinen Vater geschrieben wurde:

„Zur Anzeige: daß Ludwig am 23. Mai bei Buchhändler Prechter Goethe's Reinekke Fuchs kaufte, nachdem er schon auf der Herreise aus den Osterferien in Donauwörth die „Bardenklänge" gekauft hatte. Hiewegen wurde er mit einem siebenstündigen Arreste unter Entziehung des gewöhnlichen Tisches bestraft, nach vorhergegangener ebenso wohlwollender als ernster Belehrung und Warnung."

Und diesen Brief hatte der zwickfreundliche Unschlacht geschrieben, der mir bald darauf, „des Knaben Wunderhorn" zu lesen gab und mir dann wohlwollend seine ganze Privatbibliothek ohne Zensur und Beschränkung zu beliebigem Gebrauche überließ. Nur schade, daß sie nicht alles enthielt, was ich gerne lesen wollte! Mein Taschengeld war knapp. Und so verklopfte ich manches Stücklein meiner Wäsche, verschacherte Kleider und Schuhe, verkaufte das überflüssige Schreibmaterial und verhandelte mein Essen und die Biermarken, um mir Bücher kaufen zu können - und was ich gelesen hatte, verkitschte ich wieder um den halben Preis, um neue Bücher zu bekommen.

Wie eine heiße, gefährliche Krankheit brach dieses wachsende Lesefieber in mir aus. Und immer griff ich nach dem Besten, griff gierig nach den Werken jener Großen, deren Namen mir lockend in die Ohren klangen...

Wie um diese Zeit meine Noten in der Schule aussahen, könnt ihr euch denken! Professor Pusl brauchte viel Tinte, um diese dicken Römerzahlen zu schreiben. Und Strafe um Strafe bekam ich in der Klasse. Aber was kümmerte mich das! Auch die ernsten langen Briefe des Vaters, auch die kleinen, kummervollen graufleckigen Zettelchen der Mutter konnten mich nicht aufrütteln aus diesem Zustand trunkener Betäubung. Nur manchmal ein kurzes, erschrockenes Erwachen, ein krampfhafter Versuch, am Strang der Schule zu ziehen. Und nach wenigen Tagen wieder dieses gleiche brennende, dürstende Fieber! Alles, alles vergaß ich über meinen heimlichen Büchern, die mir viel zu denken und noch mehr zu fühlen gaben...

Und dann der Schulschreck! Das Jahr ging schon zu Ende; und jetzt war das nimmer zu ändern: daß ich unter sechsundzwanzig Schülern der Sechsundzwanzigste wurde. Man schrieb das meinem Vater. Die lange, erregte Epistel, die ich bekam, verstörte mich noch mehr; das lag auf mir wie eine dumpfe Lähmung; und ich sah einen Beruf versinken, auf den ich mich gefreut hatte; denn ich sollte Techniker werden. Maschinenbauer - weil ich geschickte Hände hatte und alles liebte, was Maschine hieß. Und jetzt war das verscherzt. Und der Vater schrieb: „Das Reifezeugnis fürs Realgymnasium kannst du nicht mehr erringen. Und repetieren lasse ich dich nicht. Meine Kollegen sollen von meinem Buben nicht sagen: dieses studierende Kamel! Nun also, jetzt geht ja dein Lebenstraum in Erfüllung, jetzt kannst Du Jagdgehilf oder Schlosser werden!" Ich ging herum wie einer, der auf den Kopf geschlagen wurde und das Bewußtsein nimmer findet, nur noch den Gebrauch seiner Glieder hat. In dieser Verstörtheit dachte ich an Amerika, an das dunkle Afrika - sogar an ein Land, das noch dunkler ist. Aber da kam ein kleiner, lustiger Brief meiner Mutter: sie hätte sich schon arg gefreut, daß ich jetzt immer bei ihr bleiben dürfte, und hätte schon in Welden mit dem Schlosser geredet, daß er mir ein guter Meister sein müßte; und hätte mir schon im Schlosserhaus ein sauberes Winkelchen ausgesucht; aber da würde halt jetzt leider nichts mehr draus, weil der gute Papa mich doch dieses einzige Mal noch repetieren ließe. „Und drum mach dir halt jetzt das junge dumme Herzle nicht gar so schwer! Und im nächsten Jahr, da wirst du dich schon wieder richten! Und ein bissele Verstand kriegen! Gelt, mein Herzensbub! Ich kenn dich schon, weißt!"

Dieses lustige Brieferl hatte viele graue Flecken, die so strahlig waren, wie die Blumensternchen.

Und da sah ich plötzlich wieder einen Weg vor mir. Und gab mir einen Ruck. Drei Wochen hatte ich noch Zeit. Ich büffelte wie ein Berserker. Und glücklich, wenn auch nicht mit allzu schlanker Note, bestand ich das Absolutorium der Lateinschule. Ich glaube, meine Professoren waren wohl auch ein bißchen barmherzig.

Freiheit! Freiheit!

Ich war vor Freude wie besoffen, als ich an jenem Augustmorgen durch das Seminartor hinausraste und affenschnell in den Omnibus kletterte. Es klunkerte in meinem Koffer, so oft man ihn drehte und hob; denn die Hälfte meiner Kleider und Wäsche war draufgegangen für die heimlichen Bücher; drei von ihnen nahm ich jetzt in dem halb leeren Koffer mit fort auf die Reise; sie waren vom Ruß der Korridorlampe so beschmiert, daß kein Antiquar sie mehr genommen hatte: diese drei Bändchen von Wilhelm Meisters Lehrjahren.

Die Pferde zogen an, die Postillone bliesen - und seit jenem Sommermorgen des Jahres 1869 hab' ich Neuburg an der Donau nicht mehr gesehen...

Mit freundlicher Genehmigung des
Droemer Knaur Verlages
München

Weitere Anführungen zu Ganghofers Schulzeit finden sich in dem Beitrag von Karl Kühmoser.

Anton Gäck

Die neue Eisenbahn und die teuere Gans

Eine weihnachtliche Erinnerung

Die alte Eisenbahn, die mir das Christkind vor einem Jahr gebracht hatte, war kaputt, d.h. nicht ganz kaputt, sondern nur die Lokomotive, deren Uhrwerk infolge dauernden Aufziehens streikte, lief nicht mehr. Ich wünschte mir also vom Christkind keinen ganzen Zug, sondern nur eine neue Lokomotive. Daß ich mich in den wenigen Wochen vor Weihnachten einer besonderen Folgsamkeit gegenüber den Eltern befleißte, braucht nicht betont zu werden. Ganze Nächte träumte ich schon von einer neuen Lokomotive, die den alten Zug auf den alten Geleisen wieder in Bewegung brachte.

Da ich mich vormittags immer in der Schule befand, konnte ich nicht bemerken, daß der Postbote eines Tages eine große quadratische Schachtel ins Haus trug. Selbst wenn ich dies beobachtet hätte, würde ich unmöglich auf eine Lokomotive getippt haben. Aber ganz was anderes stimmte mich nachdenklich. Mittags kam der Vater nach Hause. Mutter zog ihn beiseite und beide besprachen in einem der Zimmer eine anscheinend sie betreffende Angelegenheit. Sie interessierte mich weder, noch war ich neugierig; denn noch glaubte ich an das Christkind, von dem ich wußte, daß es neugierigen Kindern nichts bringt. Schon nach kurzer Zeit kamen beide Eltern zurück, wobei ich merkte, daß sie verstört waren. Keines redete ein Wort und auch ich getraute micht nicht, die unheimliche Stille zu unterbrechen. Noch während wir die Suppe löffelten, wandte sich Vater fragend an die Mutter: „Was kostet denn die Gans?" - Und die Mutter antwortete nur: „13 M". Darauf wieder unheimliche Stille. Sie währte während des ganzen Essens, nach welchem ich mich wieder auf zur nachmittaglichen Schule machte. Doch ging mir die ganze Zeit das sonderbare Verhalten der Eltern, das offenbar durch eine teuere Gans ausgelöst worden war, im Kopfe herum. Ich fragte wohl den einen oder anderen Kameraden nach dem Preise einer Gans, doch konnte ich keine aufklärende Antwort erhalten; aber daß so ein Vogel 13 M ausmachen würde, hielten alle für ausgeschlossen. Am Abend sollte sich das Rätsel lösen.

Als ich nach dem Gebetläuten in den Hausgang trat, hörte ich die Stimme meiner Mutter aus der Stube der alten Hirschberger-Hausleute, bei welchen sie gern ein Plauderstündchen hielt. Bevor ich die Stiege nahm, horchte ich unwillkürlich an der Türe, hinter welcher eben meine Mutter den beiden Alten folgendes erzählte: „Denkt euch nur", sagte sie, „hat sich der Bub zum Christkind eine Lokomotive gewünscht. Und meine Schwägerin in München schickt gleich eine Eisenbahn, wo er

doch schon eine hat; nur die Lokomotive ist kaputt. Aber eine Lokomotive allein gibt es beim Tietz nicht, schreibt sie, drum wird eine ganze Eisenbahn auch recht sein. 13 M kostet sie. Heut früh hat sie der Postbot ins Haus gebracht. Mein Mann hat mittags kein Wort mehr geredet, als ich es ihm sagte und der ganze Appetit ist ihm vergangen. Mir war es nur um den Buben, daß der den Braten nicht spannt. - 13 M, 13 M" - So erzählte meine Mutter. Derweil stand der Bub draußen vor der Türe und hatte alles mit angehört. Das also war die Gans, nach deren Preis sich Vater beim Mittagessen erkundigte und darauf nur kopfschüttelnd mit „hm, hm" reagierte. Leiser als ich gekommen, schlich ich die Treppe hinauf. Auf der einen Seite empfand ich nun die übergroße Freude, zum Christkind nicht nur eine neue Lokomotive, sondern eine ganze neue Eisenbahn geschenkt zu bekommen, auf der anderen Seite reute es mich, neugierig gewesen zu sein und damit alles zu wissen. Doch verstand ich wohl, mir den Eltern gegenüber nicht das Geringste anmerken zu lassen. So kam der Heilige Abend immer näher. Ach, hätte ich doch nichts gewußt, die Überraschung wäre viel größer gewesen! Nun überwog nurmehr die häßliche Neugierde, wie die neue Eisenbahn wohl aussehen würde.
Also am Heiligen Abend nach dem leisen Klingeln des Christkinds die geheimnisvolle Tür aufging und mir der hellschimmernde Lichterbaum entgegenstrahlte, war mein Blick nur zu Boden gerichtet. Denn dort waren um den prächtigen Christbaum silberglänzende Geleise gelegt und auf ihnen fuhr ein ganz neuer Zug, der mich ganz in seinen Bann zog. Als er zum Stehen gekommen war, galt nur ihm mein Interesse: Die fast naturgetreue Nachbildung einer modernen Schnellzugslokomotive mit 2 Triebachsen, 2 beweglichen Laufachsen und einem 3achsigen Tender, das Modell eines neuzeitlichen Schnellzugwagens und das eines ebensolchen Schlafwagens, beide mit vierräderigen Doppelachsen. Wie klein und unscheinbar nahm sich dagegen die alte defekte Eisenbahn aus! Meine Freude kannte keine Grenzen. Auf jeden Fall war mir die neue Eisenbahn tausendmal lieber als die teuerste Gans.
Das geschah Weihnachten 1912. Nach einigen Jahren streikte auch die Schnellzuglokomotive. Auch ihr Uhrwerk funktionierte nicht mehr. Inzwischen wurde ich groß und älter. Die Eisenbahn von damals besitze ich aber immer noch als liebe Erinnerung. Aber sich vom Christkind nochmals eine neue Lokomotive zu wünschen, rentiert sich wohl nicht mehr recht.

aus: „Die Eisenbahn im Altmühltal"
Anton Gäck
Eichstätt 1976

Hinweis: Anton Gäck (geb. am 22.2.1902 in München) war von Beruf Lehrer und ein bekannter Heimatforscher im Landkreis Eichstätt.
Der ehemalige Kreisheimatpfleger Anton Gäck verstarb am 7.6.1983 in Kipfenberg.

Franz Xaver Staudigl

Der Nachtwächter

Die Geschichte spielt um die Jahrhundertwende im kleinen Markt Beratzhausen. Es war Weihnachtsabend, 10 Uhr. Hans Wiggerl verließ seine Wohnung in der Oberen Gasse und trat den Nachtwächterdienst an, zwei Stunden früher als sonst das Jahr hindurch. Es war kalt und dunkel, nur ein paar Sterne funkelten. Auf den Weihnachtsbäumen in den Häusern erloschen die Kerzen, und die Fenster der Gaststuben in den Wirtshäusern wurden wieder hell. Hans ging durch ein schmales Gäßchen in die breite Marktstraße. Der Schnee knirschte.
Wäre ihm ein Fremder begegnet, er wäre von diesem gewiß als eine wunderlich verzerrte Figur aus der Weihnachtsgeschichte betrachtet worden. Sein abgetragener Mantel, der alte Hut, die Laterne, der Nachtwächterspieß und sein Bart konnten ihn als Hirten ausweisen. Das Horn, dieses Blechinstrument, das zur Dienstausrüstung des Nachtwächters gehörte, hätte von einem Verkündigungsengel stammen können. Was aber sonderlich war, das war der Sack, den er auf dem Rükken trug. Darin war nichts als eine Tüte mit Nüssen und Äpfeln.
Der Nachtwächter schritt dem Gasthaus „Zum Löwen" zu, das breit am verschneiten Marktplatz lag. Er fand die Haustüre und die Türe zum Gastzimmer nicht versperrt, die Wirtsstube war warm und leer. Es dauerte nicht lange, da kam der Wirt aus der Küche, wünschte Hans ein frohes Fest, und legte geräucherte Bratwürste, Speck und ein Päckchen Tabak in den Sack.
In Beratzhausen war es nämlich Brauch, dem Nachtwächter am Heiligen Abend etwas zu schenken. Hans holte sich die Geschenke zwischen 10 Uhr und Mitternacht, alter Sitte gemäß, und er wußte warum: Die Bürger hielten sich viele öffentliche Diener und bezahlten sie schlecht. Es gab einen Bürgerdiener, einen Polizeidiener, einen Flurwächter und einen Nachtwächter. Er, der Nachtwächter, war der schwächste dieser Bediensteten. Für ihn war das Schenken keine Wohltätigkeitsveranstaltung und das Nehmen keine Unterwürfigkeit; er empfand beides als eine gerechte Form menschlichen Zusammenlebens. „Weißt du", sagte er einmal zum Sixenbräu und nahm die Geschenke von der Theke, „weißt du, das Schenken an Weihnachten haben die Drei Könige erfunden, und 's Christkindl nahm an. Diese Könige waren weise Könige." Dabei lächelte er verschmitzt.
Hans hatte es auf seinem Gang durch die Gassen des Marktes nicht eilig. Die wenigen Besitzenden, die er besuchen durfte, waren leicht zu zählen. Traditionsgemäß ging er zum Tannenwirt, dem Sternwirt, dem Englbräu, dem Striezelbäck, dem

Kirchenbäck, dem Goldschmid, dem Färber, dem Glaser, dem Schuhkaufmann, dem Löwenwirt, dem Sixenbräu, dem Benglerschuster und zum Bürgermeister. Seine Geschenke kannte er im voraus: sie waren alle Jahre gleich.

Eineinhalb Stunden waren vergangen, seit Wiggerl aus seiner Häuslerwohnung getreten war. Zwölf Häuser hatte er schon besucht. Fast alle lagen sie am Marktplatz oder in seiner Nähe. Von den Seitenstraßen her, die von den Bergen zum Ortskern hin steil abfielen, klang das Geläute von Schlittengespannen. Silberhell und im Rhythmus schnellen Trabes klingelten die kleinen Glöckchen an den Geschirren der jungen Pferde vor den Stuhlschlitten. Dunkel und im Schritt tönten die Messingglocken, die die Ackergäule vor den schweren Zugschlitten an den Spitzkumten trugen. Die Bauern und ihre Familien fuhren von den Dörfern her zur Christmette in der Pfarrkirche. Es war höchste Zeit für den Nachtwächter geworden, dorthin zu flüchten, wohin ihn alle Jahre vor der Christmette sein Weg führte.

Hans stampfte mit seinem fast gefüllten Sack hinaus aus dem kleinen Markt. Nach den letzten Häusern ging er über eine Brücke, die einen stillen, dunklen Fluß überquerte, bog ab und ging zur amtlich bestellten Armut, zum Armenhaus. Bürger einer früheren Generation hatten dieses Haus außerhalb des Marktes gebaut, in der Angst, Armut könnte ansteckend sein. Das Armenhaus mit seinen schmalen Fenstern und der niedrigen Türe wirkte schon von außen primitiv, von innen sah es aus, als ob es nie fertiggestellt worden wäre.

Der Nachtwächter stieg über eine schmale nichtbeleuchtete Treppe hinauf zur Wohnung der alten Frau Schob, die mit ihrer schwer herzleidenden Tochter Maria zwei kleine Kammern bewohnte. Die beiden besaßen nichts als viel Gottvertrauen und das „Kosthaferl", das ihnen die Herren vom Ortsfürsorgeverband amtlich verordnet hatten.

Jeden Tag mußte Maria das Mittag- und Abendessen in einem anderen Bürgerhaus holen, so wie es ein schwarzes Büchlein vorschrieb, das im Rathaus angefertigt worden war, und in dem verzeichnet stand, wann und wo das Essen zu holen ist.

„Alle Jahre wieder", begrüßte Wiggerl die beiden, die schon lange auf ihn warteten.

„Hast dich beinahe verspätet!" sagte Maria vorwurfsvoll. Ihre Herzen schlugen höher.

„Das bildest du dir nur ein!" erwiderte er und griff tief in seinen Sack. Als erstes holte er die Tüte mit den Nüssen und Äpfeln heraus, sein persönliches Geschenk, und legte sie auf den Tisch. Dann teilte er einen Christstollen und legte die eine Hälfte zur Tüte, dazu Plätzchen und Schokolade. Schweren Herzens legte er noch den Geldschein hinzu, den er vom Bürgermeister erhalten hatte. „Damit ihr euch selbst ein paar Kleinigkeiten kaufen könnt...", sagte er bekümmert. Von den Würsten und dem Speck gab er nichts, weil Maria seit Wochen nichts anderes ins Armenhaus brachte als Blut- und Leberwürste mit Sauerkraut. In den Wochen vor Weihnachten war in Beratzhausen in fast jedem Haus ein Schwein geschlachtet worden.

Hans zog seine Pfeife aus der Manteltasche, stopfte sie mit Krüllschnitt, zündete sie an, und genoß auf einem harten Stuhl, daß er einer von denen war, die schenken konnten. Welch herzliches Gefühl! Maria holte zwei rote Kerzen vom Fensterbrett, stellte sie auf den Tisch und zündete sie feierlich an. Es herrschte tiefes Schweigen. „Unter uns armen Leuten redet man nicht viel...", hatte Hans vor Jahren die alte Frau Schob belehrt, als sie ihm unter Tränen danken wollte. Seither wußten alle drei, daß Schweigen am schönsten war. Nur tiefes Atmen war zu hören, und der Rauch der Tabakspfeife umkreiste einsam die Flammen der Kerzen.
Diese Ruhe währte, bis die Kirchturmuhr der Pfarrkirche zwölf schlug. Mit dem letzten Glockenschlag verließ der Nachtwächter das Armenhaus. Sein Verlangen nach Punsch leitete ihn so sicher, wie einst der Stern die Weisen nach Bethlehem führte, ins Gasthaus „Zum Stern", das schräg gegenüber der Pfarrkirche lag. Dort begann für ihn Weihnachten.
Der Sternwirt, ein robuster, großer Mann, schweigsam wie eine Wand, beschenkte den Nachtwächter nicht nur, er bewirtete ihn auch. Weihnachten für Weihnachten. Er wartete schon auf ihn in der Wirtsstube. Hans hängte seinen Mantel an den Kleiderständer und legte Hut, Laterne, das Horn und den Spieß auf einen Tisch. Unaufgefordert zeigte er dem Wirt den Inhalt des Sackes. „Hm!" brummte der, was bedeutete: „Du kannst zufrieden sein!" Dann ließ er ein verschnürtes Päckchen in den Sack fallen. Hierauf setzten sich die beiden an einen Tisch in der Ecke des Gastzimmers, in der der Weihnachtsbaum stand. Das Hausmädchen brachte Punsch. Als Hans den ersten Schluck getrunken hatte, war ihm nicht nur im Magen warm geworden, sondern auch ums Herz. „Du hast den besten Punsch der Welt!" fädelte Hans ein Gespräch ein. „Halt's Maul, du hast noch nirgend anders einen Punsch getrunken!" konterte der Sternwirt. „Eben deswegen...", meinte Hans. „Trink soviel du willst, aber werde in dieser Nacht nicht betrunken!" befahl der Wirt.
Von der Pfarrkirche her drang Orgelmusik und Chorgesang in die Gaststube. Jedesmal, wenn ein verspäteter Besucher die Kirchentüre öffnete, wurde die Musik oder der Gesang deutlicher. Nach dem fünften Glas Punsch begann der Sternwirt über seine Weihnacht, über die Beratzhausener Weihnacht zu meditieren. Er tat das in Gesprächsfetzen. Hans wußte, was kam: es war alle Jahre gleich, und es war immer die gleiche Stunde.
„Die Leute von Beratzhausen waren damals nicht anders als die von Bethlehem", sagte der Wirt. „Als sie Unterkunft suchten, wollte sie auch niemand haben." „Ja, das stimmt, du hast recht!" bekräftigte Hans.
„Bei mir brauchten sie nicht flüchten!" stellte der Wirt mit besonders nachdrücklicher Stimme fest.
„Du bist eben ein anderer Mensch!" bestätigt ihm der Hans.
„Das weißt du nicht!" milderte der Wirt ab.

„Dann säße ich jetzt nicht bei dir."
Was der Wirt und der Nachtwächter in Gesprächsfetzen erzählten, ist dem Leser schnell erklärt: Ein Mann und eine Frau, nicht verheiratet, suchten einst in Beratzhausen eine Unterkunft. Die Frau war hoch schwanger. Niemand nahm sie auf. In ihrer Not nisteten sie sich im Sommerkeller des Sternwirts ein, der weit außerhalb des Marktes am Fuße des Schloßberges lag. Die Frau kam dort nieder. Der Sternwirt ließ sie dort wohnen und einrichten. Diese gute Tat machte den Wirt an jedem Heiligen Abend stolz und rührselig.
Drüben, in der Kirche sang das Volk das Lied von der stillen, heiligen Nacht. Für den Nachtwächter war dieses Lied das Signal zum Aufbruch, denn gleich kamen die Bürger und Bauern, um Punsch zu trinken. Er raffte seine Sachen zusammen, nahm seinen Sack und ging nach Hause, nachdem er dem Sternwirt gesagt hatte: „Sternwirt, ich danke dir!" Der Nachtwächter schritt durch die stillen Straßen und Gassen. Alles Bedrückende war von ihm gefallen.

Beratzhausen - Oberer Teil der Marktstraße um die Jahrhundertwende

Alois Maria Ott

Aus meinen Lebenserinnerungen

Alois Maria Ott wurde am 14. März 1891 in Ingolstadt geboren. Er lebt heute hochbetagt als pensionierter Lehrer am Starnberger See. 1980 gab er im Selbstverlag seine Jugenderinnerungen heraus, die viele interessante Hinweise über die Lebensverhältnisse in den letzten Jahren des 19. Jahrhunderts enthalten.

Mein Vater war Köschinger

Als am 21. September 1866 dem Zimmermeister Melchior Ott in Kösching in seinem kleinen Anwesen mit einigen Schweinen, Hühnern und Enten von seiner Frau Karoline, einer Gärtnerstochter Graßl aus Ingolstadt, als 3. Kind - eine Tochter Karoline war früh gestorben - der Sohn Peter geboren wurde, war die Freude der Eltern gedrückt. Krankheit, Not, Kummer hockten als Schattengespenster überall im Haus.

Die Zimmermeister Ott waren eine angesehene Handwerkerfamilie und bauten auch Mühlen und Kirchen ringsum im bäuerlichen Land zwischen Altmühl und Donau. Der Vater Melchiors - Zimmermeister Johann Nepomuck Ott - entstammte ebenfalls einem alten Zimmermannsgeschlecht, das sich zunächst bis zum Urgroßvater Johann Georg Ott aus Großmehring (1735) verfolgen läßt. Alle waren sie gesund, stark, rauh im Umgang, aber gutmütig und nahmen das Leben von der leichten Seite. Alle Zimmerleute jener Zeit tranken zu ihrer schweren Arbeit gerne das gute mälzige Bier, das stark erhielt. Sie blieben als Kinder zumeist am Leben. Johann Nepomuk hatte 8 lebende Nachkommen aus 22 Kindern, die ihm seine Frau Ottilie (Kelbl) gebar. „Kommt der Tag, bringt der Tag", war der Leibspruch dieser meisten zwar leichtlebigen und immer nach der Sonnenseite schauenden und mit gesundem Humor lebenden Männer und Frauen. Beim 22. Kind soll der Pfarrer von Kösching zum Johann gesagt haben: „Johann - jetzt hörst aber auf, sonst langt mir mei Matriklbuch nimma für die andern!"

Das 7. Kind des Johann Nepomuk Ott und seiner Frau Karoline war Onkel Andreas Ott. Ihn führte ein merkwürdiger Wind - wahrscheinlich die bei den Zimmerleuten übliche Gesellenwanderung oder „Walz" - nach Leipzig. Von dort holte er sich eine liebe und tüchtige Frau Luise aus Dresden und führte eine gutgehende Schneiderwerkstatt. Und sie wurde das Schicksal des kleinen Doppelwaisen, des zweijährigen Melchior-Sohnes Peter.

Von all den vielen Verwandten Ott - sie gehen nach neuen Unterlagen aus dem Passauer Archiv, der Mon. Boic. XVIII. 698 und 660, zurück bis 1527 auf einen Lienhart Otth der alt zu Kösching und einen „statschreiber" Ott zu Ingolstadt - hatte der kleine Peter wohl den geringsten Stern und Start fürs Leben. Immerhin aber wurde er mein Vater und holte sich später unsere Mutter. Und was das bedeutet, wissen wir Kinder, denen beide Eltern Nest und Heimat schenkten, wie es - trotz Armut - wenigen vergönnt war.

Kösching, Obere Marktstraße im Festgewand *(Foto: Rudolf Winterstein)*

Zunächst sah es nicht so aus. Sein Vater Melchior lag todkrank darnieder. Der Sensenmann stand in der Tür. Die Mutter verzweifelte. Sie hatte die zwei Kinder und spürte selbst schon das Unheimliche dieser galoppierenden Krankheit, die den Kranken immer keuchender atmen ließ. Man holte den Geistlichen und den Arzt. Der sah den Blutsturz kommen und sagte das Ende nach dem bald folgenden zweiten voraus. Der Kranke versuchte noch einmal sein Krügl Bier, das seine längste Nahrung war, an den Mund zu setzen, dann war es aus.
Mutter Karoline folgte ihm 20 Wochen später in das Grab nach. Das Elend konnte nicht schlimmer sein - in einer Umgebung, die zwar äußerlich trauerte, aber in der

Sorge um Kinder, das Häusl und die Zukunft nur zumeist egoistisch-praktisch dachte. Base Walburga sagte mit später, die Mutter sei auch „gemütskrank" geworden über all der nicht zu bewältigenden Not und Aufregung. Das schöne kleine Anwesen mit 3 Kühen, Schweinen und 12 Tagwerk Grund wurde verkauft und ein kleines Häusl für die Urgroßmutter Ottilie und die 2 Kinder gekauft, die sich als einzige der Kinder erbarmte.
„Mei oarms Büiwei, mei oarms!", soll die herzensgute „Ahndl" (Ahnmutter d. i. Urgroßmutter) immer wieder, auch Jahre später noch, zum Peterlein gesagt und sein Kinderköpfl in ihre Schürze gedrückt und gekrault haben, solches Erbarmen faßte die alte, ebenfalls im Leid geprüfte Frau, daß es der Vater noch Jahrzehnte danach in den Ohren hatte und uns erzählte. Das kleine „Sachl", wo jetzt die Drei wohnten, reichte gerade, um für die beiden Geschwister die Not in ein kleines Kinderparadies zu verwandeln.
Fast schien es, als ob die toten Eltern einen Segen besonderer Art für sie erbetet hätten. Denn eines Tages kam aus Wien ein Brief vom Stadtamt, der den Tod eines Verwandten Martin Ott mit der Aussicht auf eine Erbschaft meldete. Und der Ahndl stand fast das Herz still darüber und die Schwester „Walba" (Walburga) bekam strahlende Augen. Aber es war eine „Fata morgana", ein narrender Traum von kurzer Dauer. Die Erbschaft fiel nach Baden bei Wien und die Drei begnügten sich wieder mit Brotsuppe und Erdäpfeln. Die Großmutter sagte damals nur: „Mir Ott san zum Heller, nöit za'n Guld'n geborn."
Das ging gut so, bis Peter 12 Jahre alt war. Dann starb das Ahndl im 78. Lebensjahr. Diese Frau und ihr Name Ottilie bleiben mir bis an mein Ende teuer, weil sie das Urbild einer großen Mutter ist, wie es nur wenige gibt. Sie hat ihr Leben wie ein rechtes katholisches Kind gelebt als Abbild ihrer Namenspatronin, der Schwester des heiligen Willibald und Walburga, die für mein und meiner Eltern Heimatbistum Eichstätt Diözesan-Patrone sind. Es gibt diese zwei Namen Ottilie und Walburga nochmals in unserer mütterlichen Verwandtschaft, bei der Familie meines Vetters und Firmpaten Kaiser in Ingolstadt. Sie und deren Töchter gleichen Namens habe ich in der Verwandtschaft meiner Mutter (Hobel) erwähnt. Die ganze Familie Kaiser ist ebenso qualifiziert in Charakter, Herzenswärme, Frömmigkeit und Begabung.
Die robustere Schwester Walburga kam nun mit 14 Jahren zu einer Bauernfamilie „in den Dienst". Sie hatte es gut, weil sie später im Zimmermann Hans Schuller einen liebenswerten, tüchtigen Mann fand.
Peter aber ging einen schweren Weg. Er bliebe am liebsten zuhause. Aber die harten Gemeindeväter waren froh, den kleinen Esser wegzubringen, als sich der Onkel Andreas in Leipzig erbot, das Waisenkind aufzunehmen. Er sah vielleicht in ihm auch einen billigen Lehrjungen. So kam Peterlein nach Sachsen unter Prote-

stanten mit großstädtischen, ganz anderen Sitten, Gewohnheiten, Sprache und Lebensweise; später dann noch nach Dresden. Es war ein ungeliebtes „eli-lanti" (d. i. Elend). Das Richtscheit und die Zimmermannsaxt wären dem zwar schmächtigen, aber zähen Zimmermannssohn lieber gewesen als Nadel und Faden. Begabte Menschen können in jedem gelernten Beruf Hervorragendes leisten. Aber ohne Liebe dazu wird das denn zum Kreuzweg.

Das Leben im fremden Land machte Peter zu schaffen und weckte Abwehr mehr als Anpassung. Das blieb bis zu Befreiung als Soldat im 20. Lebensjahr. Er erzählte oft davon. Schon die verfeinerte städtische Kost war ihm zuwider. Er aß wenig und blieb auch dadurch kleiner, als wenn er mit Kartoffeln, Kraut und Schwarzbrot gefüttert worden wäre. Reis war ihm unbekannt. So oft als möglich ließ er den in seiner Hosentasche verschwinden. Als ihn der Onkel erwischte, wurden ihm diese Tischsitten gründlich ausgetrieben...

Oft sang er uns patriotische Lieder, besonders von König Ludwig II. vor, den er so hoch schätzte, daß ein großes Buntdruckbild stets an der Wand hing. Es begleitete ihn bis zum Tod. Er war sein „Kriegsherr" auch als Soldat. Aber er hatte es auch im „bunten Rock" nicht leicht. Er war arm und der Sold als Soldat reichte damals nicht zu einem Glas Bier. Die bayerischen Reichsräte honorierten die Königstreue miserabel. Sein 10. bayerisches Infanterie Regiment, Cavalier Hepp in Ingolstadt wurde später auch mein Schicksal als Soldat. Mit Begeisterung trug Peter den bayerischen Raupenhelm, den ich noch aufbewahre und fuhr damit auch einmal in Urlaub zu Onkel und Tante nach Dresden. Er hatte dabei das Glück, König August, dem leutseligen Landesherrn, bei einem Spaziergang zu begegnen. Er stand stramm und als der König den Raupenhelm bemerkte, rief er ihn zu sich und erkundigte sich nach woher und warum. Er machte guten Eindruck und der König schenkte ihm eine seiner fürstlichen Zigarren. Das alles stärkte den guten Monarchisten und trug - neben eigenen Erlebnissen - auch mit bei, diese Treue zur Heimat jener Zeit zu übernehmen.

Als der Peter im Oktober 1888 entlassen wurde, hatte er auch schon die ersten Versuche unternommen, eine Frau zu finden. Beim sonntäglichen Kirchgang war er der Mutter einmal an der Oberen Pfarr begegnet. Sie war 1888 von München aus zu Besuch bei den Eltern in Aschbuch und bei ihrer älteren Schwester Franziska. Aber er hatte es auch als schmucker Soldat nicht leichter. Der rötlich-blonde Schnurrbart gefiel ihr schon gar nicht. Und auch nicht die Fußlappen, die er noch immer seit seiner „Walz" jahrzehntelang abhärtend und gewohnheitstreu statt der Socken trug. Und es wurde nicht besser, als er sich die Zuneigung der resoluten Mutter in Aschbuch erwarb, die schnell seinen Wert als ordentlicher Schwiegersohn erkannte. „Liebe" war damals nicht immer erster Heiratsgrund.

Schließlich aber gab die Gehorsam gewohnte Tochter ihren Widerstand doch auf und sagte schweren Herzens Ja zum ungeliebten Mann. Sie weinte viel. Und sie mag geahnt haben, daß ein guter Charakter allein noch nicht das volle Glück ist für eine Ehe, für die die Seele mehr ahnen als sehen kann, daß Schicksale ihr Gesetz haben.

Erst viel später offenbarte mir Mutter, was sie damals aufgab: Sie war Erste Köchin mit 10,-- Mark Lohn bei Kunstmaler Sack in der Schwanthalerstraße 32 in München. Das waren gute Menschen, die sie schätzten. Dort lernte sie 1884 den Weinfirmen-Vertreter - damals in der Regel Inhaber seriöser Vertrauensstellungen - Xaver Sojer, Sohn eines Steinmetzmeisters aus Buchloe bei Landsberg kennen. Sie verliebte sich; es wurde ernst und sie hatten schon ihr kirchliches Aufgebot in Neuburg, wo seine Firma ansässig war, eingereicht. Er galt als solid, treu und zuverlässig.

Die Zuneigung der beiden jungen Leute, die unter der freundlichen Duldung der Familie Sack von einem seltenen Mal der Begegnungen zum andern Mal wuchs, entwickelte sich zu Mutters erster Liebe. Und da sie bei aller Heiterkeit ihres kindlichen Wesens in der Tiefe ihres Gemüts diese Liebe ernst nahm, traf sie auch das furchtbare Ende, das niemand erwarten konnte, wie ein Keulenschlag, der etwas in ihrem Wesen zu zerschlagen schien.

Mutter weilte zu dieser Zeit - Mai 1885 - bei ihrer Schwester Franziska in Beilngries. Da geschah das Unfaßbare: Ihr Bräutigam verunglückte tödlich beim Zimmerstutzenschießen. Sie konnte nicht einmal zur Beerdigung...

Dies war ihr zweiter schwerer Lebensabschnitt, in den auch der Verlust ihrer Ersparnisse durch einen Schwager fiel. Es war ihr härtester Gang, sagte sie, als sie mit Vater am 1. Juli 1889 zur Trauung durch Stadtpfarrer Limbacher im Liebfrauendom zu Ingolstadt schritt...

Meine Mutter stammte aus dem Altmühltal

Mutters Eltern waren Oberpfälzer aus dem Altmühltal zwischen Beilngries und Riedenburg. Die Seeger übten seit Generationen bäuerliche Handwerke aus: Sie waren Schneider, Maurer, Zimmerleute. Die Seeger waren tüchtige Leute, die alle neben ihrem Handwerk - meist durch Frauen und Kinder - noch einige Äcker und Wiesen für den Eigenbedarf der Familie und 1 - 2 Kühe und Schweine im Stall unterhielten. Die Männer verdienten das Bargeld, das gerade reichte, um das kleine Anwesen schuldenfrei zu erhalten. Auch die Seeger von Dörndorf, bald darauf in Aschbuch, beide Orte nahe bei Beilngries, lebten so mit ihren vier Mädchen. Großvater Peter, ein hagerer, kleiner Mann, ging als Maurer täglich manchmal bis zu 20 km weit mit seinem Werkzeug arbeiten, und wenn er abends müde von seinem 10 - 12 stündigen Tag als Schwerarbeiter heimkam, besorgte er noch den Stall oder half bei der Ernte bei Nachbarn, um etwas zu verdienen. Großmutter Therese, eine geborene Hobel, war eine große, stattliche Altmühltalerin. Die Hobel oder „Schneidermaxen", wie ihr Geschlechter- und Hausname lautete, übten ebenfalls neben ihrem bäuerlichen kleinen Erbe ein Handwerk aus. Handwerk und Vorname eines Ahnen gaben ihrem Geschlecht als Charakteristikum „die langen Beine" zur hochgewachsenen Gestalt mit, auch der Großmutter Therese. Ihre resolute Art beherrschte auch den herzensguten Großvater Peter und die Mädchen waren gewohnt zu tun, was die Mutter befahl. Der „Maurer-Peter" von Dörndorf, wie er überall gerufen und gern gesehen war, liebte das Schweigen und war gütig und hilfsbereit.

Die letztgeborene Schwester Kunigunde war ein lebensfrohes Kind und darin unserer Mutter ähnlich. Sie lernte das Nähen, tanzte gern und soll eines Tages, als schon eine schwere Erkrankung die Lunge angegriffen hatte, gesagt haben: „Heut Nacht" - es war eben Faschingszeit - „wird getanzt und wenn der Lump am Stecken stirbt." - Ein wenig derb, aber ganz dem seltenen Hunger nach Freude dieses gesunden und reinen Naturkindes angemessen. Wenige Wochen später war sie tot, an einer Lungenentzündung, die sie sich beim Tanzen holte. -

Meine Mutter kam früh, schon als 14-jähriges Mädchen, wie damals üblich, in „den Dienst", als Küchenmädchen in einer Beilngrieser Brauerei. Sie mußte schwer arbeiten und oft nachts um zwei Uhr aufstehen und den sogenannten „Sud", den die Bräuknechte angesetzt hatten, ein bis zwei Stunden umrühren, damit jene schlafen konnten und das Gebräu, das alles noch „von Hand" bearbeitet wurde, von Malz und Hopfen gleichmäßig durchsetzt war. Erst später lernte sie bei zwei Arztfamilien in Wiesbaden und München gute Stellen und Menschen kennen. So wurde sie eine tüchtige, fleißige Hausfrau und sah sich nach einem Manne um. Sie lernte als 22-jährige den Angestellten einer Neuburger Weinfirma kennen und verliebte sich. Er starb überraschend, ehe es zu einem Verspruch kam. Mutter muß sehr darunter gelitten haben. Aber mir schien es nach allem, was sie mir darüber anvertraute, daß es für sie und uns alle so besser war. Dasselbe sagte ihre Dienst-Herrschaft. Ihre Mutter jedoch wollte die „gute Resl" bald „unter die Haube" bringen (die Schaube oder „Haube" war das Zeichen der verheirateten Frau). Aber vorher kam noch ein zweiter schwerer Schlag über unsere allzu gutmütige Mutter. ...

Unsere Mutter hatte in ihrer langen Dienstzeit einiges erspart für Aussteuer und Ehe. Aber da kam das Unheil. Großvater Seeger fuhr eines Tages zu ihr nach München und klagte der Tochter sein Leid. Allzufrüh und unbedacht hatten die Großeltern der älteren Tochter „Annamierl" (Annemarie) und ihrem Mann das kleine Anwesen übergeben. Der Schwiegersohn aber trank und machte Schulden, und es drohte der Verlust des Anwesens. Großvater wußte von den Ersparnissen seiner Tochter und bat sie, ihm das Geld zur Auslösung des verschuldeten Anwesens zu

„leihen". Vorübergehend half das; aber nicht dem Schwiegersohn vom Trinken. Mutter sah ihr Geld nie wieder. Der Schwiegersohn verlor das Anwesen endgültig und zog mit Frau und Kindern in die selbstverschuldete Armut als Tagelöhner nach Ingolstadt. Sie wohnten einige Jahre beim Storchenwirt in der Anatomiegasse neben uns, und ich habe sie schon deswegen in guter Erinnerung, weil die herzensgute „Base Annamierl" oft auch meinen hungrigen Magen am großen Tisch mitfütterte. Erstaunlich, aber nicht unverständlich für jene sozial gesündere Zeit war, daß die Familie wieder hoch kam und sich völlig in den Nachkommen rehabilitierte. Ohne wissenschaftliche Soziologie, ohne Gemeinde- und Staatshilfe, ohne Kuren und Heilmittel. Die Großeltern mußten allerdings in der Gemeinde Aschbuch bei Beilngries das sogenannte „Armenhaus" beziehen. Als Kind habe ich zwar dort köstliche Ferien erlebt. Aber was spürt ein 10-jähriger Junge schon von einer Tragik, die nie Worte fand. Resl war auch darum ihr liebstes Kind.
So verloren die Großeltern schuldlos Haus und Heimat. Und so begann das Leben meiner Eltern ohne jene Erleichterung, die das Wissen um die Heimat der Frau und ihr Erspartes verleihen hätte können. Da Vater die eigene Heimat ebenso schuldlos verlor und der Verdienst eines Handwerkers damals unvorstellbar gering und denkbar unsicher gewesen ist, war ihr Anfang 1889 begreiflicherweise verbitternd und belastete nicht nur das eigene Gemüt, sondern auch die verwandtschaftlichen Beziehungen. Dazu kam, daß meine Mutter anfangs gar nicht heiraten wollte, keinesfalls den „Rotblonden". Aber die Großmutter hatte doch ein gutes Gespür für den fleißigen und sparsamen Werber. So kam bald nach Vaters Entlassung vom Militär am 1.7.1889 die Hochzeit zustande. Zu einem Fest reichte es nicht. Es war auch kein Anlaß. Mutter war 25 Jahre, Vater 23 Jahre alt. Sie bezogen unsere zweite Wohnung in der Griesbadgasse an der Schutter, einem Zufluß der Donau aus der Neuburger Moosgegend, und in diesem Haus stand meine „Wiege". Schön gesagt; aber es war nur ein kleiner Korb mit Windeln - ein bißchen wärmer und reicher als im Stall zu Bethlehem...
Der 14. März 1891 war ein Samstag und das Jahr ein sonniges Weinjahr, und die milde Märzsonne sagte noch nichts aus an diesem Tag. Jedenfalls nichts Gutes. Denn Mutter war in Sorge, ob sie das übliche Samstagpensum mit Böden und Treppe putzen, waschen, kochen, einkaufen, das jeder Hausfrau damals ein Schrecken war, bewältigen würde, ohne daß Vater „grantelte". Zudem waren an diesem Tag des „Wochenmarktes" ihre Eltern von Aschbuch mit einem Bauernfuhrwerk zu Besuch gekommen. Und das Kind war fällig für diesen Tag...
Mutter begleitete nachmittags die Eltern, in Verzweiflung sich an sie klammernd, noch fast bis Forsthaus Denkendorf, um ihre viele Herzensnot abzuladen. Dann aber eilte sie so schnell als möglich die gut vier Stunden Fußweg noch zurück, um den Vater nicht zornig zu machen. Es war schon dunkel, und es läutete schon zum Angelus von der „Oberen Pfarr", als Mutter atemlos heimkam. Sie kochte noch für den kommenden

Tag. Dann mußte sie sich legen. Die Wehen setzten ein. Sie war, bei Gott, von zähem Holz. Die Hebamme - Frau Hailer - hatte schon auf Nachricht gewartet, als der Vater schnell nach ihr sprang. Er sorgte sich gewiß auch, denn er hatte von selbst auch gleich Dr. Ostermeier, den Hausarzt, mitgebracht. Dann gab es noch einen Wasserbruch mit der Fruchtblase, wie bei allen ihren Kindern. Die Geburt war schmerzensreich und um 10 Uhr 30 nachts war der „ERBE" da. Dr. Ostermeier gratulierte der Mutter und sagte: „Sehen Sie, Frau Ott, wie gut es war, daß Sie heute zum strengen Tag hinzu noch viel gelaufen sind!" - Zimperlich waren damals unsere Mütter nicht...

Von Ingolstadt ins Juraland um 1900

Als ich noch fünf Jahre zählte, war die erste „Reise" zu den Großeltern, die damals schon im Armenhaus der Gemeinde Aschbuch nahe bei Beilngries im schönen Altmühltal wohnten: „Mutter Armut" reist zu „Mutter Armut", beide reich als Schenkende und Beschenkte! Wer mag das fassen?
Mutter liebte ihre alten Eltern und durfte alle Jahre mit ein oder zwei Kindern, reihum abwechselnd mit den ebenso armen andern beiden in Ingolstadt verheirateten Schwestern „Franzi-Bas" und „Annamirl-Bas" (Base Franziska und Anna Maria), zum „Ägidi" = (Ägidius=) Fest am 1. September - das war der Kirchenpatron der Pfarrkirche, also einer der höchsten Bauernfeiertage damals noch - zu Besuch kommen. Für uns Kinder war das auch später, solange die Großeltern lebten, eine besonders glückliche Zeit.
Schon eine „Reise" war etwas Neues. Erwartungsvoll fieberte man dem Tag entgegen. Ob Vater die Erlaubnis nicht zurückzog, wenn ihm einige Tage niemand kochte? Zumeist war es „Manöverzeit" d.h. die Garnison war ausgestorben, die Truppen auf wochenlangen Übungen auswärts und daher für einen Uniform-Schneidermeister flauer Verdienst. Da ging er meist auf Schwammerlsuche oder ergab sich seinem Lieblings-Freizeit-Dienst: Er streifte allein oder mit ebenso arbeitslosen Berufsfreunden durch die „Schütt". Das sind offene, verwilderte Waldbestände im Nebengelände der Donau, von Altwasser-Tümpeln durchzogene sogenannte „Au-Wälder", reich an Singvögeln, Raubvögeln, Hasen, Rehen, Füchsen, reich an Brombeeren, Hasel- und "Hierl"-Nüssen und erfüllt vom Geruch stehenden Wassers, in dem wir Buben später einander auch gern zum unerlaubten Fischen auf Hechte und stachlige Pürschlinge verleiteten. Das war Vaters Paradies und Erholung, wenn er an Sonntagen Zeit fand. Da kannte er dann jeden Fuchsbau und jedes Drossel- und Grasmückennest und holte sich die besten Sänger, die er abhörte, in seine Werkstatt, wo jahraus, jahrein ein Jubilieren und Zwitschern aus den 3 - 4 Käfigen an der Wand, neben ausgestopften Eichhörnchen, Bussard

und Eichelhäher kam; das alles bezeugte seine Liebe zur Natur mit einem mächtigen Feldblumenstrauß am Fenster. Wenig - und doch viel! Die Ventilation zur „besseren Welt", die noch Seele hatte und die der von einer ungeliebten Jugend verhärteten Seele wieder ein Fenster zur Umgebung und aus der engen Welt der Not hinaus schuf. Wenn die Großeltern mehr Platz gehabt hätten, wäre er vielleicht sogar mitgekommen. Vielleicht aber auch grollte er ihnen noch, weil er den Ehestand so erbärmlich mittellos beginnen mußte. Und sie konnten doch auch nichts dafür und trugen ihre Armut selber, ohne zu grollen.
Meist mußte Mutter noch putzen und kochen, ehe wir nach dem Essen aufbrechen konnten. Im Kinderwagen, der auch gleichzeitig „Gepäckkuli" war und dessen hoher, langer und breiter Korb die paar Habseligkeiten an Wäsche, für den Notfall Schuhe und einige kleine Geschenke (Zucker, Mehl, „Manglpackl" (= Malzkaffee und etwas Schokolade, Reis und einen „Guglhupf" = Kuchen aus Mutters geschickter Backkunst) enthielt, lag Peterlein und schlief ununterbrochen. So gings in sengender Nachmittags-Augusthitze, gemildert durch die damals noch beiderseits der staubigen Straße stehenden Apfelbäume, 30 km weit, von einem Bauerndorf zum andern: Oberhaunstadt mit seinem herrlichen Storchennest auf einem alten Wagenrad auf dem First des Kirchturms, Lenting, Hepberg und Stammham mit seinen alten Römerausgrabungen hinter Erdwällen, wo der „Limes", die römische Grenzmauer zum Schutz gegen Germaneneinfälle, vorbeizog und tranken dann zur ersten Rast auf einer Höhe von Stammham im Gasthof Post das erste Glas kalte Milch und aßen ein Stück schwarzes Bauernbrot. Der halbe Liter Milch kostete nur fünf Pfennig, ein halber Liter gutes dunkles Bier hätte 12 Pfennig gekostet. Unterwegs sammelte ich beglückt in den Straßengräben die schönen roten und rosagestreiften Falläpfel in den Wagen und konnte die reifen - und halbreifen - nach Herzenslust - und schadlos - essen.
Dann ging's - es war schon fast Abend - in den unendlich lang scheinenden Forst von Denkendorf, wo die Straßen hart und kühl waren und endlos gerade die schwarzdunklen Mauern durchschnitten. Der Abendtau netzte schon meine Barfüßlein, die immer langsamer und uninteressierter für Äpfel am Straßenrand wurden, und als wir bei Dunkelheit Grampersdorf, den letzten Ort, hinter uns ließen und Mutter den Fußweg über Stoppeln und Hoppeln („Biflinge" der Hopfenäcker genannt) hinweg gegen Aschbuch zuschwankten, Peter zu weinen anfing und auch mir das Herz in die Hose fiel, betete Mutter den Rosenkranz, und ich hopste bibbernd aus Angst vor dem Nebel, der immer dicker wurde, in dieser kühlen Nacht hinterher. Endlich, es muß lang nach 9 Uhr abends gewesen sein, hörten wir die ersten Hunde bellen - Mutter hatte den Weg nicht verfehlt. Merkwürdig, wie sich heute noch damit physisch unaustilgbar Kühle, Erd- und Hopfengeruch und der langsam sich nähernde Geruch von Misthaufen und das erlösende Gebell eines Hofhundes verbinden.

Und dann im ersten Hof das erste schwankende Petroleumlicht und dann ein Funzelchen, wie ein zwinkerndes Äuglein, aus einem kleinen Fenster unter einem mit brüchigen weißen Kalkplatten gedeckten Dach, dessen Kamin noch rauchte aus der Küche: Großmutter Therese, groß, hager, ein helles Kopftüchl um die grauen Haare gebunden und Großvater Peter, klein, die Beine in langen, schwarzen Lederhosen, begrüßten uns und waren erlöst, daß alles gut gegangen war. Großmutters Stimme war laut, bestimmt; Großvater sprach mehr leise, gedämpft. Man spürte Geborgenheit und liebevolle Freude. In der Stube summten noch Fliegen unter dem Kienspan, dessen harziges Holz in einer Fuge des Kachelofens steckte und das kleine Wohnküchlein mit Tisch und Bank rings um den Kachelofen, auf dem eine Katze schlief, gerade genug beleuchtete, daß Mutter Peterlein trocken legen und wickeln konnte. Bald darauf gab es einen Schmaus von ungewohnter Quantität und Qualität: Sauerkraut, Geräuchtertes und Semmelknödel mit Rosinen drin, ein Leckerbissen für hungrige Esser, denen dieser Gegensatz von süß und sauer nichts ausmachte. Am anderen Tag Mittag, als die Sonne auf den Tisch schien und die Fliegen um Schüsseln und Ofen summten, brachte sie - die Sonne - es an den Tag: Man wußte nie, ob man bei den Knödeln eine Rosine oder eine dicke gekochte Pferdebremse (Fliege) in den Mund bekam. -
Das Peterlein und das Aliserl waren genügend bestaunt, vor allem mein Appetit. Mutters Neuigkeiten und Sorgenkalender dauerten länger und mir fielen, während Mutter manchmal noch weinend ihrem sorgenbedrückten Herzen Luft machte über schwere Zeiten, den fehlenden Verdienst und die dahinsterbenden Brüderchen und Schwesterchen (zwischen mir und Peter II, der jetzt 1 1/2 Jahre alt war, starb Peter I, der nur drei Monate lebte) die Augen in der Ofenecke zu; ich schlief den ersten selig-müden Kinderschlaf mit dem Kater auf dem Ofen um die Wette.

aus: „Mutter Armut im Paradies einer heilen Welt."
Alois Maria Ott,
Selbstverlag 1980

Frieda Senninger

Die ersten Wanderungen meines Bruders im Juraland

Dr. Franz Xaver Mayr, der Bruder von Frieda Senninger, war Priester und einer der bekanntesten Professoren in Eichstätt. Ihm gelang die Entdeckung eines Urvogels, der heute im Jura-Museum in Eichstätt zu sehen ist. Doch bereits als Schüler wanderte Franz Xaver Mayr (1887 geboren und in Regensburg aufgewachsen) mit seinem Vater im Juraland, wovon die Autorin in ihrem Buch berichtet:

Das erste Mal wanderten sie durchs Altmühltal von Kelheim bis Solnhofen und zurück von Abensberg über Eining nach Weltenburg/Kelheim. Das zweite Mal ging's in das nahe Vils-, Lauterbach- und Laabertal, Franzl natürlich ausgerüstet mit Rucksack und Botanisierbüchse. Nach der Rückkehr beschreibt er in einem noch erhaltenen dicken Heft bis ins kleinste diese Wanderungen, die vielen berührten Ortschaften, Wege und Stege mit größter Genauigkeit, einem erstaunlichen Gedächtnis und vor allem mit einem für sein Alter tiefen Blick für die Schönheit der Natur. Kleine Zeichnungen illustrieren die Berichte.

Hier ein Auszug aus dem Bericht über seine erste Ferienreise: „3. Tag, Mittwoch, den 19.7.1899. Am nächsten Tag um acht Uhr traten wir, nachdem wir im Wirtshaus in Beilngries gefrühstückt hatten, den Marsch wieder an, um noch vor Mittag unser nächstes Ziel, Kipfenberg, zu erreichen ... Nach 12 Uhr kamen wir in Kipfenberg an, nachdem wir auf einem steilen Waldweg wieder in das Altmühltal gekommen waren. Kipfenberg ist ein schöner Markt mit einer Burgruine auf steilem Felsen. Im Gasthaus „Zur Post" nahmen wir unser Mittagsmahl ein und begaben uns dann um zwei Uhr gemütlich auf den Weg. Auf einem schattigen Fußwege lenkten wir unsere Schritte über Höhen Arnsberg zu. Als wir dann das Ende des Waldes erreicht hatten, bot sich uns ein herrlicher Anblick dar. Wir hatten einen fast ganz von bewaldeten Hügeln eingeschlossenen Talkessel der Altmühl vor uns, die sich friedlich durch grüne Felder hindurchschlängelte. Links auf steilen Bergeshöhen thronte die Burg Arnsberg, und zu ihren Füßen breitete sich das Dorf Arnsberg aus. Im Hintergrund dieses lebendigen Bildes sahen wir Gungolding. Über die ganze Gegend breitete sich das ganze blaue Firmament aus, von dem die Sonne ihre milden Strahlen sandte. Wir standen da und betrachteten die Gegend, bis wir uns entschlossen, nach Arnsberg zu gehen ... Daß wir uns nun schon in Mittelfranken befanden, verkündete uns hinlänglich die ganz andere Tracht der Bauernmädchen als die, welche wir bisher an der Altmühl herauf gesehen hatten. Hier hatten nämlich die Dirnen und Frauen rote Leibchen und rote Röcke und rote Kopftücher, die aber meistens mit hellen Blümchen oder einem sonstigen kleinen Muster bedruckt sind. Bald kamen wir nach Gungolding, wo wir wieder einkehrten und Milch tranken. Dann vorbei an Isenbrunn und Rieshofen, bei dem wir in der Nähe einen sehr gut erhaltenen Römerturm sahen. Das nächste Dorf, in das wir kamen, war Pfalzpaint und wieder das nächste Walting, wo wir auf die Lokalbahn Kinding - Eichstätt warteten. Endlich kam diese, und wir fuhren nach Eichstätt. Vorbei ging's an den Dörfern Inching und Pfünz, woselbst ein Schloß und ein Römerkastell ist, sowie an Landershofen, bis wir in Eichstätt aussteigen mußten. Ein Hoteldiener, der uns als Fremde erkannt hatte, bot sich uns als Führer an, und so kamen wir nach längerer Wanderschaft durch die Straßen Eichstätts in das Gasthaus ‚Zum Bären', wo wir übernachten wollten."

Von dort schrieb er am 20.7.1899 nach Hause:
„Gruß aus Eichstätt! Es liegt romantisch und ist recht nett."
(Ansicht Willibaldsburg)

Sein besonderes Interesse fanden der Hofgarten, „der mit vielen schönen Statuen und Springbrunnen geschmückt ist und in dem sich sogar ausländische seltene Bäume befinden", und am folgenden Tag die Solnhofer Steinbrüche. Hier hatte er -

Prof. Franz Xaver Mayr mit seinen Schwestern (ca. 1935)

er erzählte es genau - den unwiderstehlichen Drang, trotz glühender Sommerhitze (während der Vater im Wald Rast machte) zu ihnen hinaufzustürmen, um eine kleine Versteinerung zu ergattern. Zutiefst war anfangs die Enttäuschung, daß er trotz mehrmaliger Versuche ohne Geld nichts erreichen konnte. Aber welche Seligkeit, als sich dann ein Arbeiter seiner erbarmte und ihm zwei versteinerte Fischlein „Undine acutideus", später korrigiert in „Leptolepis" schenkte!
Seine Eindrücke über die Willibaldsburg zu schildern, von der aus Vater und Sohn zum Bahnhof marschiert waren, würde zu weit führen, aber es war doch schicksalhaft, daß gerade seine erste größere Wanderung - im Jahre 1899 mit 12 Jahren - den Stätten seiner Zukunft galt!
Nur noch den letzten Satz seines ersten ausführlichen Berichtes:
„Zuhause wurden wir mit Jubel empfangen, und um 9 Uhr legte ich mich wieder zu Bette, aber diesmal nicht in ein fremdes, sondern mein eigenes Bett. In meinem Abendgebet dankte ich Gott von Herzen, daß er mich eine so schöne Reise hat erleben lassen und schlief dann fest ein."

aus: „Ein Leben für Gott und die Natur"
F. Senninger/G. Viohl
Eichstätt 1984
Brönner & Daentler Verlag

Weiterer Literaturhinweis:
Buschkühl, Matthias: „Franz Xaver Mayr - Priester und Naturwissenschaftler (1887-1974), zum 100. Geburtstag", Eichstätt, 1987. (Schriftenreihe der Universitätsbibliothek Eichstätt; 10, herausgegeben von Hermann Holzbauer).

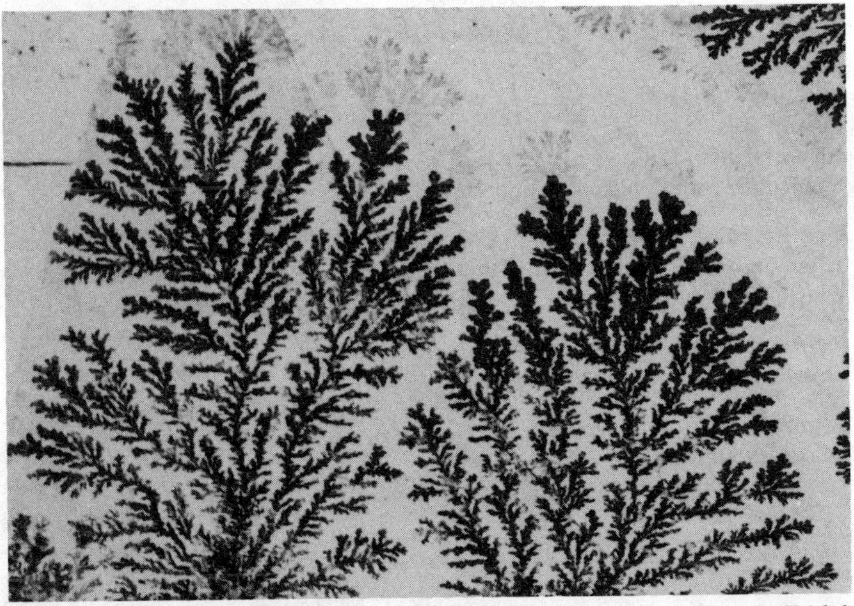

Dendriten: Fundort Blumenberg, Museum Bergér *(Foto: D. Kriebel)*

Herbert Wessely

Altmühltal

Muschelkalk und Urvogelkralle
im Schiefer.
Altmühltal, felsiger Priel
im Jurameer...

Deutliche Schrift des Erdenseins
in den Stein gegraben
Initialen von Vogel und Fisch.
Minuskeln von Kerfe und Ammonshorn.
Zartes Moosgrün
versickernder Kupferlauge,
auf der Fläche des Schiefers.

Urvogelkralle
und Schnabelzähne,
Urechsenhand
und Drachenflügel?
Verschlossene Siegel...
Was sind Menschenjahre
im Mahlstrom der Zeit?

Altmühltal,
Ufer aus Muschelkalk,
Fels an Fels
am formenden Fluß
Höhlengeheimnis, versintert und dunkel.

Und Eichstätt, Bischofstadt-
schimmernd mit Willibaldsburg und Dom.
Ernste Gotik und singendes Barock.

Nibelungenreliquiar Burg Prunn,
steinern auf weißem Stein.

Altmühltal
Tal des Alkimoennis -
verzaubert und gesegnet.

aus: „Die Altmühl"
Josef Lidl
Nürnberg
Verlag Albert Hofmann

Richard Scheringer

Einzug im Köschinger Dürrnhof

„Das große Los" nannte Richard Scheringer, der 1934 in den Köschinger Dürrnhof mit seinem steinigen Jurauntergrund einzog, seine Memoiren. Ob es wirklich ein großes Los war, fragt sich darin der Autor mehrmals: „...wenn man jeden Samstag nach Ingolstadt mußte, um Geld vom Schweinehändler zu holen, bloß damit man den laufenden Verpflichtungen nachkommen konnte?
War dieser fürchterliche Dreck hier auf allen Feldwegen, wie er mit der Regenperiode und der Hackfruchternte eingesetzt hatte, das große Los? War da die glühende Hitze des Sommers nicht noch besser gewesen?
Was sollten diese Felsen auf der Dreifaltigkeit schon mit dem großen Los zu tun haben, auf denen der Pflug einen Meter hochsprang, wenn man sich mit dem Traktor darüber bewegte, und er sich sofort verbog, wenn man nicht genau Obacht gab?
War es das große Los, auf einem Hof zu sitzen, wo man das Wasser täglich mit dem Faß und einem Gespann von weither holen mußte? War es das große Los, Woche um Woche mit der Handkurbel das Gestein eimerweise aus dem Brunnen heraufziehen zu müssen, wenn der Brunnenmacher wieder einmal gesprengt hatte nach tagelangem Bohren mit dem Handbohrer, ohne daß Wasser kam?
Oder bestand das große Los darin, daß uns der Brunnen nicht einstürzte, weil wir ihn immer wieder vermauerten, wenn das Gestein aus den Wänden herausbrach?
Wir konnten es schon nicht mehr hören, wenn der Brunnenmacher immer wieder stur behauptete:
„Amol muaß a Wasser kemma!"
Von solchen Schwierigkeiten abgesehen: konnte ein Leben überhaupt noch ein großes Los werden, wenn man mit der Bauernarbeit so eigentlich erst im dreißigsten Lebensjahr begann?"...
Welche Schwierigkeiten und Probleme der Dürrnhof brachte, zeigt auch ein Abschnitt, in dem Scheringer über die Anfangszeit auf dem Hof berichtet. Scheringer stammte mütterlicherseits aus Münchsmünster, wo sein Großvater, Wilhelm Stadelbauer, Besitzer des Hofgutes Au und der Dorfbrauerei war. Kurz vor dem Umzug nach Kösching lag die Mutter des Autors schwer krank in Münchsmünster:

„ Schließlich, an einem Abend, als der Tod schon hinter ihr steht, fragt sie der Professor, ob sie denn auf gar nichts Appetit habe. Sie schüttelt den Kopf und flüstert dann: „Höchstens auf ein Glas gutes bayerisches Bier." Sofort eile ich mit einer Taxe zur Bayerischen Exportbier-Niederlassung und bringe ihr eine Halbe. Sie trinkt in kleinen Schlucken - und siehe, sie behält es bei sich. Im Laufe der Nacht trinkt sie die ganze Halbe aus, und von diesem Tag an tritt die Wende ein. Nach einigen Wochen kann sie aufstehen.

Am 11. April 1934 ziehe ich endgültig auf dem Dürrnhof ein, wo gerade in der Nacht eins von den vier Pferden an Kolik eingegangen ist. Von meiner Mutter und auch von Hege ist mir nahegelegt, mich an den ehemaligen Kavalleriewachtmeister als ihren Vertrauensmann und bewährten Landwirt zu halten. Er führt mich an diesem Tage über alle Felder. Die Frühjahrsbestellung ist beendet, die Sommersaaten beginnen aufzugehen. Wir stehen auf der Fuchslochhöhe und schauen auf den schönen Besitz. Die zwei Giebel des Dürrnhofes grüßen vom Waldrand herüber, daneben glänzt das Blechdach der Feldscheune. Wenn wir uns umdrehen, sehen wir die Donauebene und im Dunst die Türme und Dächer von Ingolstadt. Es ist still und warm. Der Nordostwind trägt den Geruch des Holzes in unsere Nasen. Das ist der „Berg der Versuchung", denke ich. „Jetzt muß der Winterweizen mit der Maschine gehackt werden, hirr", sagt der Kavalleriewachtmeister. „Dann werden Zuckerrüben und Kartoffeln gebaut, hirr."

Ich sehe, wie schon einige Frauen an der Miete Kartoffeln sortieren. „Morgen früh gehen wir beide an die Hackmaschine, hirr", sagt der Kavalleriewachtmeister.

Aber am Abend setzt mich sein unkameradschaftliches Gebrüll in Erstaunen.

Auf dem Hof war eine Küchenmagd, die auch Haus, Wäsche, Hühner und Garten zu versorgen hatte, weil er ja als Strohwitwer lebte, seit seine Frau im Irrenhaus war. Dann gab es eine schielende Saumagd, die auch die zwei Kühe zu versorgen hatte. Beide Mägde hießen Walli. Die Pferde hatten zwei Gespannführer, kurzweg Knechte genannt. Michel und Franz. Michel, dürr und klein, fuhr mit den zwei alten Pferden, Franz, der riesenhaft große, mit den beiden Rappen, von denen nun einer verendet war. Die eigentliche Stütze des Verwalters waren die beiden Praktikanten, von denen der eine aus Angst vor ihm nur so hin- und herflitzte.

Also, am ersten Abend, als ich mich in dem ehemaligen Zimmer Heges häuslich einrichtete, kam die Hauswalli zu mir herauf und half die Wäsche einräumen. Sie war noch keine Viertelstunde bei mir auf dem Zimmer, als schon von unten das wüste Gebrüll des Kavalleriewachtmeisters heraufdröhnte. ... Wie von einem Peitschenhieb getroffen, lief die Walli aus meinem Zimmer. Ich konnte erst gar nicht recht verstehen, was denn überhaupt los war und dachte, die Walli habe irgendwas ausgefressen. Erst später klärte man mich darüber auf, daß der Kavalleriewachtmeister glaubte, mit seinem Geschrei seine Rechte als Platzhirsch geltend machen zu müssen.

Drei Tage haben wir dann zusammen mit der Maschine gehackt und kein Wort über den Vorfall gesprochen. Wir fingen um sechs Uhr morgens an und hörten um sechs Uhr abends auf, mit einer Stunde Mittagspause. Ich mußte die Maschine vorn steuern, immer das Rad schön in der Maschinenfurche halten, der Kavalleriewachtmeister steuerte hinten die Messer, und Michel führte die Pferde. Wir ließen immer einen Gaul stehen und wechselten halbtagsweise. Die Sonne brannte den ganzen Tag. Vom Aprilwetter war nichts zu spüren. Ein trockener Jahrgang zeigte sich an.

Mittags aßen wir zusammen im Zimmer mit der Möbeleinrichtung des Kavalleriewachtmeisters; er selbst, die beiden Praktikanten und ich. Die Knechte und die zwei Wallis aßen draußen.

Die Kochkünste der Walli waren gering. Es gab zwar schöne Trümmer gesurten Schweinefleischs, aber nur Suppen aus Wasser mit etwas Mehlpapp und kein Gemüse. Brot und Fleisch, geräuchert oder gesurt - das war die Hauptnahrung. Jedem wurde sein Stück hinserviert, gesprochen wurde nichts, geschmeckt hat es herrlich.

Abends ging der Kavalleriewachtmeister nach Kösching zum Bier. Ich fühlte meine brennenden Füße und sank ins Bett, völlig erschöpft, obgleich die Arbeit an der Hackmaschine gar nicht schwer war. Der Ostwind blies frisch zum Fenster herein, bis ich einschlief.

„Auf Wiedersehen bei der Ernte", sagte der Kavalleriewachtmeister, als wir den letzten Weizenacker durchgehackt hatten.

In diesen Tagen richtete er mit dem anderen Gespann das Zuckerrübenfeld her und säte es an. Die Praktikanten sortierten mit den Frauen Kartoffeln und streuten Kunstdünger. Ich mußte jeden Morgen an das Marterinstrument von Häufelpflug. Wie sollte man das durchhalten? Es mußte gehen, und es ging.

Nach einigen Tagen taten mir die Knochen schon nicht mehr so weh, und ich schlug dem Kavalleriewachtmeister vor, in diesem Frühjahr noch einige Obstbäume zu pflanzen. Das paßte ihm nicht. Erstens, weil ich hier die Initiative ergriff und etwas verändern wollte, zweitens schloß er daraus, daß ich wirklich die Absicht haben mußte, auf dem Dürrnhof zu bleiben. Wir suchten für fünf Bäume die Plätze aus, er sagte aber, man müsse breite und tiefe Löcher graben.

Ich holte von Ingolstadt mit dem Fahrrad fünf junge Apfelbäume, balancierte sie auf der Schulter. Es kostete mich viel Schweiß. Am Dürrnhof schlug ich die Bäume ein und begann, in den Abendstunden Löcher zu graben. Der Kavalleriewachtmeister sagte gar nichts. Als ich drei riesige Löcher von eineinhalb Meter Durchmesser und Tiefe gegraben hatte, sagte er, die könne ich gleich wieder einfüllen, das habe keinen Zweck; beim Baumpflanzen müßten die Löcher im Herbst gegraben werden, wir könnten die Bäume ja einstweilen in kleine Löcher in einer Reihe in den Wurzgarten pflanzen. Zähneknirschend machte ich meine Löcher wieder zu. Es mußte durchgehalten werden. Man konnte nicht auf einem Betrieb mit der Entlassung des bewährten Verwalters beginnen. Das hätte auch meine Mutter nicht zugegeben, und es war ja noch keineswegs sicher, ob ich wirklich dableiben würde. Der Kavalleriewachtmeister tat natürlich alles, um es mir auf seine Art zu vermiesen. Er wußte zwar nicht, wie schlecht die Finanzlage war, aber er wußte, daß er mit seinem Gehalt im Rückstand war. Deshalb sagte er: „Um die Gebäude zu renovieren und das Inventar zu erneuern, bräuchte man dreißigtausend Mark, hirr! Da müßte man eine reiche Frau heiraten, hirr. Wir sind auch viel zu schwach angespannt mit drei Pferden."

„Sie haben doch einen Traktor", entgegnete ich.

„Der ist bei schlechtem Wetter froh, wenn er selbst fortkommt, hirr." Da muß ich lachen!

Es wird beschlossen, die Zylinder ausschleifen zu lassen. Vor der Ernte wird das aber nicht mehr gehen. Vor der Ernte muß die alte Dampflokomobile gerichtet werden, damit man eine Kraft zum Dreschen hat. Diese Dampflokomobile stammt noch aus dem vorigen Jahrhundert. Der Kavallerist behauptet, wenn sie nicht repariert werde, könne er nicht mehr damit dreschen, weil sie sonst eines Tages in die Luft fliegt. Der dazugehörige Dreschwagen stammt aus dem Jahre 1902. Auch der Bindemäher wurde schon vor dem Ersten Weltkrieg in Dienst gestellt.

Es kommen noch einige Tage schwerer Arbeit auf dem Dürrnhof. Es kommt das Kartoffellegen und das Zuhäufeln der Furchen mit dem Häufelpflug. Nachts, im Traum, häufelte ich immer noch Kartoffeln, und hinter mir rollten sie alle wieder heraus.

Dann, als die Schlehen am Waldrand tagelang geblüht haben, als die Wildkirschen nicht mehr weiß, sondern grün sind, als der Duft des Maikrautes vom Wald her über den ganzen Hof flutet, als alles trotz Trockenheit in der Frühjahrswärme prangt, da fahre ich fort zur Hochzeit.

Kusine Li und Jagenburg sind Trauzeugen. Es wird eine eigenartige, sehr fröhliche und doch feierliche Hochzeit. Viele Kinder rahmen sie ein. Das meiste spielt sich bei dem schönen Wetter in Jagenburgs Garten ab. Es gibt Bowle und Eis. Jagenburg macht Musik auf dem Flügel. Am nächsten Morgen brechen wir zur Weser auf. Wir fahren einige Tage mit dem Faltboot den Fluß hinunter. An den Anlegeplätzen findet Marianne vierblättrige Kleeblätter und schenkt sie mir.

Das ist der erste Teil der Hochzeitsreise. Der zweite Teil ist die Heimfahrt mit der Bahn, den Rhein hinunter und den Main hinauf, den alten Weg über Würzburg, Ingolstadt nach Münchsmünster. Dort bleiben wir dann nicht mehr lange, der Dürrnhof wartet auf uns.

Sie geben uns ein Pferdefuhrwerk, wir laden das Nötigste an Möbeln auf. Ihre Aussteuer hat Marianne schon mit der Bahn nach Kösching geschickt. Ihre zweitausend Mark Mitgift, die eigentlich noch für Möbel bestimmt gewesen wären, braucht der Betrieb.

So fahren wir mit dem Fuhrwerk, auf schwankendem Wagen mit wenig Last, aber mit unserem Sohn, dem kleinen Richard, einem Glück entgegen, von dessen Größe wir uns gar keine Vorstellung machen können.
Zuerst scheint es wenig glücklich anzufangen. Erst das Unglück mit dem Pferd, das am Tage meines Beginns auf dem Dürrnhof verendet war. Und dann geht das Wasser aus. Der Brunnen ist versiegt, trotz seiner Tiefe von dreißig Metern. Jeden Tag muß ein Gespann nach Kösching fahren und ein Faß voll Wasser holen. Der Kavalleriewachtmeister benutzt diesen Zustand, um uns - besonders Marianne - das Leben noch schwerer zu machen. Im entscheidenden Augenblick - zum Beispiel, wenn sie gerade Wäsche hat - läßt er kein Wasser fahren. Er schützt Feldarbeiten und Mangel an Gespannen vor. Tatsächlich sind wir auch zu schwach angespannt. Also fahre ich nach München zum Pferdemarkt. Von Pferden verstehe ich ja vorläufig am meisten von allen Gebieten der Landwirtschaft. Es gelingt mir, ein paar schöne Braune zu finden: Typ Artillerie-Stangenpferd, leichtere Oberländer. Ich kaufe sie von einem Mann aus Freising, der sie mir gegen Anzahlung gibt, den Rest auf Wechsel. Jetzt geht es besser mit der Wasserfahrerei. Aber neue Schulden sind es auch.
Die Dampflokomobile bringen wir mit vier Pferden zum Kupferschmied nach Ingolstadt. Er richtet die Lokomobile neu her, und wieder sind die Schulden gestiegen; denn natürlich kann sie vor der Ernte nicht bezahlt werden, das Geld, das wir durch den Schweineverkauf erhalten haben, benötigen wir für die Löhne zu den Hackarbeiten.
Und noch eine neue Anschaffung mache ich. Der Schlosser hat ein älteres Motorrad. Für zweihundert Mark kaufe ich es ihm ab, um einigermaßen beweglich zu sein. Zahlbar nach der Ernte.
Bald darauf kommt Ludin mit seinem Adjudanten. Er ist etwas enttäuscht über die Primitivität unseres Daseins und fragt, ob wir mit Absicht keine Gardinen an den Fensterscheiben haben, ob das proletarisch sein solle. Ich belehre ihn, daß wir keinen Pfennig zuviel haben und alles in den Betrieb stecken müssen. Auch haben wir eben nicht mehr als ein Zimmer, weil der Kavalleriewachtmeister sich breitmacht; außerdem haben wir auch gar keine Zeit, uns groß einzurichten...

aus: „Das große Los"
Richard Scheringer
München 1979
Damnitz Verlag

Heinz Schauwecker

Das Haus in der Oberpfalz

Wenn eines Menschen Herz sich zu regen beginnt, fängt es an zu wünschen. Was habe ich mir nicht alles gewünscht! Manches ist mir zum Leid ausgeschlagen, vieles, viel mehr, als ich je zu hoffen wagte, hat eine glückhafte Erfüllung gefunden. Schon während des ersten Schuljahres mußte ich meine Vaterstadt Regensburg verlassen und mit meinen Eltern nach Nürnberg umziehen. Dort hatte ich eine fröhliche Schulzeit, wenn ich auch neben freundlichen und geliebten Lehrern einige andere kennen lernen mußte, die ich ebenso gern aus der Erinnerung streiche wie manches schlimme Erleben. Es ist heute ohne Belang. Das Hochschulstudium mußte ich mir selber verdienen. Ich sah viel von der Schönheit und Weite der Welt. Doch schon als Schüler zog mich eine heimatliche Sehnsucht immer wieder nach meiner alten Vaterstadt, nach der Oberpfalz. Stets war ich glücklich, wenn ich bei Ausflügen in das östliche Vorland der alten Noris kam. Einer meiner heimlichen Träume - der geheimste, den ich mir kaum selber einzugestehen wagte, war, daß ich einmal Verse und Geschichten schreiben könnte, die in Büchern gedruckt erschienen - ein ebenso sehnlicher Traum war, selbst Grund und Boden, ein eigenes Haus daheim in der Oberpfalz zu besitzen. Ich empfand es irgendwie als beschämend, daß keiner seiner Söhne meines Großvaters Fabrik weitergeführt hatte; es wurmte mich, daß das Schauweckeranwesen in Weiden in fremde Hände gekommen war.

Längst habe ich begriffen, daß Kinder ihre eigenen Wege gehen müssen; ich freue mich, daß unser Sohn den Beruf meines Großvaters ergriffen hat, obschon mir die Welt der Technik fremd ist, daß unsere Älteste schreibt und die Jüngere als Zahnärztin sich der Medizin zugewandt hat. Glücklich bin ich, daß weder mein Großvater, noch mein Vater, noch ich, noch eines von meinen Kindern gezwungen war, einen anderen Menschen zu töten, trotzdem zu unseren Lebenszeiten vier Kriege und zwei Revolutionen über unser Volk und Land hinweggingen. Daß ein Engländer den vorzeitigen Tod meiner Tochter verschuldet hat, kurz nach Ende des zweiten Weltkrieges, als sie eben anfing, schriftstellerischen Erfolg zu haben, ändert nichts an dieser Einstellung.

Keines meiner Kinder wird das Haus bewohnen, daß in der Oberpfalz steht, im tausendjährigen Berching. Es ist trotzdem nicht umsonst gebaut, es ist mir zur zweiten Heimat geworden. Anstelle des Satzes, daß der Krieg der Vater aller Dinge sei, möchte ich lieber sagen, die Sehnsucht ist die Mutter alles Schöpferischen.

Denn, daß ich meine Bücher schreiben durfte, daß mein Haus in der Oberpfalz gebaut wurde, wäre nicht geschehen, wenn mich nicht die heimlichen Wunschträume immer wieder angetrieben hätten. Sie brachten mich nach Kallmünz, wo ich beim Oberpfalzvater Johann Baptist Laßleben eine verstehende väterliche Freundschaft erfahren durfte, eine Verbundenheit, die sich auf seinen Sohn und Nachfolger Michael übertrug. Sie ließen mich die Zusammenarbeit mit meinen Oberpfälzer Landsleuten finden, die im Albrecht-Dürer-Jahr 1928, einem Jubiläumsjahr auch des Oberpfälzer Stammvereins in Nürnberg zur Gestaltung der Oberpfälzer Woche führte; aus ihr erwuchs die Gründung der Nordgautage, deren ersten ich 1929 in Cham als Begründer erleben durfte. Im Zusammenstehen mit den Egerländer Vettern riefen sie in Regensburg, Amberg, Weiden, Neumarkt, Furth, Schwandorf und Tirschenreuth als Hochfeste unserer heimatlichen Kultur auf dem oberpfälzisch-egerländischen „Bayerischen Nordgau" von Jahr zu Jahr die heimattreuen Landsleute zusammen.
Sie hoben unsere zu sehr in den Schatten gedrängte Heimat ins rechte Licht, wie sie bei ihrer landschaftlichen Schönheit, nach dem zähen Fleiß, der Grenzlandtreue und den schöpferischen Leistungen ihrer Bewohner verdient.
1935 unterbrach eine sechzehnjährige Pause die Reihe der Nordgautage. Im Jahr 1952 erwies sich auf dem 7. Nordgautag zu Regensburg ihr Gedanke als lebensfähig. Er hat das tausendjährige Reich, den Zusammenbruch und die Besatzungszeit überdauert. Inzwischen hatte ich 1938 heimgefunden in die Oberpfalz und nach zwölf sorgvollen Jahren das Haus in Berching gebaut, mein Haus in der Oberpfalz.
Der 15. Nordgautag 1964 soll wieder in der Fürsten- und Eisenstadt Amberg stattfinden, am Wohnsitz seines geschäftsführenden Präsidenten, unseres Landtagsabgeordneten Dr. Fritz Arnold. Seit 1953 trägt er als erfolgreicher Organisator die Hauptverantwortung für das Gelingen. Das Präsidium hat seit 1962 der Kallmünzer Bürgermeister und verdiente Oberpfalzverleger Michael Laßleben inne.
Wenn ich in meinem Haus, in meiner Stube sitze, den Heimatdankteller mit den Wappen unserer Egerländer und Oberpfälzer Städte betrachte, Fahnenbänder und Ehrenplaketten, überflutet mich die Fülle des Erlebens. Ich sehe mich mit dem heimgegangenen Oberbürgermeister Probst von Weiden und dem Bürgermeister von Eger an der Spitze des Festzuges durch die geschmückten Straßen schreiten, mit meinem alten Freund Anton Krauß auf der Tribüne am Stöckl die Treuebotschaften der Staffetten zu Fuß und zu Roß aus allen Egerländer Orten entgegennehmen, am einzigen Nordgautag, der jenseits der Grenze gehalten werden konnte in der alten Staufenstadt. Nie werde ich das Treuegelöbnis zu den Egerländer Vettern vergessen in der Gefallenengedenkhalle, die einst Franz Gruß mit seinen Gemälden ausschmückte, nie das Bild der Feststadt Eger und die Kundgebungen der Heimatverbundenheit. Es war der einzige Nordgautag, an dem keine Fahnen aus-

gehängt waren. Die tschechischen Behörden hatten angeordnet, daß neben jedem Egerischen Farbentuch die Staatsflagge aufgezogen werden müsse. Da hatte sich Eger mit Tannengrün und goldenen Bändern überreich geschmückt und lieber gar keine Fahne ausgehängt, als in der reindeutschen Stadt die tschechischen Farben zu zeigen.

Was hätte ich alles zu erzählen, da ich in meiner Stille der einzelnen Nordgautage gedenke. Immer wieder boten die Landsleute alles auf, um die Leistung und Vielseitigkeit unserer heimischen Kultur aufzuzeigen, brandete der Jubel um uns. Die hohe Gestalt ihres Schirmherrn schritt seit 1952 vor den Egerländern, Bundesminister Hans Christoph Seebohm, der Sprecher der Sudetendeutschen, mit ihm der Egerländer Bundesvorsteher Ernst Bartl; unsere Regierungspräsidenten aus Regensburg standen als Schirmherren für die Oberpfalz. Seit sie 1954 das Protektorat über den Nordgautag übernommen haben, dürfen wir unsere Bayerischen Ministerpräsidenten begrüßen, heuer meinen Regensburger Landsmann Alfons Goppel und unseren erfolgreichen Wirtschaftsminister Landsmann Dr. Schedl. 1962 brachte mir Tirschenreuth das aufrüttelnde Erlebnis, mit den Schirmherren, unserem Regensburger Bischof und allen Ehrengästen die Begeisterung unserer heimischen und heimatvertriebenen Jugend erleben zu dürfen, als sie in vier Fackelzügen sternförmig auf dem nächtlichen weiten Marktplatz zusammenströmte, um ihr Bekenntnis zur Heimat und ihrem Menschenrecht abzulegen.

Fast scheint es mir, als seien die Wände meines Hauses in Berching zu eng, um alle diese Erinnerungen zu fassen. Die Namen so vieler treuer Weggenossen und Förderer drängen sich auf meine Lippen in einer so großen Zahl, daß ich sie nicht niederschreiben kann. Mir ist es, als weiteten sich die Mauern, als vervielfachten sich die Räume und mein Haus stehe nicht mehr allein in Berching, als erhebe es sich ebenso in allen den festlichen Nordgaustädten, dazu in Kastl, von wo mir der Nordgaurecke Seyfried Schweppermann heitergrimmig zunickt, in Parsberg, von wo Herr Haug grüßend von seinem Schloß herüberschaut, in Oberviechtach, wo der vielberühmte Doktor Eisenbarth mit kollegialem Augenzwinkern schmunzelnd das Glas hebt und noch in manch anderem Ort.

Die Schatten des Abends senken sich leise. Ich sitze in meiner Stube und sinne vor mich hin. Der Traum meines Hauses hat sich erfüllt, mein Haus in der Oberpfalz steht.

aus: „Mein Kaleidoskop"
Heinz Schauwecker
Kallmünz 1964
Michael Lassleben Verlag

Heinz Zettel

Erlebter Hoagarten

Reime und Verse von früher

Wenn man sich früher nach getaner Arbeit noch ein wenig unterhalten wollte, so ging man zu Freunden oder Nachbarn. Diese Plauderstündchen, die im Sommer an der Hausbank und im Winter am warmen Kachelofen stattfanden, nannte man „Hoagarten".
Besonders auf dem Lande, wo auch die Knechte und Mägde gerne daran teilnahmen, vorausgesetzt, die Bäuerin erlaubte dies, waren diese Unterhaltungen recht lustig und abwechslungsreich, vor allem dann, wenn neben allgemeiner „Ratscherei" alte Versl und Lieder zu hören waren. Die Dienstboten kamen oft aus anderen Dörfern, zuweilen aus weit entfernten, und so sie auch ein Versl beisteuern konnten, war das für die Kinder schon wegen der fremden Mundart eine besondere Gaudi. Sie versteckten sich dann hinter die Großmutter, um ja nicht ins Bett geschickt zu werden. Es ist interessant, daß bei vielen Gedichten verschiedene Dialekte vertreten sind, daß z. B. ein und derselbe Vers sowohl fränkische als auch niederbayerische Sprachelemente enthalten kann. Schuld daran können die Dienstboten oder Handwerksburschen sein; sicher haben auch manche, die nach auswärts geheiratet haben, die Versl „mitgenommen". In der neuen Heimat vermischten sich dann die Dialekte. Umgekehrt kann es natürlich auch sein.
Dieses Sprachgut, das von Mund zu Mund übertragen wurde, man kann auch sagen von Generation zu Generation, scheint leider zum Aussterben verurteilt zu sein. Denn heute, wo im Mittelpunkt der Wohnstube überall ein Fernseher steht und die „Schwarzwaldklinik", der „Denver-Clan" oder ein „Krimi" die Abende beherrschen und die „Miterlebenden" kaum einen Laut neben sich genehmigen, kann es keinen „Hoagarten" mehr geben. Nun hat die Hetze unserer Zeit auch kaum noch Platz für beschauliche Abendunterhaltungen, bei denen alle Anwesenden irgendwie aktiv mitmachen. Für Lieder, Versl und Geschichten aus der Familie, dem Dorf oder dem täglichen Leben hat man weder Ruhe noch Zeit. Der „Hoagarten" gehört der Vergangenheit an. Mit ihm leider auch das Sprachgut vergangener Zeiten.

Alte Leute erinnern sich

Wir sind also auf Erzählungen von alten Leuten angewiesen, am besten von solchen, die den „Hoagarten" noch selbst miterlebt haben, um davon etwas zu erfahren. Man muß bei jeder sich bietenden Gelegenheit mit den Leuten reden, sich Zeit nehmen, denn zuerst muß ein Vertrauen da sein, dann müssen Eigeninteresse und Erzähllust geweckt werden; hat man Glück, kann man Versl (die Leute nennen ihre Gedichte so) von früher erfahren. Ich hatte Glück, hörte viel und möchte davon berichten.

Mein erstes Beispiel führt uns in das ehedem fränkische Schelldorf (Landkreis Eichstätt). Freilich kann man bei folgender sprachlicher Kostprobe das Wort „Schelldorf" mit beliebigen Ortsnamen austauschen - es wird dies schon oft gemacht worden sein -; in unserem Fall kann das Versl vom Oberland herstammen. Der Patient, von dem hier die Rede ist, kommt nämlich aus „Mittakogl", und „Kogl" bedeutet soviel wie kegelförmiger Berg. Vielleicht hat's einmal ein wandernder Geselle mitgebracht und wollte die Schelldorfer ein wenig necken.

Da Wundadokta

In Schelldorf, im dem schiach'n Nest,
da is' moi a Wundadokta g'west.
Der Dokta hat an Starl g'habt
im Hausgang, wo ma einedappt.
Da kummt a moi a Bauer hin,
der war vo Mittakogl drin.
Der legt im Hausgang hi sei G'wand,
da schreit da Vogl, wia as spannt:
„Grüß Gott, bist a da Bauernsau,
was feit da denn? Sei woas i g'nau!"
Da Bauer schaut und werd eiskoit,
na moant a da: „Vazeihgn's hoit" -
und macht des größte Kompliment.
„Ja", sagt da Bauer vo da Kogl:
„I ha sei g'moant, ös ward's a Vogl."

Mein Vetter aus der Oberpfalz hat mir auch ein Versl geschickt. Er weiß es noch von seinem Großvater und meint wohl nicht zu Unrecht, daß einst auch ein Schwabe ein wenig mitgedichtet hat. Es handelt von „da Buidung" und ihren Auswirkungen.

De Buidung

Wia e hab' ins Tischtouch g'schnitz'n,
hat mei Muada greißle dou:
„Hast denn Bou denn ga koa Buidung,
konnst den Rotz ne hänga lou?"
Wia e hab' no gratzt und biß'n,
hat me wolla koane küss'n.
Seit e nimma kratz' und beiß',
kriag e Küßla dutzatweis'.

Der etwas Sprachkundige sieht hier deutlich, daß diese Gedichte weit im Land herumgekommen sind und daß dabei von jeder Mundart ein wenig hängengeblieben ist. Aufgeschrieben wurden diese Reime kaum; sie wurden erzählt, und so fällt es auch schwer, über ihre Entstehung nachzuforschen. Das ist auch nicht so wichtig. Alt sind sie wohl allesamt.

Anmerkung des Herausgebers:
Den Hinweis auf diesen Beitrag verdanke ich der Beilage zum DONAU KURIER - „Ingolstädter Heimat Blätter", bearbeitet vom Heimatpfleger, Stadtarchiv und Historischer Verein; Redaktion: Werner Weiß

Literaturhinweis:
Zehetner, Ludwig: „Das bairische Dialektbuch", Mitarb. u. a. v. Eichinger, Ludwig M.; Rascher, Reinhard; Rowley Anthony; C. H. Beck Verlag, München, 1985.

Zeichnung: Erich Hölle

Heinz Zettel

In Großmehring (Landkreis Eichstätt) verbrachte ich ab 1950 meine ersten Jahre als Lehrer. Auf kleinen und großen Spaziergängen lernte ich die Umgebung des alten Fischerdorfes kennen. Besonders gerne ging ich zu den zahlreichen Mühlen des Nachbardorfes Kleinmehring, dabei nicht den direkten Weg, sondern den Umweg über den sogenannten Steigbuckel, eine milde Anhöhe, auf der damals kein Haus stand; ein stiller Feldweg, der Steigweg, führte hindurch, nur ein Kapellchen lud zu besinnlicher Rast. Heute ist das Gebiet vollkommen verbaut. Erhalten geblieben sind nur der Name „Steigweg" und eine sich im Häusermeer versteckende Kapelle. In einem Gedicht habe ich meine Erinnerung an dieses einst schöne Fleckchen Erde ausgedrückt.

Da Steigweg

Wenn früha a Mehringer zum Angermüller is' naus,
der hat außam „Heiß'n g'seng koa Haus.
A Feldweg hat'n bergauf an a Kapellal hig'führt,
da kunnt' a a bißl rast'n, wenn a war müad.
Sicha ham manche vo da an „Vata Unsa" in Himme naufg'schickt,
denn i woaß no, des Kapellal war oiwe sche g'schmückt.

Und wia ruhig, ja fast feierlich is da g'wen.
Ma hat oft a Rebhendl oda an Feldhas'n g'seng.
Dann in de Wies'n und am Feldrand de wundaschön Bluma,
da kunnt'st de freu'n und vageß'n dein Kumma.
Leicht bergab is' vo da dann zum Bach nuntaganga,
im Somma kunnt'st da zum Abfrisch'n ins Wassa neilanga.

Leut hört's: Heute is der Weg a broate teerte Straß'n,
wenigstn's ham's as Kapellal da dort no steh' laß'n.
ma siehgt's aba kam, denn gwiß hundat Häusa stehna rundum,
und um's Kapellal fahr'n Buam mit de Moped herum.
Derfst an früha net denka, des is a Graus,
no ja zum Mülla geht a neamt mehr naus.

Dieter Salomon

Kreuze am Weg

Juraland ist frommes Land! So karg der Boden auf den rauhen Höhen auch sein mag, so sehr waren und sind hier die Menschen sich bewußt, daß sie letztlich die Früchte ihrer Arbeit einem Höheren verdanken.

Als Zeichen dieser Dankbarkeit haben sie seit alters her ihre Fluren mit Kapellen und Feldkreuzen geschmückt. Oft geben Inschriften daran Hinweise auf Familientraditionen, auf tödlich verlaufene oder glücklich überstandene Unfälle. Liebevoll gepflegt, künden sie allenthalben von frommem Sinn, von Opferbereitschaft und dankbarer Demut und laden den Vorüberhastenden zu Rast und Besinnung ein.

Einige dieser Kreuze und Kapellen werden an wenigen Tagen im Jahr zum Mittelpunkt der betenden Gemeinde. Nach alten Traditionen halten Flurprozessionen und Bittgänge bei ihnen inne. Für eine kurze Weile umgibt sie Weihrauchduft und feierliche Musik. Dann wird es wieder still.

Neben solchen Kreuzen, die gleichsam Zeichen der Beziehung des Menschen nach oben, zu Gott hin sind, gibt es auch aus alter Zeit Kreuze, die die Beziehung der Menschen untereinander bezeugen. Freilich geben diese sogenannten Sühnekreuze ihre Geschichten und Absichten nicht so leicht preis wie die Feldkreuze. Ohne Inschriften, grob aus Stein gehauen, erscheinen sie rätselhaft, wie aus grauer Vorzeit.

Ihre Bedeutung erschließt sich nur dem, der in den Archiven die Akten alter Prozesse durchsieht. Der wird dann finden, daß einst die Strafen nicht wie in unserer

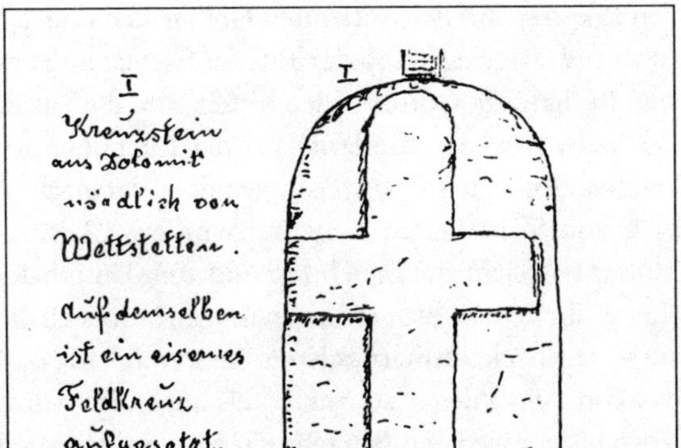

Abbildung aus dem Skizzenbuch des Malers Ferdinand Ott (mit freundlicher Genehmigung des Stadtarchivs Ingolstadt)

Zeit nur aus Geldbußen oder Freiheitsentzug bestanden, sondern, daß unsere Vorväter eine phantasievolle Vielfalt von Strafen kannten und daß dazu auch das Errichten solcher Sühnekreuze gehörte.
Im Gebiet des Hochstifts Eichstätt wurden von 1465 bis 1587 insgesamt 76 Totschlagsfälle abgeurteilt. 63 mal wurde dabei dem Täter die Auflage gemacht, ein Sühnekreuz aufzustellen.
Auch aus Wettstetten ist ein solcher Fall überliefert. Am Sonntag nach dem St. Ulrichsfest des Jahres 1537 hatte ein gewisser Lienhart aus Rackertshofen, einem Weiler in der Nachbarschaft, den Hans Pickel in dessen Haus zu Wettstetten „durch die Tür hinein entleibt". Nach der Untat war er entflohen, hatte sich dann aber zwei Jahre später „auf vielfältig geschehene Fürbitte" gestellt und dem Spruch der Eichstätter Richter unterworfen. Deren Urteil zeigt in anschaulicher Weise die vielfältigen Zielrichtungen der Strafe: der Übeltäter sollte mit dem Opfer, mit den Hinterbliebenen des Opfers, mit der Gemeinde, aber auch mit Gott wieder ausgesöhnt werden.
Zunächst mußte der Täter ein Seelamt und vier Messen lesen lassen und dazu die Kerzen stiften. Bei dem Seelamt mußte er als öffentlicher Büßer mit einer abgebrochenen Kerze neben dem Katafalk stehen, nach dem Gottesdienst mußte er „mit den Priestern auf des Entleibten Grab gehen und ... darauf niederknien". Alsdann, so wurde festgelegt, „soll der Täter aufstehen und des Entleibten Ehefrau und Verwandtschaft um Gottes willen bitten, ihm die Tat zu verzeihen und zu vergeben". Der Witwe und den Kindern hatte der Täter überdies 85 rheinische Gulden zu zahlen, wobei genaueste Anweisungen über Ratenzahlungen, Verzinsung, Anlageformen und Sicherheiten eingefügt wurden. Gleichzeitig bestimmte man, daß die Mutter das Geld zur Erziehung und zum Unterhalt der Kinder verwenden sollte, „bis sie ihr Brot selbst verdienen mögen". Über all dies hinaus wurde dem Lienhart aufgetragen, ein steinernes Kreuz zu setzen," wie es Brauch des Landes ist, wo ihm das von dem Pfleger zu Nassenfels angezeigt würde."
Noch bis vor wenigen Jahrzehnten hat ein solches Kreuz in Wettstetten gestanden. Unscheinbar diente es als Fuß eines gußeisernen Kreuzes am nördlichen Ortsausgang. Dort war es dem Maler Ferdinand Ott aufgefallen, der bei seinen Wanderungen um Ingolstadt und Eichstätt sein Skizzenbuch mit liebevollen Zeichnungen von alten Steindenkmälern an Straßen und Wegen füllte. Er hat uns eine Skizze des Kreuzsteines hinterlassen, der vielleicht jener des Lienhart aus Rackertshofen war und der heute verloren ist. Achtlos wurde er vernichtet. Bei der Flurbereinigung sei er in einen alten Steinbruch geworfen worden, heißt es.
Mögen die Kreuze am Weg uns nie im Weg sein, weder diejenigen, die als Rechtsdenkmäler von den Bräuchen der Vergangenheit erzählen, noch jene, die uns mahnen, bei aller Geschäftigkeit unserer Zeit nicht den Blick nach oben zu verlieren.

Heinz Zettel

Der Heilig-Geist-Stein

Wer Oberhaunstadt in Richtung Norden verläßt, kommt am alten Friedhof vorbei und kann da ein herrliches schmiedeeisernes Tor bewundern. Nach wenigen Schritten bergab erreicht man die Kriegsstraße, die früher beidseitig von breiten Heckenstreifen eingesäumt war. Nach einem knappen Kilometer zeichnet die Straße eine große Schleife in das fruchtbare Gäuland. Hier stand nahe der Straße noch bis vor etwa 20 Jahren ein altes Marterl, das von einem tödlichen Unfall eines Holzknechtes erzählte. Heute fehlt von dem Marterl jede Spur. Auch die Sträucher sind bis auf einen schmalen Reststreifen verschwunden. Anstelle des Marterls, das immer zum Verweilen und Nachdenken einlud, sieht man im Buschwerk mit Unrat gefüllte Plastiktüten und alte Autoreifen. Der Straßenwärter fährt zwar alle vier Wochen den Dreck weg, aber immer wieder sorgt jemand für Nachschub. Nach einer Viertelstunde kommt man auf der Höhe zu einer Straße, die links nach Wettstetten und rechts nach Lenting führt. Diese muß man überqueren und die Kriegsstraße (Kriegsstraßen verbanden die ehemaligen Festungsbauwerke rund um Ingolstadt) weiter entlang nach Norden wandern. Zuerst geht es bergab ins liebliche Tal des Manterinbaches, dann ständig bergauf. Nach gut zwei Kilometern erreicht man das sogenannte Glöcklholz, ein kleines Wäldchen, das sich auf einem Juraausläufer ausbreitet. Umgeben war die kegelförmige Anhöhe früher von Weidewiesen, auf denen wir als Buben unsere selbstgebastelten Segelflugzeuge ausprobierten und uns gelegentlich über einen gelungenen Flug freuen konnten. Auf der nach Lenting und Hepberg zugeneigten Seite steht heute eine Raketenstation, die von einem mächtigen Stacheldrahtzaun umgeben ist. Auf den Seiten nach der Stadt und nach Wettstetten zu hat sich die Weide erhalten. Wanderer haben durch sie einen schmalen Weg ausgetreten, der auf halber Höhe an einem alten Grenzstein vorbeiführt, der mir als Heilig-Geist-Stein bekannt ist.

Wie kam er zu diesem Ehrennamen? Mein Vater hatte das Glück, nach dem unseligen Krieg bis zu seinem Tode im Jahre 1970 regelmäßig mit guten Freunden zusammenkommen zu können. Auf weiten Spaziergängen sprachen sie über unsere Welt, über die Religion, auch über die Kunst, vor allem über die Musik. Diese verband sie ja schon deshalb, weil sie an vielen Abenden zum Quartettspielen zusammenkamen. Ich war auch einer der vier, aber für die Gespräche damals „zu jung". Einmal erzählte mir mein Vater von einem besonderen Erlebnis, das er mit seinen Freunden hatte: Beim Glöcklholz, wohin sie ihr weiter Weg führte, seien sie der Erforschung der Dinge, die sie beschäftigte, ganz nahe gekommen; ja es war ihnen fast feierlich zumute, so daß sie glaubten, eine höhere Macht hätte ihnen dabei geholfen. Weil dies an dem erwähnten Grenzstein geschah, gaben sie ihm den Namen „Heilig-Geist-Stein". Ich habe die Geschichte nicht vergessen und wandere auch immer wieder dorthin; leider allein, weil ich keine geeigneten Gesprächspartner finde. Ich verweile dort gerne und fasse meine Gedanken zu kleinen Gedichten zusammen. Hier vom Glöcklholz aus - es liegt ja nahezu 100 Höhenmeter über Ingolstadt - kann man das ganze Donautal überblicken und je nach Witterung erscheinen im Süden die Paarhöhen und der Kastulusberg. Freilich stören heute die Raffinerieanlagen das liebliche Kirchlein von Katharinenberg ebenso wie selbes die Hochhäuserklötze tun, die einen Blick zu Ingolstadts Kirchtürmen verwehren. Nur das mächtige Münster, die Obere Pfarr wie ich das Gotteshaus lieber nenne, schafft es, von hier gesehen zu werden. Im Südwesten ragt der spitze Kirchturm von Eitensheim aus dem Häusermeer, welches das ehedem stille Etting umgibt. Gelegentlich ist die Luft etwas klar, dann erblickt man auch den Laternenturm von Buxheim und die sanften Höhenzüge, die das Schuttertal begrenzen. Immer noch blüht beim Glöcklholz der Schlehdorn und die Hagebutte auch findet man das filigrane und mir sehr liebe Zittergras. Im Herbst kann man dort in den „Grasinseln", die von Fichten und knorrigen Föhren umgeben sind, ein paar Silberdisteln entdecken und sich über ihre zarten Strahlen freuen. Ein scheuer Hase flüchtet auch einmal ins schützende Gehölz. Farbenfrohe Stieglitze turnen auf hohen Gräsern und suchen Samenkörner, auch für einen Specht ist in den Bäumen etwas zu finden. Dann steht ja hier auch der Heilig-Geist-Stein, der geistige Mittelpunkt dieser stillen Oase, für mich ein Ort zum Nachdenken über Leben und Tod, die Welt und die Menschen, auch über die „letzte Instanz", über Gott. Doch oft beende ich meine philosophischen Selbstgespräche mit dem „Ich weiß, daß ich nichts weiß", das ich erstmals in meiner Gymnasialzeit hörte. Und oft denke ich, über welche Themen die Namengeber des Steines wohl heute sprechen würden. Vor etwa 15 Jahren habe ich diese Zeilen geschrieben. Wegen Krankheit mußten die Glöcklholz-Besuche lange entfallen. 1987 fuhr ich letztmals zum Heilig-Geist-Stein. Letztmals! Warum? Wieder ein Ort der Stille war zerstört: Hart an dem Wäldchen vorbei führt nun eine breite Autostraße zur Auto-Union bzw. zur Autobahn München - Nürnberg. Stark befahren wird sie vor allem von jenen Schichtarbeitern des Automobilwerkes, die aus dem Holzland (Jura) kommen. Somit herrscht hier Tag und Nacht unheimlicher Verkehrslärm. Den vertrauten Stein mußte ich suchen. Aber wie sah er aus? Eine Baumaschine mußte ihn gerammt haben, der vermooste Stein war angekratzt und zur Seite gekes, die aus dem Holzland (Jura) kommen. Somit herrscht hier Tag und Nacht unheimlicher Verkehrslärm. Den vertrauten Stein mußte ich suchen. Aber wie sah er aus? Eine Baumaschine mußte ihn gerammt haben, der vermooste Stein war angekratzt und zur Seite geneigt. Seine „Weihe" hatte er auch in diesem Zustand für mich nicht verloren, aber wie arm fuhr ich nach Hause. Ich wollte diesem edlen Freund ein letztes Gedicht widmen, aber meine Verse reimten sich nicht mehr.

Christel Keller

Römer im Hinterland des Limes

So mächtig das Römische Reich zu seiner Blütezeit auch war, man lebte in Furcht vor den Germanen aus dem Norden. Daher gab es in den Jahren vor der Zeitwende immer wieder Versuche, die Grenze des von Römern beherrschten Gebiets weiter nach Norden zu verschieben. Als dies nicht gelang, ließ Kaiser Claudius - er regierte von 41 bis 54 n. Chr. - zusätzlich zu den römischen Standorten am Rhein auch solche an der Donau errichten. Gleichzeitig entstand die römische Provinz Rätien. Gegen Ende des 1. Jahrhunderts n. Chr. wurde die Grenze Obergermaniens zum Neckar und die Rätiens auf die Schwäbische und Fränkische Alb bzw. an deren Nordrand vorverlegt. Zunächst markierten ein Postenweg und hölzerne Wachttürme den „Limes", die Grenze zu den freien germanischen Stämmen. In der Folgezeit wurde er mit Palisaden, Graben, Steinmauer und steinernen Wachttürmen immer stärker befestigt. Vor allem bauten die Römer ein dichtes Straßennetz aus. Der heutige Verlauf der Bundesstraße 2 folgt von Weißenburg bis südlich von Dietfurt ziemlich genau der einstigen Römerstraße, die das Weißenburger Kastell Biriciana und die dortige Siedlung mit der Straße zwischen dem Kastell Munningen im Westen, den römischen Siedlungen von Nassenfels, Kösching, Pförring und schließlich mit dem Kastell Eining jenseits der Donau verband.
Südlich von Schambach kreuzte eine Altstraße diese Römerstraße, „die Salzstraße" von Kocher und Jagst her mit Verbindungen zu den Keltenstädten Manching und Kelheim. Nördlich von Schambach mündete die Straße vom Kastell Theilenhofen kommend in die Nord-Süd-Verbindung ein. In dieser strategisch sicheren - da weit genug vom Limes entfernten und ringsum von Kastellen umgebenen -, verkehrsmäßig und klimatisch günstigen Lage erbauten im 2. und 3. Jahrhundert n. Chr. Veteranen des römischen Militärs ihre Landhäuser (villae rusticae). Deren landwirtschaftliche Produkte dienten auch zur Versorgung der Garnisonen und der zivilen Siedlungen mit den Familienangehörigen der Soldaten, mit Händlern, Handwerkern und Gastwirten. Im Schambacher Bereich, im Treuchtlinger Stadtgebiet und nahe der Straße nach Weißenburg gab es mindestens sechs solcher Gutshöfe. Zunächst fanden Bauern auf ihren Äckern Überreste aus der Römerzeit, von der die Überlieferung nichts wußte. Dann begannen im 19. Jahrhundert Beamte, vor allem Lehrer, sich für die inzwischen etwas erhellte Vergangenheit zu interessieren. So kam es zu ersten Untersuchungen an Gebäudeüberresten beim Schambacher Mauerbrunnen, in der jetzigen Lettenstraße und auch zu Funden am Weinbergs-

hof. Dem Bezirksoberlehrer Roth aus Schambach gelang dabei der Fund dreier hervorragend erhaltener Fußbecher aus roter Terra sigillata mit halbplastischen Verzierungen. Gut achtzig Jahre lang geriet die Erforschung der Römerzeit wieder in Vergessenheit. Erst der „Bauboom" ab 1960 und die Luftbildarchäologie, besonders im Dürrejahr 1976, bescherten eine Fülle von Erkenntnissen.

Freigelegt, dann jedoch überbaut, wurde die „villa" in der Lettenstraße 1964. Damals staunten Ausgräber und Dorfbewohner über den „Abglanz städtischer Kultur", die großzügige Bauweise, die gut erhaltene vielfarbige Bemalung der Innenwände und die praktische Warmluftheizung (Hypokausten) wenigstens eines Raumes. Wesentlich ausführlicher in das „römische Leben hinter dem Limes" drangen die Archäologen 1984/85 bei der Ausgrabung und teilweisen Restaurierung sowie der Untersuchung zahlreicher Funde der Villa östlich des Weinbergshofs ein. Die Erkenntnisse wurden in wissenschaftlichen Abhandlungen und in

Römische Brunnenmaske aus Schambach (2. Jahrh. n. Chr.)
(Foto: Prähistorische Staatssammlung, München)

einem bebilderten, allgemein verständlichen Taschenbuch niedergelegt. Daß der Schambacher Bereich der Treuchtlinger Bucht einen Schwerpunkt in der „archäologischen Musterlandschaft Altmühlfranken" bildet, spiegelt auch die archäologische Abteilung des Heimatmuseums Treuchtlingen wider.
Die Gehöfte der Römerzeit bestanden aus dem Wohnhaus sowie Nebengebäuden wie Stallungen, Vorratshäusern und Badehaus. Die Wohnräume umstanden einen rechteckigen, offenen Hof. Die Schambacher villae paßten sich der Hangneigung mit abgestuften Gebäuden an. Die Dächer waren mit „römischen" Ziegeln gedeckt und flach geneigt, die Mauern aus Jurabruchsteinen, weitgehend ohne Mörtel, teils im Fischgrät-Verbund errichtet, die Fenster verglast. Die auch heute üblichen Haustiere gehörten zum Gehöft, angebaut wurden Dinkel, Emmer, Gerste, Hülsenfrüchte, Rüben, Gemüse und Obst.
Verlassen wurden die Landhäuser im 3. Jahrhundert, teils fluchtartig nach Einfällen der Alamannen. Nach 260 mußte das Gebiet zwischen Limes und den Flüssen Donau und Rhein endgültig von den Römern verloren gegeben werden.
Daß es sich bei den römischen Staatsbürgern im Schambachtal nicht um ärmliche Ackerbauern handelte, bewies neben allen genannten Tatsachen der Fund einer bronzenen Brunnenmaske bei der villa am Mauerbrunnen 1981. Das „Spitzenerzeugnis römischen Kunsthandwerks", obzwar nur 17 Zentimeter im Durchmesser groß, begeistert durch die kunstvolle Darstellung vom Antlitz des Gottes Okeanos. Das Original ist in der Prähistorischen Staatssammlung München ausgestellt, vergrößerte Nachbildungen sind in der Römischen Therme in Weißenburg und im Heimatmuseum Treuchtlingen zu sehen.

aus: „Das Dorf"
Wilhelm Bauwerker u. a.
Treuchtlingen 1986
Verlag Walter E. Keller

Karl Röttel

Landesherrschaft und Landeshoheit im Hochstift Eichstätt

Neben einer chronologischen Darstellung der Bistumsentwicklung ist für den weltlichen Teil der Bistumsgeschichte das Eingehen auf die Hoheitsrechte im besonderen von Interesse. Dem Territorialherrn standen in seinem Gebiet die Hoheitsrechte zu, d.h. die Gerichtsbarkeit, das Besteuerungsrecht und die Regalien. Die Regalien („Königsrechte") umfaßten persönliche, eigentumsähnliche Rechte des Königs: Berg(bau)-, Fischerei-, Jagd-, Markt-, Münz-, Post-, Salz-, Straßen- und Zollrecht. Auch das Spolienrecht (Anspruch auf den beweglichen Nachlaß hoher Kleriker) und weitere Rechte an den Reichskirchen (Pfründenvergabe, unentgeltliche Inanspruchnahme für Dienste bei Hof, Recht auf die Einkünfte während einer Vakanz) sowie das Recht auf Strandgut gehörten zu den Regalien. Nachdem 1220 den geistlichen Fürsten durch die „Confoederatio cum principibus ecclesiasticis" das Zoll-, Spolien- und Münzrecht vom König abgetreten wurden und 1231/32 durch das „Statutum in favorem principum" alle Regalien an die geistlichen und weltlichen Territorialherren vergeben worden waren, hatten diese Rechte große Bedeutung für die jeweiligen Fürsten. Mit den zugesagten Rechten vermochten etwas schwächere Landesherren den Anmaßungen ihrer Vögte entgegenzuwirken. Die im folgenden ausgewählten Rechte der Bischöfe stehen mit den Gebietsverhältnissen in vorrangigem Bezug oder haben sich durch materielle Hinterlassenschaften manifestiert.

2.1. Hochgerichtsbarkeit

In der germanischen Frühzeit sprach der Fürst beim Thing nach Befragung des Volkes oder bestimmter Rechtskundiger Recht. Später, in der fränkischen Zeit beginnend, hatte der König die höchste Gerichtsbarkeit inne, die von eigenen Beamten ausgeübt wurde (Grafen), die ihre Legitimation aber stets vom König ableiten mußten. Im 13. Jahrhundert ist festgelegt, daß Ritter und Nichtritter nach unterschiedlichen Grundsätzen vor den Gerichten behandelt werden, es gibt verschiedene Gerichte für die zwei Klassen von Menschen. Die Urteilsfällung durch beamtete Richter in Selbstverantwortlichkeit wurde erst im Zuge der Übernahme des römischen Rechtes um 1500 üblich. Das römische Recht hat einige Besonderheiten, die unserem bzw. einem über dem Alltäglichen erhabenen Verständnis sehr vorteilhaft oder zum Teil unvollkommen erscheinen. Daß man den Angeklagten vor einem Urteilsspruch erst persönlich anzuhören habe, ist eine der Grundregeln im römischen Recht. Viele Prinzipien unserer Rechtsprechung sind im römischen Recht verankert! Da Grafen und vor allem die Herzöge zu Landesherren in den einzelnen Territorien des Königs aufstiegen und die Regalien an sie abgetreten waren, hatte sich die Königsmacht geschwächt - der territorialen Eigenentwicklung war freier Lauf gelassen; daß die Gerichtsbarkeit immer noch vom König geliehen war, vergaßen die Territorialherren zunehmend.

Ahndung der „hohen Fälle" Mord, Totschlag, Raub, Diebstahl, Notzucht, Meineid, Kircheneinbruch u. dgl. sowie die (unbewiesene) Bezichtigung solcher Verbrechen waren als „hohe Gerichtsbarkeit" dem Grafen unterstellt. Weil allein das Hochgericht Leib- und Lebenstrafen verhängen konnte, hieß es auch Halsgericht; zudem sind Namen wie halsgerichtliche Obrigkeit, Malefizgericht, hohe Obrigkeit, hochnotpeinliche Gerichtsbarkeit und vor allem „Fraisch" üblich gewesen. Das Amt selbst nannte man Landgericht. Bis auf die Inquisitions-, Hexen- und Kriegsgerichte erfolgte selbstverständlich seit frühgermanischer Zeit die Rechtsprechung nach objektivem Recht, an das auch die Könige gebunden waren. Mit der Halsgerichtsbarkeit hingen eng das Bannrecht und das Aufgebot zur Verfolgung von Straftätern zusammen, namentlich das letzte wird in den Verleihungen der hohen Gerichtsbarkeit stets eigens hervorgehoben.

Frevel (Stechen, Beschuldigen im Affekt, Raufen u. a.), Gebot und Verbot, Schuldsachen und fahrende Habe unterlagen der „niederen Gerichtsbarkeit", die mit der Grundherrschaft zusammenhing und anfangs Schultheißen übertragen war. Das Hochgericht war für die einzelnen Ortschaften in der Regel einheitlich, das Niedergericht war grundstücksbezogen.

Die Vogtei im oberen Stift übten die Grafen von Oettingen, diejenige im unteren Stift die Grafen von Hirschberg aus. Beide Grafen hatten die Halsgerichtsbarkeit an sich gezogen.

Aus dieser unangenehmen Erfahrung heraus setzten die Eichstätter Bischöfe nach dem Aussterben der Hirschberger 1305 im unteren Stift keine Vögte mehr ein. Der Oettingische Graf Konrad, der „schwerste Gewalttaten im oberen Stift verübt hatte", wurde 1310 geächtet, und nach Verhandlungen mit Ludwig von Oettingen kam Bischof Philipp mit diesem überein, daß Konrad 1313 allen Ansprüchen entsagte, lediglich die Schutzpflicht weiterhin ausübte.

Nach dem Antritt des Hirschberger Erbes führte der Bischof eine Neuorganisation seiner Besitzungen durch. Mit der Zeit wurden 16 Ämter errichtet, an deren Spitze meist ein beamteter Pfleger stand. Ihm untergeordnet wirkten die Richter und Kastner, denen auch die Rechtsprechung oblag.

Mit dem Gaimersheimer Vertrag von 1305 war die Hochgerichtsbarkeit an die

Herzöge von Bayern gefallen, die hochstiftischen Richter hatten nur über die Fälle der Niedergerichtsbarkeit zu urteilen. Für seine Städte, Märkte und Burgen erhielt der Bischof jedoch bereits 1309 den Bann. Das „kaiserliche Landgericht Hirschberg", das nun die Hochgerichtsbarkeit ausübte (sie jedoch 1316, 1345, 1370 und 1392 formell und nur vorübergehend für die Untertanen des jeweiligen Bischofs an diesen abtreten mußte), hatte seinen Sitz in Riedenburg und tagte ohne bestimmte Reihenfolge an einer seiner 17 Landschrannen oder Malstätten innerhalb der ehemaligen Grafschaft. Besonders häufig wurden die Orte Hilpoltstein, Gaimersheim, Beilngries, Dietfurt und Freystadt gewählt. Der Landgerichtsordnung König Ludwigs des Bayern aus dem Jahr 1320 zufolge wurden erneut Städte und Märkte, d. h. solche mit einem verliehenen Burgfrieden, dem Zugriff der Landgerichte entzogen: Eichstätt, Beilngries, Berching usw. sprachen selbst Recht in hochnotpeinlichen Angelegenheiten, sie standen unter der Aufsicht des Bischofs. Für Berching erhielt Bischof Raban 1381 das Privileg bestätigt, daß es wie Eichstätt bezüglich das Hochgerichtes allein dem Bischof unterstehe. Das Beilngrieser Halsgericht war von 1414 bis 1496 in den Händen der Absberger.

Der bischöflichen Halsgerichtssprechung waren zu Beginn des 14. Jahrhunderts also sehr enge Grenzen gesetzt: Nur die drei Orte Beilngries, Eichstätt und Berching hatte er in seiner Gewalt. Und weil die Fraisch das vornehmste (wenngleich nicht das ausschlaggebende) Merkmal der Landeshoheit darstellte, waren die Bischöfe bemüht, diese den bayerischen Herzögen systematisch abzunehmen. Dorf um Dorf kam an Eichstätt.

Bezeichnend für das Streben der Bischöfe auf Ausdehnung ihrer hohen Gerichtsbarkeit ist eine als „Belehnungsurkunde König Albrechts I. für Johann I." mit Datum 1305 bezeichnete Fälschung der Eichstätter Bischöfe. Wie man inzwischen weiß, handelt es sich um die Abschrift einer Belehnungsurkunde Karls IV. vom Jahr 1345, die durch einen Abschnitt über die Belehnung mit der hohen Gerichtsbarkeit ergänzt worden war.

Bei Käufen achtete man darauf, entweder nur Hochgerichtsrechte oder Orte zusammen mit entsprechender Gerichtsbarkeit oder strategisch vorteilhafte Befestigungen zu erwerben. 1354 wurde der Blutbann in Mörnsheim gewonnen, 1440 von Heideck Burg und Markt Dollnstein mit dessen Dörfern und sämtlichen Gerichten, 1466 der „Bann über das Blut" in Obermässing, 1486 Halsgericht, Stock und Galgen in Raitenbuch und 1496 von den Absbergern auf Rumburg das Halsgericht zu Hirschberg und Beilngries (Landbezirk) gekauft. Und 1398 erwarben die Bischöfe das Niedergericht in Thannhausen, 1413 Brunneck und die Vogtei über Altdorf sowie 1398 Fribertshofen. Das Tittinger Hochgericht verlieh der König 1496.

1388 hatte Bischof Friedrich IV. Graf von Oettingen, um die fürstliche Macht zu demonstrieren, 22 Herriedener Bürger der Reihe nach enthaupten lassen, da sie sich schwäbischen Städten angeschlossen hatten, 1408 erlitten 18 Männer in Spalt ein ebensolches Schicksal (J. Sax). Nicht genug der Untaten dieses Bischofs, der „in Padua und Bologna zum Theologen herangebildet worden war, beim Papst zu imponieren wußte und eine kostbare Monstranz stiftete": Von den aus Frankreich vertriebenen und ins Bistum gekommenen Waldensern ließ er die Wortführer einfangen, brandmarken, auspeitschen und 1394 zu Wemding zehn Personen im Feuer ihre Kühnheit büßen.

Das Henkersgeld, d. h. die Kosten für Gericht und Hinrichtungen, wurde auf die Bewohner der Halsgerichtsbezirke umgelegt; erst seit 1536 bestritt man das Henkersgeld „von Amtswegen".

Im Jahr 1420 hatte sich Bischof Johann II. von Kaiser Sigmund einen Freiheitsbrief ausstellen lassen, der den Bischof, das Hochstift und alle weltlichen und geistlichen Untertanen erneut vom Hirschberger Landgericht enthob. Doch je nach politischer Lage erteilte der Kaiser bald dem Bischof und bald seinen Konkurrenten solche Privilegien.

So ist nicht verwunderlich, daß erbitterte Kämpfe zwischen den Bischöfen einerseits und Bayern und Burggrafentum/Brandenburg (d. h. den Inhabern der Landgerichte Hirschberg und Nürnberg) andererseits aufflammten.

Bischof Johann III. hatten wir als kirchlichen Reformator kennengelernt, nicht weniger verdient machte er sich um die Sanierung der Finanzen. So war es seinem Nachfolger, Wilhelm von Reichenau (1464-96), möglich, die Aufkäufe einem vorläufigen Höhepunkt zuzuführen, die Herrschaft im Innern des Hochstiftes zu stärken und tunlichst einheitlich zu gestalten. In die Zeit Wilhelms fällt auch eine Modifizierung des peinlichen Gerichtsverfahrens: 1474 gewährte Kaiser Friedrich III. dem Eichstätter Bischof, daß künftig nicht mehr sechs „Eidhelfer" wie seit 1446 die Glaubwürdigkeit des Klägers beschwören mußten („Übersiebnung"), was für die Verurteilung des Angeklagten zum Tode vorgeschrieben war. Das Urteil sollte sich fortan auf Beweis und Geständnis stützen, wobei während des Verhörs in der Regel so lange „peinlich befragt", d. h. gefoltert wurde, bis das Geständnis (als „Urgicht" protokolliert) in Gegenwart von Zeugen, jedoch nicht in offenem Gericht, erfolgte. Nach dem Geständnis sollten die Richter ihr Urteil so fällen, daß sie es vor Gott und dem Jüngsten Gericht verantworten könnten. Die Folter wurde formell erst spät abgeschafft: in Preußen 1754, in Baden 1767, in Sachsen 1770 und in Bayern 1807.

1481 erlangte der Bischof für alle Hochstiftsuntertanen wiederum Befreiung von der Jurisdiktion der Landgerichte Hirschberg und Nürnberg.

Diejenigen Straftaten, die man irgendwie mit „Sünde" in Verbindung bringen konnte, behandelten bischöfliche Richter im „geistlichen Gericht". Während die geistlichen Gerichte, freilich auch mit Folter, nur die Geständnisse erwirkten, hatte das Urteil und den Vollzug der Strafe das weltliche Gericht auszuführen („Die Kirche dürstet nicht nach Blut").

Aus den Verträgen im 16. Jahrhundert, die Eichstätt 1523 mit der Pfalz, 1537 und 1551 mit Brandenburg, 1545 mit Pfalz-Neuburg, 1554 mit Bayern, 1563 mit Nürnberg wegen Heideck, 1579 mit den von Ehenheim und den Schenken von Geyern und schließlich 1610 mit dem Deutschorden in Ellingen schloß, kann man auf den Umfang der Gebiete schließen, die der faktischen Hochgerichtsrechtsprechung des Bischofs unterstanden. Die Hochgerichtssprengel um 1600 waren im einzelnen:

Im oberen Stift: Sandsee, Abenberg, Arberg, Wernfels, Wahrberg (Oberamt); im unteren Stift: Stadtrichteramt Eichstätt, Landvogtei, Nassenfels, Dollnstein, Mörnsheim, Raitenbuch, Titting, Arnsberg, Kipfenberg, Berching, Hirschberg (Oberamt), Greding mit Brunneck, Obermässing.

Im gleichen Maße wie das Eichstätter Stadtrichteramt sich in die Rechtsprechung auswärtiger Orte einmischte, suchten auch Personen aus Stadtnähe ihr Recht beim Hirschberger Landgericht. Ein letztes Problem bildeten zwei Enklaven der Hochgerichtsrechtsprechung im Hochstift: Die Absberger auf der Rumburg hatten das Halsgericht über Enkering, und den Blutbann von Kinding und Haunstetten besaßen wechselnde Lehensträger. So stellten die Ankäufe von Enkering (1546) und Kinding (1561) zwei bedeutsame Erwerbungen für das Hochstift dar.

Kaiser Karl V. erließ 1532 die erste reichseinheitliche Regelung des Strafverfahrens für peinliche Verbrechen, die Constitutio Criminalis Carolina (kurz: C. C. C.), die mit Verstümmelungen und Folter von großer Härte war.

Die Verträge, die der Eichstätter Bischof mit seinen Nachbarn im 16. Jahrhundert schloß, hatten einigermaßen Ordnung in die Rechtszuständigkeiten gebracht; denn was wir heute anhand von Urkunden rekonstruieren, war gerade im 14. und 15. Jahrhundert keineswegs überall erlebbare Realität. Stets waren die Streitigkeiten auf Kosten der Untertanen gegangen: Man bestrafte sie doppelt und brachte sie bei der Wahl des „zuständigen" Gerichtes in Gewissensnöte. Freilich blieben die Verträge oft recht oberflächlich: In Greding und Obermässing war keine Klarheit geschaffen worden, und 1500 umfaßte das Halsgericht zu Abenberg stolze 18 Ortschaften laut Eintragung im Halsgerichtsbuch, während sich im Jahr 1537 die vertragliche Fraisch auf fünf Orte beschränkte.

Und schließlich wollte Bayern ein Exempel statuieren, um zu verdeutlichen, daß alle Hochgerichtsbarkeit im weiten Land nach wie vor dem kaiserlichen Landgericht zustehe. 1749, also gut 60 Jahre nachdem 1683 letztmals ein Landgericht im Hochstift veranstaltet worden war, luden die Bayern ein zur Landschranne nach Buxheim. Der Hirschberger Landrichter hatte dem Bischof ultimativ befohlen zu

erscheinen, wolle er nicht seiner Privilegien verlustig gehen. Allein, die Kommission mit acht vierspännigen Wagen, zwei berittenen Trompetern und 80 bayerischen Grenadieren fand in Buxheim nur einen Eichstätter Notar vor. Um doch noch eine Gerichtssitzung zu erzwingen, wurde als neuer Termin der 12. Mai 1750 in Beilngries anberaumt. Ein Reichshofratsdekret kam dieser Machtprobe zuvor.
Im Rezeß zwischen „Eystätt" (im Text auch die neue Form „Eychstett") und „Brandenburg-Onolzbach" von 1736 werden die Fraischfälle genau aufgeführt: u. a. Schmähschriften, Aufruhr, Sodomie, Bigamie, Meineid, Grenzsteinentfernung und Ketzerei neben den unten genannten.
Nach dem Aussterben der bayerischen Linie der Wittelsbacher 1777 zog der Kaiser das Landgericht als erledigtes Reichslehen ein. Der Bischof war jetzt unumschränkter Herr in seinem Hochstift.
Man darf sich die Fürstbischöfe nun nicht als grausame Herrscher vorstellen. Die Hochgerichtsbarkeit war Statussymbol, brachte Einkünfte und war nicht zuletzt für die Jagdgerechtigkeit (Bestrafung der „Wilddiebe") von Bedeutung. Zudem sind nur unter einigen Bischöfen Todesurteile in größerer Zahl gefällt worden. Ein paar Schlaglichter auf den Strafvollzug müssen wir dennoch werfen, weil er in unmittelbarem Zusammenhang mit den Hochgerichtsgrenzen stand. An Strafen waren im Hochstift Eichstätt gebräuchlich:
Hängen (germanisch), das jedoch später die Knechte des Scharfrichters übernahmen, weil diese Strafart niedrig war. Köpfen (römisch), vom Scharfrichter persönlich durchgeführt, da es die edlere Todesart war. Hängen verordnete man bei hinterhältigen Taten (Diebstahl, Mord, Verrat), Köpfen bei Straftaten mit offenem Angriff (Totschlag, Notzucht).
Rädern (Zermalmen mit einem Rad), was einem Manne 1696 im Buchtal blühte, der den Gatten der Freundin getötet hatte.
Ertränken und lebendig Begraben waren typische Frauenstrafen.
Verbrennen: Feuertod galt als härteste Strafe und war für „unnatürliche Wollust", Falschmünzerei und Brandstiftung vorgesehen. Auch Selbstmörder sind in Eichstätt mit dem Feuertod gerichtet worden, obwohl karolinisches Gesetz nur den Einzug des Vermögens vorsah.
Öffentliche Ausstellung und Rutenschlag sowie Verweisung des Landes waren die milden Strafen. Die Landesverweisung fand in Abstufungen statt: bei nächtlicher Ruhestörung aus dem Stadtgebiet, bei schwereren Vergehen über zehn Meilen, über zehn Meilen und aus dem Hochstift (wer sich von einem fremden oder gar einem evangelischen Pfarrer trauen ließ) und schließlich über die vier Wälder (gemeint waren: Thüringer, Böhmer-, Schwarzwald und Scharnitz). So versteht man die Empörung der Eichstätter, wenn der nächtliche Unfug der jungen Domherren kaum geahndet wurde.

Brandmarken: Leichte Vergehen wurden gelinde bestraft, indem man durch die Backen brannte, die Ohren abschnitt oder die Finger bzw. Hände abschlug. Blendungen scheinen nicht stattgefunden zu haben.
„Freiheitsstrafen" in Form von Gefängnisaufenthalt gab es fast nicht, nur Untersuchungshaft.
1729 wurde ein Eichstätter Apotheker hingerichtet, der in St. Walburg eine Ampel gestohlen hatte. Sein Sohn wurde verbannt.
1790, zur Zeit, als beispielsweise I. Pickel wirkte und die Infinitesimalrechnung, die heute andeutungsweise in den Abschlußklassen der Gymnasien behandelt wird, weit über 100 Jahre alt war, wurde ein protestantischer Buchhändler aus Eichstätt des Hochstiftes verwiesen.
Daß bei den Gerichtsprozessen die Urteile jeweils schon fertiggestellt waren und nur ein symbolisches Frage- und Antwort-Spiel ablief, ist durch einschlägige Veröffentlichungen ausreichend dargestellt und auch heute Usus. Daß bei Urteilsfindungen auch Gottesurteile und Folter („das khain glid pei dem anderen pelieben") angewandt wurden, ist zu einem großen Teil aus dem Geist jener Jahrhunderte zu erklären. Bei der „Wasserprobe" verschlangen den Angeklagten die Fluten, falls er rein war, er verblieb an der Oberfläche, wenn er schuldig war. Oder man ließ zwei gegeneinander streitende Personen einen Zweikampf ausführen, der Sieger galt als Gewinner des Prozesses. (Übrigens wurden auch in unserem Jahrhundert hierzulande Physiker zu Professoren „berufen", weil sie turnerische Leistungen vorweisen konnten.) Für einen Menschen mit Fähigkeiten, die jenseits des Gebrauches von Körperkräften lagen, gab es in der früheren Zeit nur eine Wahl: das Kloster. Bloß weil immer mehr Menschen diesen Weg gingen, konnte sich die Kirche (in Abhebung vom weltlichen Fürstentum) zu einer (auch weltlichen) Macht entfalten. Daß diese Feststellung nicht allein für die Zeit Karl des Großen zutrifft, verdeutlicht der Umstand, daß bei Grenzumritten im 16., 17. und 18. Jahrhundert stets „Pfaffen" mitgeführt werden mußten, die lesen konnten.
„Hexen"-Prozesse, die unter Friedrich IV. von Oettingen (1383-1415), Johann II. von Heideck (1415-29), Martin von Schaumberg (1560-90), Johann Christoph von Westerstetten (1612-36), Marquard II. Schenk von Castell (1636-85) und Johann Anton I. Knebel von Katzenellenbogen (1705-25) - hier besonders viele andere Hinrichtungen, Schwerpunkte erreichten, gab es auch im Hochstift Eichstätt. Wenn unter bestimmten dieser Bischöfe Bauten aufgeführt, das Münzwesen sehr gefördert oder Wappen angefertigt wurden (zur Zeit Westerstettens erreichte die Hexenjagd ihren Höhepunkt), besteht für die Nachwelt die Gefahr, einen vielleicht besonders unmenschlichen Herrscher nur in verklärter Form zu sehen.
Nachdem Papst Innozenz VIII. am 5. Dezember 1484 in der Bulle „Summis desiderantes affectibus" dem Hexenwahn die Legitimation verliehen hatte, verfaßten

zwei Dominikanermönche (als „Spürhunde des Herrn" erhielten sie den Namen „Dominicanes") 1487 den „Hexenhammer", der 29 Auflagen erlebte und als Leitfaden zur Hexenverfolgung diente, die von der „reformierten Kirche" mit nicht geringerer Härte veranstaltet und nur vom Sadismus Calvins überboten wurde. Daß „Jesuiten maßgeblich zwischen den Scheiterhaufen beschäftigt" waren, wird nur dadurch „verzeihbar", daß neben dem Protestanten Christian Thomasius (Ende 17. Jahrhundert) auch der Jesuit Friedrich von Spee (in einer anonymen Schrift 1631) als mutiger Einzelkämpfer dem Hexenaberglauben entgegentrat. Die Gesetzgebung der Aufklärung hat jenem abscheulichen Spuk ein Ende gemacht.
Während des „Prozesses" stellte man 48 Fragen, wobei die Angst, denunziert zu werden, die Außenstehenden verfolgte. Vor der Hinrichtung ließ man noch fromme Stiftungen machen. In Eichstätt sind Hexenverbrennungen von 1411 an nachgewiesen. Rebdorf als selbständiges Stift führte eigene Hexenprozesse durch, Prior Kilian Leib war dort 1532 geistlicher Richter. Aus Eichstätt hören wir das Beschämende zum letztenmal: „Anno 1723, den 20. November, ist ein Hexenmädlein von Buchdorf mit dem Schwert gericht worden und der Leib verbrennt."
Für die Flurdenkmalskunde ist noch wichtig, auf das Vergehen des Totschlags hinzuweisen. Zunächst galt Blutrache für Tötung. Aber bald ging man dazu über, unblutigen Ausgleich zu suchen, obwohl es Väter gab, die sagten: Ich will meinen Sohn nicht im Geldbeutel tragen. Aber die Rache führte oft so weit, daß sich ganze Geschlechter ausrotteten.
Bei uns wurden im Streit erschlagene Personen bis zur C. C. C. 1532 friedlich gesühnt. So verurteilte man den Totschläger, eine Zahl von Messen (bis zu 40) für den Getöteten lesen zu lassen, die Anverwandten am Grabe um Verzeihung zu bitten, (häufig auch) eine Pilgerreise nach Rom und/oder Aachen durchzuführen, die Kosten für Arzt, Beerdigung u. dgl. zu übernehmen, die Hinterbliebenen mit etwas Geld zu unterstützen, der Kirche eine Spende zu machen (samt einer Wachskerze bestimmter Größe) und in fast allen Fällen ein steinernes Kreuz in der Gemarkung des Verbrechens zu setzen. Solche Steinkreuze und Kreuzsteine finden wir heute noch mehrfach an den Straßen im ländlichen Bereich. Die Setzung von Sühnekreuzen war bis zum 16. Jahrhundert üblich, doch wurden auch aus anderen Anlässen Steinkreuze aufgestellt. Der Landrichter von Hirschberg ließ 1539 sämtliche Steinkreuze in seinem Bereich umlegen, weil er sich in der Rechtsprechung übergangen fühlte. Der Einspruch beim Herzog gebot diesem Treiben aber bald Einhalt.
Exkommunikationen, auch gegen Geistliche, gab es viele. Selbst über ganze Gemeinden wurden Interdikte ausgesprochen. Ja sogar gegen die Bischöfe selbst richtete sich der päpstliche Bannstrahl. Wenn beispielsweise in Eichstätt jemanden (meist vorübergehend) die Exkommunikation traf, dann vollzog sich die Verkün-

digung der Exkommunikations-Sentenz in folgender Weise: „Nach dem Credo wandte sich der Bischof zum Volke, verlas unter Glockengeläute das Urtheil und die Namen der Gebannten, warf die brennende Kerze zur Erde (und zertrat sie, was ihm zwölf weitere Priester gleichtaten), zog in Prozession nach der Kirchenthüre, welche auf die Häuser der Censurirten zu lag, warf unter Absingung eines Responsoriums zum Zeichen des Fluches drei Steine in jene Richtung, kehrte dann zum Altare zurück, und sang das Te deum laudamus, während das Urtheil an die Kirchenthüre angeheftet wurde" (Pastoralblatt des Bistums Eichstätt 1855).
Der letzte Erbmarschall des Hochstiftes, Ludwig Graf Schenk von Castell, ging in die „Geschichtsschreibung" unter dem wenig löblichen Beinamen „Malefizschenk" oder „Henkersgraf" ein. Er war es, der eine Strafanstalt auf der Burg Oberdischingen ausbauen ließ und Wert darauf legte, bei sämtlichen Hinrichtungen persönlich zugegen zu sein. In Eichstätt selbst war er nie, ließ sich bei der Belehnung und bei Bischofseinführungen stets vertreten. Seine Zeit endete mit der Säkularisation.
Wenn wir froh sein dürfen, daß die mittelalterlichen und spätmittelalterlichen Gebräuche, die uns heute weitgehend unglaublich scheinen, vorüber sind, so lauern immer Mächte, sich auch geschickt religiösen Institutionen anpassend und von jenen kaum durchschaut, um mehr Unheil als Heil über die Menschen zu bringen.

aus: „Das Hochstift Eichstätt"
Karl Röttel
Ingolstadt 1987
Verlag Donau Courier

Am Fuß des Hohenloheberges bei Irgertsheim steht dieser stattliche dreikantige „Dreiherrenstein". Im Jahr der Errichtung (1696) schied er die Hoheitsgebiete des Bischofs von Eichstätt, des Kurfürsten von Bayern und des Kurfürsten von der Pfalz. Insbesondere endeten hier die jeweiligen Zuständigkeiten der Hochgerichtsbarkeit.
Die Inschriften auf den drei Seiten: IEB (Johann Euchar Bischof), Hochstiftswappen, E (Eichstätt), MEC (Max Emanuel Kurfürst), Rautenwappen, B (Bayern), 1696, IWC (Johann Wilhelm Kurfürst), Löwenwappen, P (Pfalz).

(Foto: Karl Röttel)

Anneliese Till

Leonhart Fuchs, der Botaniker aus Wemding (1501 - 1566)

Die beliebte Fuchsie findet man in Wemding noch häufiger als anderswo. Wo immer es der Standort zuläßt, wird ihr in den städtischen Anlagen gegenüber anderen Blumen der Vorzug gegeben. Dies mit gutem Grund, denn sie erinnert durch ihren Namen an einen der großen Söhne Wemdings.

Der Wemdinger Leonhart Fuchs war einer der bedeutendsten und meistgeschätzten Ärzte und Botaniker seiner Zeit. Seine Kräuterbücher begründeten die volkstümliche Pflanzenkunde, und es ist erfreulich, daß eine so weit verbreitete Pflanze nach ihm benannt wurde.

Fuchs selbst hat die Pflanze, die seinen Namen trägt, nicht gekannt. Als der französische Missionar und Botaniker Charles Plumier sie 1696 in Südamerika entdeckte und nach Fuchs benannte, war dieser schon 130 Jahre tot. Um 1800 begann man in England mit der Fuchsienzucht, in Deutschland ab 1835. Die Fuchsie, mit lateinischem Namen Fuchsia triphylla flora cocinea L., trat damit ihren Siegeszug durch Europa an. Sie wurde bald eine begehrte Modeblume.

Lebenslauf

Leonhart Fuchs wurde im Januar 1501 in Wemding geboren. Sein Elternhaus stand am Marktplatz (heute befindet sich dort eine Tafel). Sein Vater, der Bürgermeister Johann Fuchs, starb, als Leonhart 5 Jahre alt war. Die Mutter Anna, geb. Dentener, schickte das Kind schon früh in die Wemdinger Lateinschule. Der besseren Ausbildungsmöglichkeiten wegen kam er mit 10 Jahren nach Heilbronn in Württemberg und von dort nach einjährigem Aufenthalt auf die Marienschule nach Erfurt. Im Alter von 12 Jahren schrieb er sich an der Universität Erfurt ein. Nachdem er den Grad eines Baccalaureus artium erreicht hatte, kehrte er zunächst in seine Heimatstadt Wemding zurück.

1517/18 eröffnete Leonhart Fuchs auf den Rat von Freunden und Bekannten in Wemding eine Schule, vermutlich eine Lateinschule, und betrieb sie ungefähr 1 1/2 Jahre lang. Doch dies befriedigte Fuchs nicht. Ab 1519 studierte er dann wieder, diesmal in Ingolstadt, Griechisch, Latein und Philosophie. Im Jahre 1521 erreichte Fuchs den Grad eines Magister artium und hätte damit nach damaligem Brauch die Lehrberechtigung in der artistischen Fakultät erreicht gehabt. Fuchs wechselte jedoch über zum Studium der Medizin und promovierte 1524 in Ingolstadt zum Doktor der Medizin. Noch im selben Jahr zog er nach München und übte dort zwei Jahre lang seinen Beruf als praktischer Arzt aus. In diese Zeit fällt auch seine Eheschließung mit Anna Friedberg. Aus der Verbindung gingen 10 Kinder hervor. Fuchs' wissenschaftliche und akademische Karriere begann 1526, als er im Alter von 25 Jahren als Professor der Medizin nach Ingolstadt berufen wurde. Hätte Fuchs nicht das starke Bedürfnis nach Ausübung einer Lehrtätigkeit gehabt, so hätte er als Lutheraner den für ihn recht gefährlichen Ingolstädter Boden nicht wieder betreten, denn Ingolstadt war damals eine der eifrigsten Vorkämpferinnen des Katholizismus. Nach zwei Jahren schien sich ihm die Möglichkeit zu bieten, unter angenehmen persönlichen Verhältnissen einer medizinischen Lehrtätigkeit nachzugehen. Markgraf Georg von Brandenburg trug sich nach der Durchführung der Reformation in seinen Landen mit dem Gedanken, eine Universität zu gründen. Fuchs erhielt eine Berufung als dessen Leibmedikus nach Ansbach. Durch die Universitätsplanung stand man in Ansbach mit den bekanntesten Persönlichkeiten in Verbindung, und Fuchs, der in diesen Ansbacher Gelehrtenkreis eingeführt wurde, lernte dort unter anderen Melanchthon kennen. Als sich die Pläne zur Universitätsgründung zerschlugen, kehrte Fuchs 1533 enttäuscht für kurze Zeit wieder an die Universität Ingolstadt zurück. Sein offenes Eintreten für den Protestantismus konnte allerdings im katholischen Ingolstadt nicht ohne Folgen bleiben. Um Anfeindungen und möglichen Verfolgungen auszuweichen, kehrte er darum im gleichen Jahr von Ingolstadt nach Ansbach zurück und nahm seine alte Stelle als Leibarzt wieder ein.

Im Sommer 1534 trat Fuchs - wohl auf Veranlassung Melanchthons - in Berufungsverhandlungen mit der Universität Tübingen, die erfolgreich verliefen. Im August 1535 übernahm er dort den Lehrstuhl für Medizin. Er behielt ihn bis zu seinem Tode 1566.

Von Anfang seiner Tübinger Tätigkeit an war Fuchs eifrig mitbeteiligt an der Durchführung der Reformation und der Neuorganisation der Universität. Neben seinem Unterricht in Anatomie und praktischer Medizin hielt Fuchs noch botanische Vorlesungen. Sein Hauptbestreben ging aber dahin, der griechischen Heilkunde einen vorrangigen Platz in der Medizin einzuräumen und die arabischen Einflüsse zurückzudrängen.

Daneben legte er öffentlich die Bibel aus und beteiligte sich an theologischen Disputationen. So nahm er z. B. 1536 in seiner Funktion als Rektor der Universität - er wurde 7 mal dazu gewählt - an einer Disputation über das heilige Abendmahl teil, bei der unter anderen der Theologe Phrygio, Melanchthon und Joachim Cameranus anwesend waren.

Fuchs hatte also in Tübingen ein sehr reiches Betätigungsfeld, fand aber daneben

noch Zeit zu einer ausgedehnten literarischen Tätigkeit. Entstand doch gerade in dieser Zeit seine historia stirpium, die Kräuterkunde. Trotzdem hat er sich in Tübingen nicht recht wohl gefühlt, denn schon bald machten sich Uneinigkeiten zwischen den Zwinglianern und Lutheranern bemerkbar und führten zu Unverträglichkeiten innerhalb des Universitätskörpers.
Fuchs gehörte zu jenen Renaissanceforschern, die bereits zu Lebzeiten hoch geehrt wurden. Er stand mit fast allen namhaften Humanisten seiner Zeit in Korrespondenz und wurde von dem Reformator Melanchthon ebenso geschätzt und anerkannt wie von dem Reformationsgegner Leonhard von Eck. Von Kaiser Karl V. wurde er in den Adelsstand erhoben. Zahlreiche Würdenträger des Auslandes versuchten den hervorragenden Gelehrten für sich zu gewinnen, so der Großherzog von Toskana, der König von Dänemark oder Herzog Cosmus von Medici, der ihn an seine neu gegründete Pisaner Akademie rufen wollte. Die Gründe der Ablehnung der für einen Deutschen außergewöhnlichen Berufung kennen wir nicht.

Die Kräuterbücher

Als Leonhart Fuchs am 10.5.1566 in Tübingen starb, wurde er aus einem tätigen Schaffen gerissen. Er arbeitete gerade oder eigentlich wieder einmal an einer Vervollständigung seiner „Historia stirpium", seiner Kräuterkunde, hier an dem 3. Band. Fuchs hinterließ bei seinem Tode mehr als 50 Bücher und Streitschriften. Sein Ruhm gründet jedoch vor allem auf jener Kräuterkunde, die ihm auch den Namen als einer der Väter der Botanik einbrachte. Der erste Band dieser Kräuterkunde erschien 1542 unter dem Titel „De historia stirpium commentari" in Basel. Neben einer genauen Beschreibung, die Aussehen, Standort und Wirkung berücksichtigt, waren die Pflanzen ganzseitig abgebildet. Die Darstellung der Pflanzen ist so gut, daß „es bis heute nichts Schöneres und künstlerisch Wertvolleres gibt" (K.E. Heilmann). Man nimmt heute an, daß Holbein bei den Entwürfen mitgearbeitet hat. Bereits 1543 erschien eine deutsche Übersetzung des Werkes unter dem Titel „New Kreutterbuch", das ebenfalls mit 511 Holzschnitten illustriert war. Das Kräuterbuch trat damit seinen Siegeszug an. Es erlebte zahlreiche Auflagen (die letzte eine Faksimileausgabe 1938) und wurde in zahlreiche Sprachen übersetzt.
Fuchs war durch die Drucklegung des 1. Bandes fast völlig mittellos geworden, trotzdem verfaßte er einen zweiten Band (der nie gedruckt wurde) und plante einen dritten. Aber der Verleger hatte kein Interesse. Doch Fuchs gab nicht auf. 1545 erschien der „Kleine Fuchs" - billiger und handlicher - mit neu geschnittenen Bildern, doch auch dies wurde kein geschäftlicher Erfolg. Die Verleger verkauften deshalb die Druckstöcke nach Paris. Nachdem damals geistiges Eigentum so gut

wie schutzlos war, konnten nun andere Verlage eifrig nachdrucken, ohne daß Fuchs finanziell davon profitierte.
Ein Teil der Druckstöcke gelangte in diesem Jahrhundert an die Stuttgarter Akademie für bildende Künste, dort hat man von der Herkunft der Tafeln bald nichts mehr gewußt. In der Inflationszeit hobelte man deshalb die Blöcke ab und verwendete sie für andere Zwecke. Im Botanischen Institut Tübingen sind heute noch 23 Originaldruckstöcke erhalten und werden als bleibendes Vermächtnis von Leonhart Fuchs behütet und geschätzt. Das Originalmanuskript des 2. Bandes der Kräuterkunde mit 1525 Abbildungen wurde 1954, nachdem es 200 Jahre verschollen war, in der Österreichischen Nationalbibliothek wiederentdeckt.

aus: „Heimatbuch Wemding"
Hrsg.: Verein lebendiges Wemding
Wemding, 1984

Leonhart Fuchs
(1501 - 1566)

Leonhard Schauer

Entwicklung der Solnhofer Steinindustrie bis zum 16. Jahrhundert.

Wann erstmals das Solnhofer Schichtgestein aus dem Boden gebrochen und verwertet wurde, liegt im Dunkel der Geschichte. Die ersten Nachweise seiner Verwendung lieferten uns die ausgegrabenen Ruinen ehemaliger römischer Niederlassungen aus der Zeit um 100 - 200 n. Chr., die entlang des Limes in unserer Gegend noch erhalten sind.

In einem Bericht aus den Weißenburger Heimatblättern schließt Dr. Wilhelm Kraft nicht aus, daß sich der heilige Sola mit Steinarbeit beschäftigte, da auch in der „Vita Sualonis" (Biographie Solas) von dessen Steinarbeit die Rede ist, bei der ihm seine Glaubensbrüder, Willibald von Eichstätt und Wunnibald von Heidenheim, behilflich waren. Dr. Andreas Bauch dagegen meint, daß es sich bei der genannten Steinarbeit um die Bearbeitung des steinigen Untergrundes beim Bau seines Hauses am Fuße des felsigen Solaberges handelte, bei dem die Glaubensgefährten dienlich waren.

Die Sage vom „Geisbub von Solnhofen" berichtet von der Entdeckung der Platten durch den Hütejungen und Anpreisung derselben an den Bischof von Eichstätt für den Dombau, dessen erste Errichtung im 8. Jahrhundert erfolgte. Erweitert wurde dieser durch Bischof Reginold um 980 und völlig erneuert um 1060. Die Legende kann ebenfalls nicht als Nachweis angesehen werden, wenn auch mit Sicherheit anzunehmen ist, daß die Bewohner unserer Gegend schon während des Mittelalters das Solnhofer Plattenmaterial zur Errichtung ihrer Häuser oder Wohnhütten verwendet haben.

Im Jahre 1683 berichtete der Mörnsheimer Pfleger an den Fürstbischof Marquardt II. von Eichstätt, „daß der Solnhofer Steinbruch nach einem gewiß erhaltenen Bericht im Solnhofer Gemeinholz über die 300 Jahr situiert und liegen tuet". Der regelmäßige Abbau von Solnhofer Platten kann erst für die 2. Hälfte des 15. Jahrhunderts nachgewiesen werden.

Die Sophienkirche („Hagia Sophia") in Konstantinopel wurde nach der Eroberung durch die Türken 1453 mit Solnhofer Platten belegt, die allerdings heute nicht mehr vorhanden sind. 1536 erhielt die Kapelle der „Marienfeste" in Würzburg ebenfalls einen Solnhofer Plattenbelag. Ein aus gotischer Zeit stammendes Haus in Eichstätt (erbaut 1472 - 1515) soll noch in den 20er Jahren das ursprüngliche Dach mit Solnhofer Platten besessen haben. Demnach wären um 1500 auch im Eichstätter Raum schon Platten gebrochen worden.

Schon im Jahre 1216 wird ein Steinbruch des Klosters Rebdorf bei Mariastein erwähnt. Dort handelte es sich jedoch um einen Dolomitsteinbruch. Mariastein hieß deshalb früher „Steingrub". Eine bedeutende Ausbeutung eines Kalksteinbruches im Eichstätter Gebiet dürfte allerdings vor dem 16. Jahrhundert kaum stattgefunden haben, sonst wäre nicht der Solnhofer Meister Georg Lotter beauftragt worden, in den Jahren 1580 - 1590 Pflastersteine für einen großen Saal auf der Willibaldsburg zu liefern. Von dem gleichen Meister wurde im Jahre 1616 ein neues Pflaster für den Kreuzgang des Klosters Rebdorf geliefert. Offenbar waren es anfangs Solnhofer Steinbrecher, die den Solnhofer Stein als Handelsware verbreiteten. So schreibt 1928 auch Bernhard Eder in seinem Buch „Die Kalkschieferbrüche bei Mörnsheim, Mühlheim und Altendorf": Unstreitig kommt dem Orte Solnhofen das Verdienst zu, die ersten größeren und wertvolleren Steinlager aufgedeckt, bearbeitet und das gewonnene Material in den Handel gebracht zu haben.

Wenn auch genaue Nachweise über frühere Eröffnungen von Steinbrüchen fehlen, so deuten doch Anzeichen darauf hin, daß an verschiedenen Orten Solnhofer Platten abgebaut wurden. Die heute größtenteils mit Moos, Sträuchern und Bäumen überwachsenen Schutthügel auf dem alten Solnhofer Steinberg (auch Solaberg genannt) beweisen, daß die Ausbeutetiefe im Vergleich zum später genutzten gegenüberliegenden Gemeindesteinbruch gering war. Selbstverständlich geschah

Der Mörnsheimer Bruch bei Solnhofen

auch die Art des Abbaues noch mit primitiven Mitteln. So wurde der Abfallschutt größtenteils noch mit Tragekörben und Schubkarren aus den Gruben getragen und gefahren. Jedoch erfolgte die Beförderung von Schutt und verwertbaren Platten auch schon früher durch Pferdefuhrwerke und dem bekannten zweirädrigen Schnappkarren. Allerdings konnten diese Vorteile nur reichere Unternehmer nützen. Sie hatten außerdem eher die Möglichkeit, das gewonnene Material in den Handel zu bringen. Solnhofen hatte schon etwa 1550-1600 im Verhältnis zur wirtschaftlichen Lage der damaligen Zeit ein blühendes Steinbruchgewerbe...

aus: „Entwicklung der Solnhofer Steinindustrie"
Leonhard Schauer
Solnhofen 1985
Hrsg.: Evang.-Luth. Pfarramt Solnhofen

Juraanwesen *(Zeichnung: Christine Splitgerber)*

Johann Bauch und Ernst Krach

Steinbrüche - Wunden in der Landschaft?

Steinbrüche sind ein fester Bestandteil unserer Kulturlandschaft. Es gibt sie hier, seit der Mensch anfing, Kirchen und Häuser, Brücken, Mauern und Straßen aus Stein zu bauen. Seit einigen Jahren wird von landfremden Landespflegern nicht ganz uneigennützig die „Rekultivierung" von Steinbrüchen gefordert, die solche Leute und die ihren Scheinargumenten folgenden dann als „Wunden in der Landschaft" verketzern.

Für den aus dem Altmühltal Gebürtigen oder zumindest hier Aufgewachsenen aber gehört das Bild der Steinbrüche unveräußerlich mit zum Heimatbegriff, genau wie der Fluß, die Dolomitfelsnadeln und Kalkbuchenwälder, die Trockenrasen und die immer mehr verschwindenden, legschiefergedeckten Jurabruchsteinhäuser. Die Verfüllung der Steinbrüche mit Müll oder dem angeblich weniger grundwassergefährdenden Bauschutt mit anschließender Humisierung und land- oder forstwirtschaftlicher Folgenutzung ist nur für einen Teil der Brüche überhaupt möglich, außerdem nur in sehr wenigen Fällen eine begrüßenswerte Lösung, schon allein deswegen, weil so im Kreisgebiet mehrfach geologisch teilweise einzigartige, wissenschaftlich hochbedeutsame Aufschlüsse unzugänglich wurden.

Andere technische Großprojekte wie beispielsweise Autobahnen, aber auch einfache Teerstraßen bleiben selbst nach der heute üblichen und leider sehr oft keineswegs standortsgerechten „Eingrünung" weiterhin störende Fremdkörper in der Natur. Steinbrüche dagegen entwickeln sich ohne Zutun des Menschen zu artenreichen Biotopen. Für viele Tier- und Pflanzenarten bieten sie in unserer intensiv genutzten Landschaft wichtige Zufluchts- und Ausgleichsräume; andere finden die für sie notwendigen Extrembiotope überhaupt nur mehr hier in ausreichendem Maße.

Auf die zahlreichen Flechten-, Algen- und Moosarten, die in unserer Heimat ausschließlich oder doch weit überwiegend in Steinbrüchen und auf ihren Halden aufgefunden wurden, kann hier wegen der mangelnden Anschaulichkeit und der völlig fehlenden allgemeineren Bekanntheit der Objekte nicht eingegangen werden, doch soll immerhin auf das Vorkommen des als recht selten geltenden, Wärme aber Vollschatten liebenden Mooses Seligera pusilla aus einem Steinbruch im Gemeindegebiet hingewiesen werden.

Eine der wenigen im Altmühljura endemischen, das heißt weltweit nur hier vorkommenden Gefäßpflanzenarten, Arnolds Habichtskraut (Hieracium wiesbaurianum subsp. arnoldianum), das bisher ohne Ausnahme nur auf Steinbruchshalden gefunden wurde, kommt auch oberhalb Obereichstätts vor. Als weitere, nicht ganz so rare, aber doch fast ausschließlich auf Steinbrüche und ihre Halden beschränkte Arten wären der von Süden eingewanderte Alpenpippau oder der einjährige Traubengamander zu nennen. Auch das zierliche, aber attraktive Wimperperlgras kommt weitaus seltener auf Trockenmauern und anderen steinigen Stellen vor als auf den Halden aufgelassener Steinbrüche. Hier gibt es gelegentlich auch den recht seltenen und überdies auch noch leicht verwechselten Großen Bocksbart.

Wegen ihres Artenreichtums stellen selbstverständlich auch für diesen Lebensraum die Insekten die meisten typischen Arten: Die auffällig rot und schwarz gestreiften und gefleckten Raubwanzen der Gattung Lygaeus, darunter auch die Ritterwanze, findet man in fast jedem aufgelassenen Steinbruch in größerer Zahl, außerhalb jedoch viel seltener. Ebenso jagen verschiedene kleinere, durchwegs schwarze und deswegen nicht sehr leicht voneinander unterscheidbare Laufkäferarten recht gerne in den Steinbrüchen. Die einzige Sandlaufkäferart, die bisher im Gemeindegebiet gefunden wurde, der Waldsandlaufkäfer, flog im Bruch im Tiefental, wo vor einigen Jahren auch Larven in Material aus einer sandig-lehmigen Spaltenfüllung entdeckt wurden.

Früherer Steinbruch bei Öning *(Foto: M. Vogt-Vilseck)*

Die auffällig rot und stahlblau getupfte Blutzikade, eine Verwandte der häufigen Wiesenschaumzikade, deren Larve zu ihrem Schutz den Kuckucksspeichel auf sehr verschiedenen Kräutern abscheidet, findet sich jahrweise recht häufig in den Steinbrüchen um Hagenacker. An sandigen oder feinerdigen Stellen, die durch überhängende Steine dem Regen nicht ausgesetzt sind, wirft der Ameisenlöwe seinen Trichter aus. Unterhalb der Trichterspitze lauert das Tier im Lockersubstrat auf Ameisen oder andere kleine Insekten. Wenn diese, oft durch geschickt gezieltes „Sandschmeißen" vom „Löwen" aus dem Gleichgewicht gebracht, die Wände des lockerbröseligen Trichters herabgleiten, tauchen recht schnell die langen Zangen des Räubers auf. Mit ihnen packt er die Beute, zieht sie unter die Erde und saugt sie dort in Ruhe aus. Erstaunlich ist, daß trotz dieser uneffektiv erscheinenden Ernährungsweise die Larven innerhalb eines Sommers voll heranwachsen. Im nächsten Frühjahr verpuppen sie sich dann, immer noch in der Erde am Grund ihrer auch um diese Zeit oftmals noch gut erhaltenen und funktionsfähigen Trichter. Die Ameisenjungfer, die dann aus der Erde schlüpft, ernährt sich ebenfalls von Ameisen und anderen kleinen Insekten, nicht selten, wie die Florfliegen, ihre nächsten Verwandten, auch von Blattläusen.

Auffällig in den vielfach doch spärlich bewachsenen Steinbrüchen, die allerdings je nach Exposition und Art der zurückbleibenden Reste recht vielfältige Lebensräume zu bieten vermögen, sind die oftmals sowohl nach Arten wie besonders nach Individuen erstaunlich zahlreichen, vielleicht auch hier nur besonders gut sichtbaren Schnecken. Schließmundschnecken können ihr Gehäuse, wohl hauptsächlich als Schutz gegen Austrocknung, mit einem beim ausgestreckten Tier in der Gehäuseöffnung steckenden Deckel verschließen. Bei Exkursionen der Deutschen Weichtierkundlichen Gesellschaft beziehungsweise ihrer Mitglieder wurden verschiedene Arten, deren bisher bekannte Arealgrenzen teilweise recht weitab lagen, im Altmühljura neu aufgefunden, eine davon auch in einem Steinbruch des Gemeindegebietes.

Wesentlich häufiger als diese eigentlich sehr austrocknungsresistenten Arten ist in allen Steinbrüchen der gar nicht so xerophile Steinpicker, dessen Gehäuse sehr scharf gekielt ist. Anscheinend versteht er es, gut versteckt in Ritzen und Spalten und vor allem auch unter großen Steinen, tagsüber für ihn halbwegs günstige mikroklimatische Bedingungen aufzusuchen und dann, während bereits Tau fällt, reichlich zu fressen.

Sehr typisch als Bewohner von auf den ersten Blick völlig pflanzenfreien Steinblöcken in Steinbrüchen sind die winzigen, nur zwei Millimeter großen Gehäuse der Zylinderwindelschnecke Truncatellina minutissima. Diese Art, die sich gelegentlich auch auf südexponierten Bahndämmen in Polstern des Weißen Mauerpfeffers nachweisen läßt, ernährt sich vielleicht auch von sogenannten „Luftal-

gen", auf Stein wachsenden Arten etwa der Gattung Trentepohlia. Kaum größer und äußerlich nicht allzu verschieden ist die ebenfalls in Steinbrüchen konzentriert vorkommende auftretende Moospuppenschnecke Pupilla muscorum. Immerhin hat diese eine so kräftige Raspelzunge (Radula), daß sie sich in die Blätter des Weißen Mauerpfeffers richtiggehend hineinfressen kann, wie am Steinbruch über Obereichstätt beobachtet.
Steinschutt am Fuß der Felswände bietet Unterschlupf für die Mehrzahl unserer Reptilien. Bei genügend langer Ausdauer kann man in jedem unserer Steinbrüche Zauneidechsen beobachten, öfter mal auch eine Bergeidechse. Etwas verwunderlich ist das unregelmäßige Auftauchen der Ringelnatter im Bruch hinter dem Tunnel in Hagenacker. Grund dafür ist vielleicht, daß die Altmühl hier wirklich nicht weit ist. Die braune Schlange mit dem angedeuteten Zickzackband, die immer wieder in Steinbrüchen gesehen wird, ist keineswegs eine Kreuzotter. Die gibt es nämlich bei uns nicht! Was für sie gehalten, gefürchtet und von besonders „Mutigen" leider viel zu häufig erschlagen wird, ist die völlig harmlose Glattnatter, die durchaus ein Recht auf ungestörtes Überleben hat. Erst recht gilt dies für die - wie die Opfer auf den Straßen zeigen - gar nicht so seltenen, glücklicherweise aber recht oft übersehenen Blindschleichen, die bei uns sowohl in einer bräunlicheren wie auch in einer mehr grauen Form vorkommen.
Erstaunlich häufig findet man in den Hagenackerer Steinbrüchen auch große, ausgewachsene Erdkröten, die in diesem doch nicht übermäßig feuchten Biotop anscheinend ganz hervorragend gedeihen. Ihre sicher feuchten, manchmal wohl sehr tief versteckten Schlupfwinkel verlassen sie gelegentlich sogar schon bei Tageslicht. Keiner der Steinbrüche im Gemeindegebiet hat eine durch Lehm oder Steinbruchschlick abgedichtete Sohle. So ausgestattete Brüche in den Nachbargemeinden sind teilweise sehr wichtige und erfolgreiche Brutgewässer für eine Reihe an Amphibien, die in Pioniergewässern laichen, so vor allem Gelbbauchunken, aber auch Kreuzkröten, Grasfrösche und die allgegenwärtigen Bergmolche.
Bis heute halten sich die Kletterer fast ausschließlich an natürliche Felsen. In Steinbrüchen haben wir noch keinen gesehen. Dies macht die künstlichen Felswände zu verhältnismäßig ungestörten Brutgelegenheiten für zahlreiche Felsbrüter. Früher nisteten sowohl im Obereichstätter wie im Tiefentaler Bruch Wanderfalken. Diese Zeiten sind lange vorbei. Auch der Uhu hat diese beiden Steinbrüche längst aufgegeben. Geblieben sind einzelne Dohlen, hin und wieder ein völlig verwildertes Straßentaubenpaar, regelmäßiger Turmfalken und einige Kleinvögel. Für Hagenacker sind die Hausrotschwänze typisch; für die fast verfüllten Steinbruchsreste südwestlich Dollnsteins ebenso wie für Obereichstätt sind es die Steinschmätzer. Seit dem aufsehenerregenden, aber hervorragend dokumentierten Verweilen eines Saharasteinschmätzers in Buchenhüll braucht man wohl beim leider nur kurzfristi-

gen Beobachten eines keineswegs grau-, allerdings auch nicht schwarz-, sondern braunrückigen Steinschmätzers in den Steinbrüchen nicht mehr unbedingt an das Zusammenwirken von dunklem Bier und Sommerhitze zu denken. Eine ordentliche Dokumentation des Mittelmeersteinschmätzers aus unserem Gebiet steht allerdings noch aus.

Für das Dollnsteiner Gemeindegebiet selbst, nicht jedoch für den Landkreis gilt das auch noch für das Brutvorkommen der Haubenlerche, die neben der immer wieder aufzufindenden Feldlerche neuerdings auch in Steinbrüchen brütet und zwar sowohl westlich wie östlich von Dollnstein.

Steinbrüche und ihre Halden stellen unbedingt erhaltens- und schutzwürdige Sonderbiotope dar, die man, auch wegen ihrer Bedeutung für die Geologie, vor allem aber gerade wegen ihrer signifikanten Prägung des Kulturlandschaftsbildes durchaus nicht hinter zweifelhaften „Rekultivierungsmaßnahmen" zu verstecken braucht. An den Stellen, an denen ein Bruch wirklich stören würde, sollte man ihn tunlichst von vorne herein nicht genehmigen. Läßt man Steinbrüche nach dem Ende der Abbaumaßnahmen nur in Ruhe, renaturieren sie sich von selbst und überdies kostenlos.

aus: „Dollnstein - 600 Jahre Markt"
Kipfenberg 1987
Hercynia Verlag

Hagenacker *(Foto: Helmut Tischlinger)*

Das Juraland ist Lebensraum seltener Pflanzen und Tiere

Der Diptam blüht im Verborgenen. Er stammt aus den Mittelmeerländern und kommt nur an den wärmsten Stellen im Jura vor. Die Blüten duften nach Zitronen. Im Volksmund heißt der Diptam auch „Brennender Busch."
(Foto: Karl Olma)

Im Frühjahr kann man die Küchenschelle an den Jurahängen entdecken.
(Foto: Johann Bauch)

Zahlreiche seltene Schmetterlinge schweben durch das Juraland. Hier hat sich ein Schwalbenschwanz niedergelassen.
(Foto: Johann Bauch)

Helmut Tischlinger

Die geheimnisvollen Gleßbrunnen

Die Kalk- und Dolomitgesteine des Jura werden durch das Regenwasser angegriffen und teilweise aufgelöst. So bilden sich im Lauf der Zeit entlang von Klüften und Fugen im Juragestein immer größere Hohlräume, die manchmal auch einstürzen. Dabei entstehen die für alle Kalksteingebiete typischen Karsterscheinungen, wie Höhlen, Dolinen und Trockentäler.

Auch die bekannten Gleßbrunnen bei Wolkertshofen sind solche Karsterscheinungen unserer Juraalb. Sie gehören zu den stärksten Karstquellen des Eichstätter Raumes und fördern aus ihren zahlreichen Quellen etwa 400 Liter Wasser in der Sekunde. Das Wasser kommt aus größerer Tiefe und hat zu jeder Jahreszeit eine gleichbleibende Temperatur von etwa 12 Grad. Ihren Namen (Gleß-, Kleß-, Gläs-, Gleißbrunnen) erhielten sie nach der glänzenden, gleißenden Wasseroberfläche.

Der Durchmesser der beiden größeren Quellweiher beträgt etwa 10 - 15 Meter, ihre Tiefe 5 - 9 Meter. Das von den Gleßbrunnen abfließende Bächlein mündet nach etwa 1 km in die Schutter. Die fünf Quellweiher liegen ungemein malerisch zwischen Schilf, Büschen und Baumgruppen. Auf die botanischen und zoologischen Kostbarkeiten dieses Geländes wird in einem anderen Beitrag noch ausführlich eingegangen. Für den Besucher der geheimnisvollen Quellweiher muß es schon immer reizvoll gewesen sein, sich Gedanken über ihre Entstehung zu machen. Karl Kugler schreibt dazu in seinem 1868 erschienenen Buch:

„... im Schuttermoose findet man in den sumpfigen Gründen an manchen Stellen aufgehende Wasser, die mitten in den Wiesen aus brunnenartig gebildeten engen Schlünden heraufquellen. Sie sollen 60 - 80 Fuß und darüber tief sein und werden von den Einwohnern für unergründlich gehalten. Man nennt sie Gläsbrunnen. Merkwürdig sind sie immerhin, und wenn man in ihre schwarze Tiefe hinabschaut, kann man sich kaum eines unheimlichen Gefühles erwehren. Man kommt unwillkürlich auf den Gedanken, ob nicht da unten im Grunde Röhren über einem vulkanischen Herde gewesen sein mögen, in welche nach dem Erlöschen des Feuers unterirdische Wasser eingedrungen und sich durch den weichen Boden zur Oberfläche heraufgebohrt haben."

Vulkanische Erscheinungen waren natürlich an der Entstehung der Gleßbrunnen nicht beteiligt. Sie entstanden, ähnlich wie andere Karstquellen des Jura, durch aufdringendes Wasser aus dem mächtigen Karstwasserkörper der Frankenalb. Das im Jura anfallende Regenwasser dringt durch Spalten und Klüfte in die Tiefe, sammelt sich zu unterirdischen Gerinnen und wird über einer wasserundurchlässigen Schicht, dem Ornatenton, gestaut. So entsteht bis zu einer gewissen Höhe, dem Karstwasserspiegel, ein zusammenhängender Karstgrundwasserkörper. Wo die Jurakalke durch jüngere Ablagerungen bedeckt sind, so wie im Nassenfelser Gebiet und im Donauraum, hat das Karstgrundwasser ein Alter von mehreren tausend Jahren.

Durch das Gewicht der überlagernden wasserundurchlässigen Flinzschichten ist das Wasser außerdem „artesisch" gespannt und kommt, wenn es einmal entlang von Klüften einen Weg nach oben gefunden hat, mit großem Druck aus der Tiefe, durchbricht die Talfüllung und erweitert die Quelle zu einem weiten Trichter, wie wir es von den Gleßbrunnen kennen.

Bohrungen lassen vermuten, daß sich unter den Gleßbrunnen ein Riff der Jurazeit befindet, durch dessen Gesteinsspalten das Wasser der Quelltöpfe seinen Weg nach oben findet. Ähnliche Verhältnisse treffen wir auch bei der Nassenfelser Burg an. Dort sind die Karstquellen allerdings bereits versiegt. Von ihrer früheren Tätigkeit zeugen jedoch dicke Gesteinsschichten von abgelagertem Kalktuff, die bei den Ausgrabungen entdeckt wurden.

Für die einheimische Bevölkerung hatten die Gleßbrunnen wohl immer etwas Bedrohliches, Unheimliches an sich. Man glaubte, daß des Nachts Irrlichter auf den Mooswassern den Wanderer ins Verderben führten und, daß jeder, der in die Quelltöpfe gerate, ob Mensch oder Tier, darin rettungslos verloren wäre (nach Emmi Böck, Sagen und Legenden aus Eichstätt und Umgebung, Eichstätt 1977).

Emmi Böck berichtet in ihrem oben angeführten Buch, daß es noch um 1970 eine Ortsansässige als Frevel betrachtete, in den Gleßbrunnen zu baden und fest davon überzeugt war, man würde dabei ums Leben kommen. Zu diesem Glauben mag die Sage beigetragen haben, die sich um die Gleßbrunnen rankt: Danach soll ein Wolkertshofener Bauer, nachdem er sich verirrt hatte, in einem der Brunnen ertrunken sein, der verschollene Leichnam aber vor Notzeiten kurz aus dem Brunnen auftauchen und den Ortschaften „Leut' bet's" zurufen.

aus: „Nassenfels"
Kipfenberg 1986
Hercynia Verlag

Leonhard Schauer

Über die Glasindustrie

I. Geschichtliche Verbindungen mit Konstein

Die Entstehung und Entwicklung der Solnhofer Glasindustrie fand ihren Ursprung durch die Glashütte in Konstein. Von dort kam der Gründer dieses ehemaligen Solnhofer Industriezweiges. Ebenso kamen von dort die ersten Fachkräfte zur Herstellung des Glases und der Glasprodukte.
Von 1649 bis um 1700 und von 1785 bis 1840 war der geschichtliche und wirtschaftliche Ablauf eng mit Konstein verbunden.

II. Anfang der Glaserzeugung in Konstein

Der Ort Konstein liegt im Wellheimer Tal des Landkreises Eichstätt. Seine Geschichte reicht zurück bis ins 11. Jahrhundert. Nach den Berichten des historischen Vereins von Mittelfranken im Jahr 1857 und der Chronik der Marktgemeinde Wellheim aus dem Jahr 1981 wurde in Konstein vor über 400 Jahren mit der Glasherstellung begonnen.
In der Chronik von Wellheim ist als Gründer der Konsteiner Glashütte der Glasmacher Melchior Greiner aus Scharndorf angegeben. Mit 7 Beschäftigten nahm er unter primitiven und einfachen Verhältnissen die Glasproduktion auf. Schon in der Zeit des 16. Jahrhunderts mußten für die Gründung einer Glashütte die von der Standesherrschaft vorgeschriebenen Bedingungen erfüllt werden. Ein Vertrag zwischen den Pfalzgrafen Philipp und Ludwig zu Neuburg einerseits und dem Glasmacher Greiner andererseits enthielt richtungsweisend alle notwendigen Gebote und Verbote. Ein Auszug des Vertrages vom Jahr 1578 lautet:
„Contrakt zu wissen männiglich, wie sich Herr Philipp und Ludwig, Pfalzgraphen bey ihrem Herzog in Bayern, Grafen zu Veldenz, Stadthalter und Kammer Rath allhie zu Neuburg an der Donau an statt und ihrem Namen seiner Fürstlichen Gnaden mit Melchior Greiner von Scharndorf Glasmacher von wegen Errichtung einer Glashütte zu Constein nachfolgender Gestalt verglichen haben.
Erstlich hat Seine Fürstl. Hulden die zwei Häuser, die im Garten aufgebaut worden sind, samt derselbigen zugehörigen Plätze Vermög eines aufgerichteten Kaufbriefs käuflich zu kaufen geben, welche er und die Glasknecht zu ihrer Wohnung haben und gebrauchen mögen, desgleichen soll er die Glashütten, auch ferner Wohnun-

gen in dem Garten Baym Hofe, der ihm darzu eingeben ist, bauen und des Feuers halber aufs best mögliche verwahren.
Zu solcher Glashütten soll man ihm die Notdurfth Bauholz ohne Bezalung, wie dem Forster allbereit Befel geben, hernach aber, so oft er ferner Bauholz zur Glashütten oder für Wohnungen der Glasgesellen dürftig, soll unser Gnädiger Fürst und Herr mit schuldig seyn, ihm ferneres zu geben, es geschehe denn aus Gnaden und Geld oder umsonst und ihm aber zugewisen, im Garten so viel er Wohnungen zu seinem Handwerk nothdürftig ist, auf eigene Kosten und ohne Unseres Gnädigen Herrn und Fürsten entgelt zu bauen.
Und derweyl Constain in der Wildfähr ligt, soll er sich alles Pirschens und Waidwerks treiben und auch Fischerey, im Lande und gegen die Genachbarten ohne klagbar bey Straf und Umgeld verhalten, auch kein Hund so ihm zuständig ledig laufen, sondern bey der Herberg angelegt behalten, oder aber Brigel der Größe und Forst Ordnung nach gemaß anhenken lassen.
Item soll er auch alles dasjenige, so ihm zu seinem Handwerk des Glasmachens gebrauchen ohne Schaden der Unterthanen zu sich bringen.
Neben dem soll er auch obgemelte (oben bezeichnete) Gueter und was deren die gedachten Glasmacher in diesem Neuburgischen Fürstenthum noch mehr an sich bringen möchte, hochernannten Fürsten, Seiner Fürstlichen Hulden Erben und Nachkommen Ihren Hulden Kirchen- und Polices Ordnung gemäß verhalten, auch mit Steuer Pottmesigkeit wie andere im Lande unterworfen, die Inhaber derselbigen Gehorsam ohne Einrede zu leisten schuldig seyn, und damit auch Leichtfertigkeit und anderes Uebel desto mehr verhütet werden mögen, so soll er auch schuldig seyn, daß er einen Diner über virzehn Tag in seiner Arbeit halte, den selbigen dem Oberamtmann desselben Orts gebührender Pflicht zu thun dergestalt, allda Recht genommen und gegeben. Item soll er auch in Victualien, die er zur Haushaltung bedürftig, inner Landes kaufen, auch sich im Umgeld und also unserers Gnädigen Fürsten und Herrn ausgegangen Zoll und Umgelds ordnungsgemäß verhalten.
Von solcher Glashütten soll er jährlich auf Michaels in guter ganghafter Münz, Unserm Gnädigen Fürsten und Herrn zu Lasten zum Constain zehn Gulden herreichen schuldig seyn, und so oft seine Gesellen aus Haus oder Hütten auf obgemelten Plaz im Garten und vorhanden ist, auferbauen würden, soll er oder seine Gesellen jedes Jahr obgemelter Zeit zu reichen Züns und geben einen Gulden und eine Henne, auf einem schlechten Hüttlein aber, er oder seine Gesellen auferbauen würden, einen halben Gulden und eine Henne, und sollen alle obgemelten Züns auf Michaelis des kommenden Neun und Siebenzigsten Jahres (1579) zu bezahlen angehen und jährlich auf bestimmte Zeit richtiglich gereicht werden, und so er künftiglich zutraeglich, daß solche neu erbauten Häuser und Hütten, auf welche sie ihr

Erbrecht haben werden, gar oder zum Theils durch Todfall Haus oder in andere Weeg verändert würden, so soll er oder seine Gesellen von derselben jeder Hochernanntem Forster denselben Erben oder Nachkommen auf deren Lasten Constain zween Gulden Handlohn folgen und dem Landesbrauch nach verliehen werden. Zu dem soll der Glasmacher schuldig seyn, Unserm Gnädigsten Fürsten und Herrn dero Erben und Nachkommen der rechten Guete Glasscheiben in der rechten Dike und Größ und so viel Seine Fürstliche Gnaden in derselben Häuser bedürftig seyn würden, das Hundert pro sechzehn Kreuzer so und nit höher geben. Damit auch unser Hochernannter Gnädiger Fürst und Herr in Reichung der jährlichen Züns und Guelten und anderem von der berührten Glashütten desto habhafter und gewisser seyn möge, so soll obgenannter Grainer anstat einer Bürgschaft alsbalden vor Beziehung der Glashütten einhundert Gulden bahr dem Pflegrichter zu Raicharzhausen erlegen, welche der Richter habenden Befels nach um gewöhnliche Verzünsung gegen genugsame Vorunterpfändung anlegen soll, so der Grainer dieselbigen ohne Vermissen seiner Fürstlichen Gnaden die Macht haben dieselbigen aufzukünden.
Dem allen wie obstehet also nachzukommen und gänzlich zu geloben, Unserm hochgnädigsten Fürsten und Herrn getreulich und holt zu seyn, Ihre Fürstlichen Gnaden ferner zu finden, Schaden zu wehren und wo möglich zu wenden, hat obbemelter Glasmacher dem Fürstlichen Stadthalter und Kammer Rath einen laiblichen Ayd zu Gott geschworen, dessen zu wahrer Urkund seynd dieser Bestandsbrief. Actum Neuburg an der Donau dem dreizehnten Decembris Anno fünfzehn hundert und achtund siebenzig."
Ein weiterer Bericht über die Glashütte von Konstein, zusammengestellt von den Pfarrherrn Böheimb und Fetsch wurde im 25. Jahresbericht des historischen Vereins von Mittelfranken im Jahr 1857 abgedruckt. Dem Verfasser der Niederschrift in der Wellheimer Chronik über die Glashütte von Konstein war jedoch nicht bekannt, aus welchen Quellen die beiden Pfarrherrn ihre Angaben bezogen haben, wenn sie über die Geschichte der Glashütte folgendes berichteten:
„Sie wurde 1570 von Leonhart Hadenbeck und Jakob Heg aus Ulm gegründet. Sodann kam sie an Hans Greiner von Augsburg, der sie seinem Sohne Kaspar 1645, um jährlich 15 fl Pacht übergab, welche Summe ihm jedoch 1659 auf 25 fl erhöht wurde.
Hans Greimer zog 1649 nach Solnhofen, erhielt vom Markgrafen Albrecht von Brandenburg die Erlaubniß auf 30 Jahre gegen Erlag von jährlich 25 fl (= Gulden) und 60 Reichsthalern Leihkauf eine Glashütte zu errichten und zu betreiben. Da keine Leute von Kunstein Lust hatten, das Glasblasen zu erlernen, so waren anfangs alle Arbeiter Württemberger. 1647 berichtet Hans Greiner, Hüttenmeister, an Herzog Wolfgang Wilhelm zu Neuburg, daß er nur den halben Zins zahlen kön-

ne wegen des Einfalles der Kriegsvölker, daß er im 1. Jahr keine Ruhe über 8 Wochen hätte genießen können und im andern Jahre gar von Haus und Hof gemußt hätte, und neben andern Unterthanen vergangenen Winter durch die Schweden aus Rain um reverenter sein meistes Vieh gekommen sei; ohne was er sonst für Schaden gelitten. Kaspar Greiner berichtet 1740, daß seine Voreltern über 100 Jahr die Glashütte inngehabt und nur 15 fl bezahlt hätten, daß er bei Wolfs- und Hirschjagden, sowie Sauhatzen keine Frohnen mehr leisten könne, würden seine 7 Arbeiter nicht davon befreit, so zögen sie fort und die Hütte komme in Verfall. - Die Glashütte ist nachdem sie die Greinersche Familie bis auf unsere Zeit (1857) inngehabt hatte, jetzt Eigenthum des Herrn Bolle aus Nürnberg, ebenfalls eines geb. Ulmers und wurde durch ihn in einen trefflichen Stand gesetzt, so daß sich die Fabrikate (alle Arten Hohlglas) eines sehr bedeutenden Absatzes erfreuen."

Die Solnhofer Glasindustrie kam in der ersten Hälfte des 18. Jahrhunderts unter der Nürnberger Familie Keßel zur höchsten Blütezeit.

Außer der Glashütte im Ort bestand noch die sog. Spiegelhütte im nordwestlich gelegenen Solnhofer Wald und ein Glasschleifhaus, in dem in dieser Zeit von etwa 50 Beschäftigten vorwiegend Spiegelglasfabrikate hergestellt wurden.

Im Jahr 1738 wurde das ergiebige Solnhofer Gemeindesteinbruchgebiet in der südlich gelegenen Waldabteilung Truhenleite (heute Ortsteil Solnhofer Bruch) eröffnet. Diese aufstrebende Steinindustrie und Holzmangel führten zum Niedergang der Solnhofer Glasindustrie.

Durch die noch bestehenden Gebäude ist dieser Solnhofer Ortsbezirk mit der mündlichen Bezeichnung „in der Glashütte" überliefert.

aus: „Die Glasindustrie in Solnhofen",
Leonhard Schauer
Solnhofen 1987
Hrsg.: Gemeinde Solnhofen

Konrad Held

Das Eisenhammerwerk Hagenacker

Drei Faktoren bestimmten im Eichstätter Raum frühe Versuche einer Industrialisierung: Möglichkeiten, die Wasserkraft zu nutzen, der Holzreichtum als Brennstoff- und damit Energielieferant, die Bodenschätze - näherhin das Vorkommen von Eisenerz, das schon in römischer Zeit dokumentiert ist, heißt es doch von dem Kastellort Pfünz: ubi ferrum nascitur - wo Eisen wächst. Neben dem Holzreichtum der Wälder und dem vielseitig verwendbaren Kalkstein stellte also das Erzvorkommen einen wertvollen Rohstoff dar. Die Erzförderung ist bereits im 15. Jahrhundert nachzuweisen. Erzgruben befanden sich beispielsweise bei Pfraunfeld (Grube Rothenberg), südwestlich von Raitenbuch (Grobschwart) und bei Sperberslohe. In einem sehr ausführlichen Aufsatz beschreibt Ernst Schmidtill „die in Obereichstätt verhütteten Eisenerze des Eichstätter Landes", die verarbeiteten Erze, ihre Fundorte, Qualität und Ergiebigkeit, die Verhüttung dieser Erze und das Ende des Eichstätter Bergbaus.
Die schwierigen Transportmöglichkeiten und die unzureichenden Beförderungsmittel haben es nahegelegt, diese Bodenschätze möglichst an Ort und Stelle zu verarbeiten. Daher finden wir im Eichstätter Land schon im Mittelalter Eisenhämmer. So vermutet Franz Sand (1965) aufgrund von Eisenschlacke, die man im Anlautertal gefunden hat, daß die Untermühle in Emsing vielleicht einmal ein Eisenhammer gewesen sein könnte, so wie sich bei Kinding um 1270 einer befand. Denn auch im Anlautertal findet sich auf den Höhen zu beiden Seiten auch heute noch genug schmelzbares Erz. Und noch immer trägt ein Teil der Flur zwischen Grafenberg und Emsing den Namen „Erzgrube".
Besonders ergiebig war eine Fundstelle im nahen Niefang. Nach dem Ersten Weltkrieg, als die lothringischen Erzgruben für Deutschland verloren gegangen waren, suchte man im Eichstätter Raum noch allenthalben nach Ersatz für diese Bodenschätze. So wurden die Niefanger Gruben wiedereröffnet. Man legte einen 25 Meter tiefen Schacht an; zum Abtransport wurde eine Straße von Enkering nach Niefang gebaut, um das gewonnene Erz zur Verhüttung in die Amberger Luitpoldhütte bringen zu können. Das hier gewonnene Erz hatte 45 Prozent Eisengehalt. Die Niefanger Erzgrube, so berichtete Franz Sand, war eine Sehenswürdigkeit; Schulen besuchten sie auf ihren Wanderungen, so wie man heute die Steinbrüche besichtigt.
Auch an anderen Stellen auf der Jura-Hochfläche finden sich solche Erzvorkom-

men, beispielsweise bei Hirnstetten, Wachenzell, Bergen und dem schon erwähnten Pfraunfeld. Diese Erze wurden früher gesammelt und zur Verhüttung zum Hochofen in Obereichstätt gebracht. Vorher wurde das Erz noch gereinigt, gewaschen, wie man sagte. Oberhalb von Titting findet sich heute noch eine solche Erzwäsche in einem kleinen Seitental der Anlauter. Im Einzugsbereich des Berg- und Hüttenamtes Obereichstätt wurden 1858 noch insgesamt gefördert: 7295 Zentner Stuferze (Doggererze) und 41562 Zentner Bohnerze und brauner Toneisenstein. Im Obereichstätter staatlichen Bergbau waren zuletzt - vor der Auflassung aller staatlichen Gruben im Jahre 1860 - vier Steiger und 70 Bergarbeiter mit 124 Familienmitgliedern tätig.

Neben Obereichstätt war auch Hagenacker Standort eines Eisenhüttenwerkes. Um 1790 betrug die Jahresproduktion an Gußwaren in den beiden Eisen- und Hüttenwerken 2500 Zentner und an geschmiedetem Eisen 2600 Zentner. Bei dem Gewicht des Eisens also keine überwältigende Produktionsmenge. Mit dem Verzicht auf den Abbau der Eisenerzvorkommen im Eichstätter Raum war auf lange Sicht auch das Schicksal der Hüttenwerke besiegelt: In Hagenacker ist der Eisenhammer schon nach 1830 „abgegangen", wie es in den alten Schriften heißt, das Hüttenwerk Hagenacker wurde 1882 stillgelegt, das Werk in Obereichstätt bestand noch einige Jahrzehnte weiter. Daneben gab es in der Nachbarschaft in Altendorf auch noch eine Zeug- und Waffenschmiede.

Die Mitteilung im Historischen Atlas von Bayern (1959), daß das Hammerwerk bereits nach 1830 „abgegangen" sei, befindet sich allerdings in einem gewissen Widerspruch zu der Schilderung von Anton Hotter (1875): „Kehren wir nach Dollnstein zurück und wenden uns durch den äußeren Markt gen Westen, rechts der Altmühl mit der Brücke, links ein kahler, einsamer Felsen, Rabenstein, so kommen wir nach Hagenacker (hag = Umfriedung, umfriedeter Acker). Dumpfe Schläge künden uns das Hammerwerk, das in gutem Betrieb steht ... 1740 wurde hier und in Obereichstätt ein Blechhammerwerk errichtet, 1840 ein neues Hüttengebäude hergestellt. Eine starke Wehre mit gußeisernem Haarbaume leitet die Altmühl in den Hammerkanal."

Dieser Text schildert in etwa auch den Zustand, den eine Lithographie von Emil Büttner (ca. 1835) festgehalten hat.

Die Geschichte des Hammerwerkes von Hagenacker reicht wenigstens bis ins 14. Jahrhundert zurück. Über die Gründungszeit fehlen exakte Angaben, doch wird eine derartige Anlage 1377 erstmals genannt. 1493 wird ein Leonhard Weischer als Hammermeister erwähnt. Es bestand also damals schon eine Hammerschmiede. Lange vorher freilich war bei uns der Gebrauch des Eisens schon bekannt. Um das Jahr 1200 bzw. 800 vor Christus begann im Altmühltal die Eisenzeit. An den Küsten des Mittelmeeres war dieses Metall damals so wertvoll, daß man anfangs nur

Schmuckstücke daraus gemacht hat. Waffen aus Eisen gab es erst viel später. Fremde Händler brachten sie zunächst ins Altmühltal. Die Kelten waren dann die ersten, die in den letzten Jahrhunderten vor Christus auch auf den Jurabergen und im Altmühltal die Schmelzöfen rauchen ließen. Die kleinen Schmelzöfen der Kelten waren nur einen Meter hoch und wurden mit Holzkohle geheizt, denn Steinkohlen wurden damals noch nicht verwendet. Das Brennmaterial lieferten die riesigen Wälder unserer Heimat reichlich. Die notwendige Hitze erzeugte man mit Hilfe eines einfachen Gebläses. Das flüssige Eisen ließ man wie heute in Formen laufen, schmiedete es zu eigenartigen spitzigen Barren und verkaufte es als Roheisen oder schmiedete selbst Waffen und Geräte daraus. Da die Ausbeute der Erzvorkommen durch diese noch unvollkommenen Schmelztechniken nicht sehr hoch war, wurden die verbliebenen Schlackenhalden wie das Bohnerz später nochmals in die Hochöfen geworfen, um ein zweites Mal Eisen daraus zu schmelzen. Vor einigen Jahrzehnten kam in Dollnstein ein solcher Rest eines vorgeschichtlichen Hochofens bei Bauarbeiten zum Vorschein. Allerdings hat man den Fund damals nicht genügend beachtet und zerstört.
Noch in der Mitte des vorigen Jahrhunderts bestand die Aufgabe der Hammerschmiede darin, Schmiedeeisen aus dem Guß und einzelne Gegenstände aus Guß- und Schmiedeeisen herzustellen. Der Guß aus der Oberpfalz mußte mit Pferdefuhrwerken von der nächsten Bahnstation - das war Pleinfeld - abgeholt werden. Die Bahnlinie Ingolstadt-Treuchtlingen wurde ja erst 1867 bis 1870 gebaut. Zur Gewinnung von Schmiedeeisen aus dem Guß benötigte man sehr viel Holzkohle. Sie wurde gebrannt aus dem Holz der Wälder der Umgebung, wobei das Einzugsgebiet flußaufwärts bis Treuchtlingen und altmühlabwärts bis Kinding reichte. Aus den Kohlenbrennereien schafften Pferdefuhrwerke die Holzkohlen nach Hagenacker. Hatten vorher schon die mittelalterlichen und späteren Hochöfen die Schlacke der vorgeschichtlichen Eisenschmelzen nachbereitet, so kam noch in diesem Jahrhundert ein schlauer Unternehmer auf die Idee, die beiden großen Schlakkenhalden von Hagenacker, die an den Berghang geschüttet worden waren, nach Bunzlau in Schlesien transportieren zu lassen. Und er soll damit gute Geschäfte gemacht haben, denn die Schlacken enthielten noch 60 Prozent Eisen.
Wie sich das Leben zwischen den Hammerschmieden und der übrigen Bevölkerung abspielte, das schilderte Alois Kraupner: „Die Hammerschmiede waren in den umliegenden Dörfern gern gesehene Gäste. Frohsinn und Heiterkeit zeichnete sie aus. Infolge ihrer stetigen Arbeit am offenen Feuer hatten sie viel Bedürfnis nach Flüssigkeit. Wenn die Hammerschmiede sonntags oder bei festlichen Gelegenheiten die Dörfer besuchten, ging es bei Gesang, Tanz und frohem Spiel lustig zu. Nur wenn ein junger Hammerschmied eine holde Bauernmaid freien wollte, kam es zwischen Bauernbuben und Hammerschmieden zu Zwistigkeiten und

selbst zu Raufereien. Für Hammerschmiede, die an Geldmangel litten, lieferte eine Quelle, die noch vorhanden ist, das nötige Erfrischungsgetränk. Starb ein Hammerschmied oder ein Dorfbewohner, dann wurde seine Leiche auf einem Kahn nach Dollnstein gebracht, dort hinter dem Gasthof „Zur Post" ausgeladen, worauf der kirchliche Kondukt seinen Anfang nahm."

Kraupner wies auch auf die schwierige wirtschaftliche Lage des Unternehmens hin: „Man kann sich denken, daß der Hammer Hagenacker für den Staat ein sehr unrentabler Betrieb war. In den achtziger Jahren des vorigen Jahrhunderts wurde er aufgehoben, nachdem mehrere Jahre früher der obere Hammer, die Hammermühle, geschlossen worden war und einige Jahrzehnte später Obereichstätt denselben Weg ging. Nun gehörten die drei staatlichen Eisenwerke der Geschichte an. Das aufgelassene Werk in Hagenacker wurde von drei Müllern - Weiß (Hammermühle), Kelz (Kohlmühle), Schuster (Bubenrother Mühle) - aufgekauft, da sie eine Konkurrenzmühle befürchteten. Von ihnen gingen die Gebäulichkeiten an die Industrie über. ...

aus: „Dollnstein - 600 Jahre Markt"
Kipfenberg 1987
Hercynia Verlag

Hinweis: Eine Waffen-, Huf- und Hammerschmiede kann man noch in Hexenagger besichtigen:
Hammerschmiede Huber
Schambachweg 3
8426 Altmannstein-Hexenagger
Telefon (0 94 42) 13 86

Kapelle in Meihern *(Foto: Kopp)*

Wilhelm Kraft

Sie logierten in Dietfurt: Könige und Kaufherren

Nicht nur das im unteren Altmühltal gelegene, oberpfälzische Städtchen Dietfurt kann auf eine reiche Geschichte zurückblicken, sondern auch das gleichnamige Dorf an der Altmühl zwischen Treuchtlingen und Pappenheim. Der in Pappenheim geborene Historiker Dr. Wilhelm Kraft (gest. 9.2.1969 in Nürnberg) hat sich in umfangreichen Forschungsarbeiten mit der Geschichte dieses Gebietes beschäftigt:

Wer von Süden her auf der Bundesstraße 2 sich dem Ort nähert, wird sofort beeindruckt durch die mächtigen Steinmassen westlich der Straße, die erkennen lassen, daß hier am „Weidstein" der wertvolle harte Jurakalk abgebaut wird. Im Kataster und auf dem Katasterblatt steht dieser Name, aber so geschrieben ist er unrichtig und falsch. Er hat mit Weide nichts zu tun. Im Dialekt lautet Weide „woad". So ist es dann zu erklären, daß der Berg, der eigentlich die Benennung „Wartstein" seit Jahrhunderten in den Salbüchern führte, seinen bedeutungsvollen und kriegerischen Namen zugunsten des friedlichen Namens „Weidstein" abgeben mußte. Der Name Wartstein, also Wartburg, Befestigung zum Schauen und Erwarten eines Kommenden, wird sofort deutlich, wenn wir die Höhe ersteigen und von dem mächtigen Felsen hineinschauen ins Land. Man konnte hier oben spähen und schauen: von Norden her über Nürnberg kommend zog einst und zieht noch jetzt die große uralte Handelsstraße vorbei, welche Germanien mit Italien verband.

Schauplatz der Geschichte

Auf diesem Wege, der hier die Altmühl mit Hilfe einer Furt, bzw. einer schönen Steinbrücke überquerte, marschierten einst Römer und Germanen, wälzten sich im Mittelalter Heerzüge und Kaufmannskarawanen nach Welschland. Hier, auf den weiten Wiesen- und Ackerflächen, lagerten 1632 Schweden und später Kaiserliche, sammelten sich um 1704 Österreicher und Reichstruppen gegen die Franzosen. Am Straßenrand nahe beim Wirtshaus wurden von Raubrittern unschuldige Fuhrleute erstochen und im Hofe der Taverne vor der Tür in derselben Stunde, als Strauchdiebe 1529 einem Arzt am Waldsaum oben die Hand abhackten, ein Hilfesucher schmählich ermordet. Am Weidstein steht nicht weit vom

Wirtshaus entfernt in der Nähe der verschwundenen Moritzkapelle eine Steinsäule mit einer kugelsegmentähnlichen Einhöhlung oben. Sie diente in der Römerzeit als Standplatz für eine Kaiserstatue.
Das alte Wirtshaus, die Taverne in Dietfurt, reicht geschichtlich weit in die Vergangenheit zurück. Sie kann sicher dasselbe Alter in Anspruch nehmen wie die Taverne in dem benachbarten Trommetsheim, von der man urkundlich weiß, daß sie dem Kloster St. Emmeran in Regensburg gehörte und die schon 1031 erwähnt ist. Unser Gasthaus gehörte seit 1034 dem Kloster St. Walburg in Eichstätt als Schenkung nebst anderen vielen Gütern in Dietfurt durch den reichen vornehmen Grafen Leodegar. Kurze Zeit darnach hat auch der Kaiser seiner Gattin hier sein Erbgut als Heiratsgabe überlassen. In der Taverne versammelten sich seit alters am Vortage von St. Andreas (30.11.) die Untertanen des Klosters, um dem hier erschienenen Amtmann, dem Probst, ihre Schuld, d. h. ihre Abgaben an Erbgeld und „Gilt" zu überliefern. Nicht einmal in der Nacht kam dieser Mann zur Ruhe. Wenn er sich morgens müde aufs Roß schwang, um davonzureiten, konnte es sein, daß ihm noch ein Säumiger an den Steigbügel griff und seine Geldschuld anbot. Der Probst konnte sich nicht weigern, die Gilt zu nehmen. War aber der Probst schon aus dem Wege, so bedeutete das für den Zuspätgekommenen, daß er nun die „Zwiespil", das Doppelte der ursprünglichen Summe zu entrichten hatte. Sie steigerte sich nochmals um das Doppelte bei weiterem Versäumnis. Es war ein böses Recht, das „Hanenkammer Zinsrecht". Das sagt sogar ein Stadtvogt dieser Zeit. Solche säumigen Schuldner wurden zugunsten anderer soliderer Zahler abgehalftert. War aber ein Bauer wegen einer ungesühnten bösen Tat landflüchtig geworden und dem Kloster noch die „Gilt" schuldig, so gab ihm das Recht noch eine Chance: „Wär' es, daß er niendert zu Licht und zu Land kummen gedürft, von Sorge seines Leibes wegen, so soll er meiner Frauen, die Äbtissin, so lieb verreden, daß der Probst zu ihm reit oder geh, an ein Holz (= Wald), das ihm gelegen sei; ob er nicht weiter könne, so soll er wenigstens einen Fuß heraus von dem Holz setzen und den andern drinnen lassen, und soll sein Erbe von der Äbtissin trotzdem empfangen."

Der Meierhof

Das eigentliche „Bauding", die Gerichtsverhandlungen und Streitschlichtungen der Bauern des Klosters, fanden im Meierhof statt. Der Meier hatte dafür zu sorgen, daß die Äbtissin und ihr Gefolge, etwa 20 Leute, gut unterkamen und reichlich mit Essen und Trinken versehen wurden. „So soll der Meier zu der ersten Schüssel geben auch Wein und Semmel. Zu der andern Schüssel (zweiter Gang) mag er geben Bier, ob er will. Erbeut er es aber meiner Frauen Hofgesind besser, so hat sie ihm zu danken, und das soll er tun zwo Nächt und dreimal." Wenn man freilich von Seite des Meiers einen übersah und etwas versäumte, beispielsweise das Pferd des Kochs nicht unterbrachte, so mag der Koch sein Pferd binden in die Kuchen zu sich, wenn er will an den Pfannenschalk, und mag dem Pferd geben, was er unter der Hand hat."

Daß in der Taverne im Laufe der vielen Jahrhunderte auch recht sonderbare Leute übernachteten, ist klar. Da saßen vielfach an einem Tisch die Landfahrer, am anderen Kaufleute und Handelsherren aus den Städten Deutschlands und Italiens, am dritten Tisch wohl die Fuhrleute aus aller Herren Länder, weiterhin die einheimischen und benachbarten Bauern, oftmals dazu noch Hochzeitsgäste. Alle aber mit der Waffe versehen, sei es mit dem Kurzschwert oder einem Wurfbeil. Auch die durchziehenden Studenten, Landsknechte und Gelehrten sollen nicht vergessen sein. Der Wirt hatte oft nicht genug Hände und noch öfter nicht genug Diener und Söhne, um böswillige Burschen zur Raison zu bringen und er mußte gar manchmal zum Spieß langen, um der rabiaten, mit den Waffen um sich schlagenden Raufbolde Herr zu werden. Das beweisen die vielen Stadtvogteiakten.

Wirt mußte schlagkräftig sein

Vornehme Gäste nahmen hier aber auch Station, und so ein Wirt mußte neben passender Schlagfertigkeit auch über Sprachkenntnisse und Lebensart verfügen, um beispielsweise mit einem König, wie Gustav Adolf, der hier 1632 mehrmals logierte, oder dem König von Böhmen, Pfalzgraf Friedrich, sprechen und „gut' Red' und Antwort geben" zu können. Berühmt ist heute noch der Wirt Heimbucher, ein fast gelehrter Mann. Lange Zeit vor ihm saß das Geschlecht der „Michel" auf der Taverne (17. Jahrhundert).

Um 1500 aber ist es ein Jörg Ramsperger, dessen Wappen in dem Steinbogen über der Tür des Hauses eingehauen ist. Und noch weitere 100 Jahre zurück lebte hier ein anderer Jörg, der als Rabensperger bezeichnet wird, offenbar ein Vorfahre des Ramsperger, denn Ram und Rabe ist identisch (Wolfram, Bertram usw.). Wieder 100 Jahre zurück finden wir im Jahre 1303 einen Conrad Tucher als Taverner, dem die Äbtissin trotz seiner schon lang anstehenden Schulden sehr entgegenkam. Tucher bedeutet soviel wie Tuchmacher oder aber Tuchhändler. Es handelte sich zumeist um reiche Leute. Es ist bekannt, daß im Gedicht „Iwein" von Hartmann von Aue (um 1190) ein vornehmer Ritter durch seine schlecht bezahlten Leute (Frauen) weben, ja eine ganze Fabrik zur Herstellung von mit Goldfäden durchzogenen Seidengeweben versehen ließ.

Ob nun unser Conrad Tucher mit dem „Konrad Tucher", den das „Tucherbuch"

in Nürnberg als Stammvater des Geschlechtes der Tucher bezeichnet, der 1318, 1323 urkundet und 1326 starb, etwas zu tun hat, ist eine Frage. Es könnte sein, daß unser Conrad Tucher in Zusammenhang mit den Nürnbergern steht. Er taucht jedenfalls vor den Nürnbergern in Dietfurt auf (1303), sogar vor dem Bertold Tucher, der 1309 als Bürger in Nürnberg aufgenommen wird. Bedeutsam scheint mir noch folgendes zu sein: Die Nürnberger Tucher führen einen Mohrenkopf im goldenen Feld und außerdem die Farben Schwarz und Silber im Schild oben. Die Farben Gold und Schwarz aber sind charakteristisch für den Zusammenhang der Tucher mit einem kaiserlichen Herren oder einem im Dienste des Kaisers stehenden hohen Amtsinhaber.
Nun führen die Marschälle von Pappenheim im Mittelalter (bis etwa 1400) den Imperatoren-, bzw. Mohrenkopf im goldenen Schilde. In ihrer Rennfahne aber finden wir die Farben Schwarz und Silber, also genau Figur und Farben wie sie die Tucher zeigen. Sollte das ganz Zufall sein? Die Marschälle waren aber Vögte des Klosters St. Walburg in Dietfurt schon seit vor 1200 und ebenso Vögte über das Reichsgut dortselbst, bis ihnen nach der Pappenheimer Überlieferung durch Heinrich VI. und Friedrich II. das Königsgut dort zu eigen überlassen wurde. Daß außerdem aus der Gegend, die die Pappenheimer verwalteten und besaßen, viele ansehnliche ritterliche Geschlechter um 1300 nach Nürnberg hineingezogen sind, wie die Salacher, Kaldorfer, Tanzhuser, Hausher, Ellinger, Weißenburger, Ruppmannsburger, Stopfenheimer, Minner, Goldener, Stozzer, Spalter, Forster, ist auch beachtlich.

Kamen die Tucher aus Dietfurt?

In Dietfurt liegt ein „Burkstall", schon 1407 und früher so bezeichnet, links der Altmühl, und der „Wartstein" rechts des Flusses. Auf ihnen hausten wohl die Ministerialen, von denen 1158 Cuno von Dietfurt genannt ist. Freie und ritterliche Hofbesitzer, so Rudiger und sein Bruder Conrad und dessen Sohn Conrad lebten um 1240 und stehen im Zusammenhang mit den Rittern von Ottingen. Auch diese Dietfurter sind Pappenheimsche Ritter; denn in Urkunde von 1250 erscheinen neben Conrad von Weilheim wieder unser Conrad von Ottingen und ebenso Conrad von Dietfurt als adelige Zeugen. Es ist bekannt, daß nach dem Ausgang des ritterlichen Zeitalters die kleinen Adeligen auf den Dörfern sich vielfach als Inhaber von Tavernen und Gasthäusern, Brauereien finden (Schambach, Bieswang, Gebersdorf usw.). Das alles läßt eine Herkunft der Tucher in Nürnberg aus dem Ort Dietfurt bei Pappenheim nicht unmöglich und jedenfalls weiterer Untersuchung würdig erscheinen. Alte Lehensbeziehungen Nürnberger Familien (Ebner, Spalter, Haller, Grundherrn, Kress, Fetzer, Schopper, Deichsler) deuten in die gleiche Richtung.

So führt eine kurze geschichtliche Betrachtung der Dietfurter Taverne und ihrer Besitzer mitten hinein in Fragen des ständischen, politischen und wirtschaftlichen Lebens im Mittelalter und beweist auch hier an einem kleinen Beispiel, wie sehr kleine Orte unserer Gegend verbunden sind mit der geschichtlichen Entwicklung des Großen und Ganzen.

aus: Weißenburger Nachrichten
vom 2.2.1965

„Gasthaus zur Post" in Dietfurt

Renate Goetzl

Berchinger Historchen

Am Haus in der Bahnhofstraße Nr. 12 findet sich ein Steinrelief mit der Inschrift „Das Haus steht in Gottes Hand, zu der Eichen ist es genannt". Neben diesem Haus soll sich in alter Zeit der Beratungsplatz befunden haben, an dem die Berchinger Bürger ihre Gemeindeangelegenheiten erörterten. Mit der Erbauung der Neustadt (der heutigen „Altstadt") und der Errichtung des Rathauses wurden die Beratungen in das neuerbaute Rathaus in der Stadtmitte, das später abbrannte, verlegt.

An dieser Stelle wollen wir einen ersten Blick in die Berchinger „Ehaften" werfen, die bereits zu Beginn des 15. Jahrhunderts aufgrund der seit alters bestehenden Rechtsgebräuche vom Ratsschreiber aufgezeichnet wurden und anderen Städten zum Vorbild dienten - ein früher Vorläufer der heutigen „Mustersatzungen".

Diese Verordnungen verrieten großen Gemeinsinn und Fürsorge für den wirtschaftlich Schwächeren. So durfte zum Beispiel nur eine gewisse Höchstzahl von Schafen auf die Weide gegeben werden, um einer ausschließlichen Nutzung der Weide durch die Reichen vorzubeugen. Um denen, die kein Vieh besaßen, den erforderlichen Dung für ihre kleinen Grundstücke zu sichern, durfte kein Mist aus der Stadt verkauft werden.

Doch auch die Versorgung mit Nahrungsmitteln war sichergestellt: Der Kammerer war nicht nur befugt, über die Beschaffenheit des Brotes zu wachen, sondern auch darüber, daß in der Stadt nie Brotmangel auftrat. Vor allem mußte immer Schwarzbrot, das billige Brot des armen Mannes, in ausreichender Menge vorhanden sein - und wenn nur noch großes Brot vorrätig war, so mußte dieses zerschnitten und in der gewünschten Menge abgegeben werden.

Hatten die Bäcker ihre Pflicht verletzt und nicht genügend Schwarzbrot bereitgestellt, so war der Kammerer befugt, sie drei Tage „auf die Stadtthürm zu sperren" - allerdings umsichtig, damit während der Haftzeit das Brot in der Stadt nicht ausging ...

Ähnlich weitsichtig und immer auf das Wohl aller Bürger abzielend waren die Bestimmungen für andere Bereiche: Kammerer und Satzherren überprüften jedes zum Verkauf gebrachte Stück Fleisch, das z.B. nicht von Tieren stammen durfte, die der Wolf gerissen hatte.

Das wertvolle Salz mußte auf unsicheren Wegen herangeführt werden - Raubrit-

ter und Strauchdiebe trieben ihr Unwesen. In Berching erhielten, wie die Chronik berichtet, einige angesehene Bürger als Entschädigung für „unverschuldete Gefangenschaft" von der Stadt 100 Gulden ausbezahlt.
Das Obst, das vom Land in die Stadt gebracht wurde, durften die gewerbsmäßigen Händler erst am nächsten Tag erwerben - erst sollten die Bürger ihren häuslichen Bedarf decken ...

aus: „Berching in der Oberpfalz"-
Histörchen aus der Historie
der 1100 jährigen Stadt
Hrsg.: Neumarkter Tagblatt
(Mittelbayerische Zeitung)
Berching 1983

Berching *(Foto: Renate Goetzl)*

Wilhelm Ernst

Das Tagebuch von Pfarrer Söhrr über die Franzosenkriege (1796 - 1809)

Als erster Chronist von Oberhaunstadt ragt Joseph Maria Söhrr aus der Reihe der Pfarrer heraus. Seine Beschreibung der Kriegsjahre um 1800 wurde sogar schon mehrmals gedruckt, so zur 100jährigen Erinnerung im Jahre 1896 im Sammelblatt des Historischen Vereins Ingolstadt und auch im Unterhaltungsblatt der Ingolstädter Zeitung, außerdem in der überörtlichen Zeitschrift „Bayerland" (9. Jahrgang 1898). Eine schriftstellerische Ader ist ihm nicht abzusprechen. Seine Feder ist humorvoll, kritisch und nicht ohne Gestaltungskraft. Schon als Pfarrer von Etting gab er, allerdings ohne seinen Namen zu nennen, im Jahre 1788 ein neues Wallfahrtsbüchlein heraus mit den Titel „Von den drey Heiligen Elenden Archus, Herenneus, Quardanus, deren Gebeine zu Ötting bei Ingolstadt zur Verehrung ausgesetzt sind". Das 40 Seiten starke Büchlein wurde bei Valentin Haberberger, Ingolstadt, gedruckt. Die zunehmende Verehrung der Heiligen veranlaßte ihn auch, ein eigenes Formular zur Feier ihres Festes für die Messe und das Brevier zu entwerfen. Das wurde aber von Eichstätt nicht genehmigt.
Söhrr stammte von Amberg, hatte sich als Jesuit den theologischen Doktortitel erworben. Nach Auflösung des Jesuitenordens im Jahre 1773 ging er in die Weltseelsorge. Im Jahre 1787 erhielt er die Pfarrei Etting und 1794 Oberhaunstadt. Als er am 18. Juli 1813 Verwandte aus Ingolstadt getraut hatte, traf ihn unmittelbar danach in der Kirche von Oberhaunstadt der Schlag. Er starb im Alter von 74 Jahren. Alle seine Pfarrkinder sprachen noch zeit ihres Lebens mit großer Achtung und Rührung von ihm.

★

Fast 20 Jahre, nämlich von 1796 bis 1815, kam Europa nicht mehr zur Ruhe. In den Kriegen, in denen Frankreich seine Revolutionsideen nach Osten tragen und Napoleon ein neues Europa schaffen wollte, bis ihm dann selbst wieder die Macht aus den Händen gerissen wurde, verging fast kein Jahr, in dem nicht Kämpfe, Durchzüge, Einquartierungen und Plünderungen stattfanden. Dr. Joseph Maria Söhrr schildert in seinem Tagebuch lebendig und anschaulich, oft auch mit Bitterkeit, dann auch wieder mit Humor diese schwere Zeit. Was er von 1796 bis 1809 geschrieben hat zur „Posterorum memoriae" (zur Erinnerung für die Nachkommen), soll in vollem Wortlaut wiedergegeben werden. Gekürzt wurde lediglich die Beschreibung des Jahres 1796, soweit sie Oberhaunstadt nicht betrifft.

1796

Ende Juli gab es die ersten Einquartierungen im Dorf. Es waren kaiserliche Truppen auf dem Rückmarsch. Am 2. August kam ein Rekruten-Transport von 150 Köpfen. Sie wurden hier und in Unterhaunstadt in einem Getreidestadel eingesperrt. Ich mußte für drei Köpfe Kost und Trunk geben. Am 16. August ist Erzherzog Karl, der Bruder des Kaisers und Kommandierender Generalfeldmarschall, mit drei anderen Generälen um 10 Uhr vormittags in Ingolstadt angekommen. Am nächsten Tag gegen 8 Uhr zog die Avantgarde derArmee der Erzherzogs Karl auf der Chaussee durch unser Dorf gegen die Obere Pfalz. Nachmittags gegen 2 Uhr folgten auf eben dieser Straße die übrigen 50 000 Mann und schlugen ein Lager von Lenting über Kösching, Mailing zu. Der Zug der Armee dauerte bis tief in die Nacht.

Am 18. August kampierte die Armee im Lager. Soldaten und Soldatenweiber kamen in unser Dorf um Brot, Eier, Schmalz, Butter, Salz, Milch, Essig, Bier, usw. Die beim Fuhrwesen angestellten Knechte raubten für ihre Rosse Haber, Gerste, Linsen, Erbsen. Sie führten Sicheln bei sich und mähten das Gras von den Wiesen ab, stahlen Grummet. Diese ungezogenen Burschen brachen bei Nacht den Bauern in die Ställe ein und entführten Schweine, Schafe, fingen Gänse und Hühner zusammen, so daß die Bauern der Nachbarschaft Sturm läuteten. Auch im hiesigen Dorf sind Schafe und Schweine gestohlen worden.

Am 19. August passierten Munitions-, Proviant- und Bagagewägen dem Tausend nach hier vorbei. Es wurde wieder viel auf den Feldern gestohlen. Heute hörten wir aus der Ferne stark kanonieren. Tags darauf brach die Armee auf. Ich mußte auf Befehl des Marschkommissariats zwei Pferde als Vorspann geben und schickte meinen Mitterknecht mit, damit er die Rosse besorge. Meine Pferde mußten bis Frankfurt. Mein Knecht starb auf dem Rückwege und liegt in Freystadt, einem Städtchen in der Oberen Pfalz, begraben. Nach 6 Wochen brachte mir ein fremder Knecht meine ganz verunstalteten, ausgehungerten Pferde zurück und machte mir noch eine Rechnung von 11 Gulden und 10 Kreuzern.

Am 30. August nahm man sehr viele Franzosen in der Nähe des sogenannten Castulusberges wahr, die sich von Geisenfeld dahinzogen und sich über Ernsgaden, Manching, Rothenturm, Kothau, Hundszell, Zuchering, Kleinsalvator, Haunwöhr verbreitet hatten.

In den ersten Septembertagen herrschte auf dem diesseitigen Ufer große Furcht, die Franzosen könnten auf das linke Ufer der Donau kommen. In allen Dörfern

wurden bei Nacht große Feuer angezündet und Wachen ausgestellt; es wurde auch verabredet, daß man bei erster Wahrnehmung einiger Franzosen sogleich Sturm läuten und das Signal zur gemeinschaftlichen Hilfe geben solle. Es ließen sich aber keine Franzosen bei uns sehen. Die hiesige Gemeinde hatte sich bei dem Herrn General Kerpen in Ingolstadt 4 Mann Reiter gegen bare Bezahlung und Verpflegung zur mehreren Sicherheit ausgebeten, die im hiesigen Chevaulegers-Hause wohnten. Als die Franzosen am 10. September erfuhren, daß die Nordarmee unter Jourdan von Erzherzog Karl bei Würzburg besiegt worden sei, setzten sie sich nach Neuburg in Bewegung. Einige Soldaten fanden einen Weg durch die Donau, an einem Platze, wo die Hüter das Vieh hin und her trieben.
Nun standen die Franzosen auf dem linken Ufer der Donau. Am 11. September waren sie schon in Nassenfels, Wolkertshofen, Egweil, Straß, Buchsheim, Pietenfeld und rückten gegen Dünzlau und Gerolfing vor.
Abends 8 Uhr entstund in unserem Dorfe und in der ganzen Nachbarschaft ein lärmendes Geschrei: „Die Franzosen kommen!" Unterdessen kamen viele Flüchtlinge aus den eben genannten Ortschaften und bekräftigten den Lärm. Ein Rittmeister, der hier an Fieber krank lag, und ein Felddoktor, der bei mir einquartiert war, bekamen durch einen Reiter Ordre, unverzüglich in die Stadt zurückzukehren. Nun war der Schrecken allgemein. Alles lief durcheinander, schrie und weinte. Die Bauern packten ihre Mobilien samt den Weibern und Kindern auf Wägen und fuhren weg. Das Vieh wurde auf das Feld hinausgejagt. Mägde und Knechte liefen mit ihren Wanderbündeln fort und Zeit einer Stunde war das ganze Dorf fast leer. Ich eilte sogleich in die Kirche, sumierte die Hl. Hostien und packte die besten Sachen der Kirche ein. Dann lud ich sie auf den nämlichen Wagen, auf welchem auch meine Mobilien, in Kisten verschlossen, geladen waren und ließ den Knecht mit selben nach Mehring fahren; so machte es auch der hiesige Verwalter Lottner.
Am 12. September gingen ich und der Verwalter unseren Wägen bis Mehring nach. Dort erfuhren wir durch ausgeschickte Boten, daß die Franzosen sich ins Eichstättische gewendet hätten und für uns nichts zu fürchten sei. Wir kehrten also nachmittags wieder nach Haus, ließen aber die mit unseren Effekten beladenen Wagen in die Stadt führen und bei guten Freunden in Verwahrung bringen.
Am 13. September strömten von allen Seiten österreichische Soldaten an und am 14. September um 6 Uhr früh zog General Nauendorf mit 20 000 Mann von der Stadt heraus, hier durch, marschierte an die Altmühl, um den Franzosen, die den Reisberg durchstreiften und bei Gungolding einen Verhau gemacht hatten, zu Leibe zu rücken.
Am 15. September kam es bei Neuburg zu Plänkeleien. Wir hörten stark und anhaltend die Kleingewehr- und Kanonenschüsse.
Am 21. September zogen die Franzosen von Neuburg und Eichstätt ins Schwaben, und Bayern ward von diesem Geschmeiß gesäubert.

Hiermit schließt der Pfarrer Söhrr seine Aufzeichnungen über das Jahr 1796. (Interessant ist das allgemeine Urteil, das er über die Soldaten der Revolution fällt, welche damals zum erstenmal in das Innere Deutschlands vordrangen...)

aus: „Heimatbuch Oberhaunstadt"
Wilhelm Ernst
Eichstätt, 1987 (2. Auflage)
Brönner & Daentler Verlag

Blick von Lenting aus nach Ingolstadt. Über die früher üblichen, flachgeneigten Legschieferdächer der Jura-Häuser schauend, erkennt man Oberhaunstadt und in der tiefer liegenden Donauebene Ingolstadt mit seinem Münster.

aus: A. Sager/J. Schneeberger: „Lenting"
Kipfenberg 1987
Hercynia Verlag

Manfred Röber

„Gute alte Zeit" in Greding

Ende des vorigen Jahrhunderts scheint es in Greding wirklich das gegeben zu haben, was heute nostalgisch die „gute alte Zeit" genannt wird. Jene soziale Schicht, die wir als Mittelstand bezeichnen würden, hatte sich in ihren Verhältnissen, so gut es ging, behaglich eingerichtet. Aus Aufzeichnungen der Witwe des Notars Otto Stett, der in Greding von 1894 bis 1898 amtierte, erfahren wir ein wenig über die Stadt in diesen Jahren und über die kleinen Freuden und den Lebenszuschnitt einer bürgerlichen Familie. Selma Stett, geb. Jolas, die 1954 im Alter von 91 Jahren starb, schrieb in einem 1936 verfaßten Aufsatz von ihren „glücklichsten Jahren".

Selma Stett berichtet

Die bei Abfassung des Manuskripts schon recht betagte Autorin erinnert sich noch recht gut, daß das dem Posthalter gehörende Haus, in dem Kanzlei und Wohnung des Notars untergebracht waren, ursprünglich recht „verwahrlost" gewesen sei. Nach der Renovierung durch den Hauswirt habe sich der Notar bereiterklärt, statt der bisherigen 200 Mark Jahresmiete 400 zu zahlen. Selma: „Im Haus wurde der Gang gegen das Erdgeschoß durch einen Verschlag abgeschlossen, alle vier Räume wurden tapeziert, der Schlotmantel der Küche beseitigt und eine Wand im großen Zimmer eingezogen, so daß wir vier Wohnräume, eine Küche und Mädchenzimmer hatten. Die Kanzlei und Waschküche befanden sich im Parterre."
Offenbar gab es 1894 in Greding noch keine oder nicht überall eine Straßenbeleuchtung, denn Selma Stett klagt, der Einzug ins Haus im Lauf des Oktobers sei so „trübselig" gewesen, „daß unser Dienstmädchen, das wir von München mitbrachten, sagte, da bliebe sie nicht". Die „Perle" scheint es sich dann anders überlegt zu haben, denn Frau Stett teilt später mit, daß das Mädchen „als Notarsköchin sehr hofiert" worden sei.

Spitzwegidylle

Die Notarswitwe schildert, welchen Eindruck Greding seinerzeit auf sie machte: „... ein reizendes, noch ganz mittelalterliches Städtchen, umgeben von Mauern und spitzdachigen Festungstürmchen, mit gutgepflasterten Gassen und einigen ganz ansehnlichen Gebäuden, zu denen freilich unser Notariatshäusl nicht gehörte...

Greding, mit der Welt durch ein von Roth bei Nürnberg abzweigendes Lokalbähnchen mit 14 Stationen verbunden, liegt so weit ab von größeren Städten, daß wir auf unseren Wanderungen durch die wunderschöne Umgebung stundenlang keinem Menschen zu begegnen pflegten und den weiten Umkreis des Städtchens wie unseren Eigenbesitz ansehen konnten."

Knappe Mittel

Materiell mußte sich diese bürgerliche Familie offenbar nach der Decke strecken, denn bei Selma Stett heißt es: „Viel bieten konnten wir nicht, aber es kam alles aus gutem Herzen." Sie erinnert sich dann weiter, daß die Brüder ihres Mannes, Heinrich (Kötzting) und Carl (Leipzig) im Frühjahr 1894 längere Zeit auf Urlaub in Greding weilten. „Das Weihnachtsfest verbrachten sie auch bei uns und konnten sie dann gleich dienstliche Schlittenfahrten mit Otto machen, von denen ich heute noch schöne fotografische Winterlandschaften besitze."
Das gesellschaftliche Leben scheint im Umkreis der Notarsfamilie nicht sehr rege gewesen zu sein, „denn sonstigen Verkehr gab es in Greding wenig. Nur an Apotheker Rößner hatte Otto sich angefreundet, den er täglich zu einem kleinen Schwatz aufsuchte".
Zum Notariatsbezirk gehörte damals auch Thalmässing, wo Otto Stett monatlich einen Amtstag abhielt. „Im Notariat gab es nicht viel zu tun, so daß Otto sich jeden Nachmittag frei machen konnte. Doch waren seine Einnahmen mit jedem Jahr um tausend Mark höher. Mit 90 Mark habe ich den Haushalt bestritten."
Noch 1936 stellt Selma Stett rückblickend fest: „Nirgends war es so schön wie in Greding." Als sie 1935 mit ihrem Enkel Otto den „lieben Ort" noch einmal aufsuchte, meinte sie, an Greding seien „die 37 Jahre spurlos vorübergegangen". Es liege noch „ebenso verträumt da, wie in unserer Zeit...".
Diese Schilderung bürgerlichen Daseins zu Ausgang des vorigen Jahrhunderts soll das Lebensgefühl einer Generation verdeutlichen, die ein Greding erlebte, dem der Krieg endlich einmal über ein halbes Säkulum ferngeblieben war. Die Auseinandersetzungen von 1864 und 1866 hatten es nicht berührt, und erst der deutsch-französische Konflikt von 1870/71 verlangte wieder einen menschlichen Blutzoll. Beim bayerischen Kontingent fielen in Bismarcks Krieg, der zur Reichseinigung führte, auch Gredinger Männer, deren man heute noch auf dem Kriegerdenkmal gedenkt.

Die „Gredl"

Erst im letzten Viertel des 19. Jahrhunderts erhielt Greding seine moderne Verbindung zur Welt, die „Gredl", ein Bähnchen mit vielen Stationen. Ehe diese wesentliche

technische Errungenschaft am 1. Juni 1888 in Betrieb gesetzt wurde, waren der Projektierung gründliche Untersuchungen vorausgegangen.
Die Kosten für die Schienenstrecke von Roth nach Greding (39,2178 km) waren für das damalige Verständnis recht hoch: 1 915 000 Mark oder, auf den Kilometer umgerechnet, 48 600 Mark. Als aufschlußreiches Detail weiß Wenzel Sehr anzugeben, daß der Taglohn der Arbeiter, die beim Eisenbahnbau beschäftigt waren, bei 1,70 Mark lag. Männliche Arbeiter unter 16 Jahren bekamen eine Mark, während die Frauen über 16 sich mit 1,40 Mark und weibliche Arbeiter unter 16 Jahren gar mit 80 Pfennig zufrieden geben mußten. Der Bahnhof in Greding war in den ersten Jahren nach der Eröffnung mit einem Betriebsleiter, einem Adjunkten und einem Stationsgehilfen besetzt. Für Lokomotiv-Fans dürfte interessant sein, daß damals auf der Strecke zwei Lokomotiven der Serie D-VII mit den Namen „Hinterstein-Ramsau" und „Fundersee" eingesetzt waren. Eine dritte Lok war zum Austausch beim Betriebswerk in Nürnberg bereitgestellt. Die Gleisanlage bestand zum Teil aus Langschwellen (bis 1926). Die höchstzulässige Geschwindigkeit betrug 30 km/h.
Ein erster Probelauf der „Gredl" wurde 1887 mächtig gefeiert. Bei diesem Eisenbahnfest, das ist überliefert, nahmen die Gäste zu sich: Blumenkohlsuppe (Karfiolsuppe) mit gebackenen Knödeln, Spanferkel und Senf, Rindfleisch mit Karfiol und Preiselbeeren, Schinken, Zunge und Spinat, gebackene Fische mit Kopfsalat, Lendenbraten mit „Brümeln" sowie Torte, Wein und Kaffee...

aus: „Greding"
Manfred Röber
Herausgegeben von der Stadt
Greding 1986 (2. Auflage)

Frühling im Juraland *(Foto: Max Vogt-Vilseck)*

Josef Ettle

Jagderlebnisse im Juraland

Das Juraland ist altes Jagdgebiet. Der Eichstätter Redakteur Josef Ettle, selbst leidenschaftlicher Jäger, hat in seinem Buch „Der Dreiviertelmond" interessante Jagd- und Heimatgeschichten aus diesem Gebiet zusammengetragen und mit zahlreichen Abbildungen versehen. Die erste Begebenheit führt uns an die sogenannten „Lache", ein malerischer Waldtümpel am Rande vom Saupark zwischen Wasserzell, Ochsenfeld, Konstein, Breitenfurt und Obereichstätt:

Im Saupark hatte der junge Förster fünf Sauen gekreist. Schätzungsweise 30 Schützen wurden eilends zusammengerufen. Es war klar und die Luft schneereich. Dies machte allerdings den Wald ziemlich hellhörig.

So lautlos wie es nur gerade ging, pirschte alles den vorgesehenen Ständen zu. Als ich gerade stand und schon gespannt auf das Anblasen wartete, stieg mein Dackel Poldi, der Oberinspektor, an der Leine in die Höhe.

„Au weh zwick", das bedeutet nichts Gescheites, dachte ich. Und wirklich bald wurden wir zum Sammelplatz gerufen. An der Stirnseite des großen Waldtreibens waren die fünf Sauen durchgezogen, bevor das Treiben geschlossen werden konnte. Hugo Haberle sah noch die Pürzel.

Wenige Tage später war eine Treibjagd, auch im Saupark. Ein Forstbeamter flickte eine Sau an, die ihn dann auf einen Baum jagte. Sein Nachbar gab dem Schwarzkittel den Fangschuß und der Grüne konnte seinen unfreiwilligen und unbequemen Aufenthalt auf einer Fichte abbrechen.

Am 18. Januar 1978 war es teils bewölkt, teils klar. Es lag auf der Jurahöhe einigermaßen Schnee. Die Temperatur betrug etwa zehn Grad minus. Um 16 Uhr richtete ich mich zusammen. Alles Notwendige packte ich auf einen Schlitten: Einen kleinen Sack mit Heu, Decken, den Rucksack einschließlich warmem Rum mit Tee, natürlich die Bewaffnung und das Glas.

Heute sollte es einer Sau gelten. Seit Wochen spürte ich immer wieder bei der Lache Sauen. Sie besuchten auch eine rund 500 Meter weit entfernte Rehfütterung. Eine gute Stunde dauerte der Anmarsch. Zuerst setzte ich mich auf dem Schlitten an, gedeckt hinter ein paar kräftigen Eichen. Doch der Platz behagte mir nicht sonderlich. „Wenn du so a Sau krankschießt", ging es mir durch den Kopf, „und sie nimmt dich an? So schnell kommst du nicht aus deiner Umhüllung". So versteckte ich den Schlitten, ging zu einem nicht weit entfernten Hochsitz und baumte auf, den Dackel unter dem Arm. Oben richteten wir uns so gut es ging ein.

Der Dreiviertelmond wanderte. Durch das kahle Geäst konnte ich sehr gut seinen Weg und die zurückgelegte Strecke verfolgen. In der gottverlassenen Einsamkeit des tiefen Forstes konnte ich nicht einmal die Kirchenglocken richtig schlagen hören, nur verschwommen vernahm ich manchmal das Schernfelder Geläute.
Und wenn der Mond gar so kalt wandert und die Stille schon fast drückend wirkt, höchstens weit fort einmal ein Waldkauz ruft, dann fallen einem die alten Geschichten ein, die die Großmutter vor vielen Jahren erzählte, und es wird einem unheimlich. Das wilde Gjach muß unsere Altvorderen schon recht in Schrecken versetzt haben. In Hegelohe gab es einen Handwerker, den das wilde Gejage ganz übel zurichtete. Er war Schuster und trug am Abend sein Tagwerk zu den Kunden und säckelte die Zehnerl und Fufzgerl. Freilich macht das Sitzen auf dem Schusterbock, das Stechen mit der Ahle und das Richten des Drahtes durch Einreiben mit Schusterspech durstig. So blieb der Hegeloher fast jeden Abend in irgendeiner Wirtschaft des Anlautertales, des Altmühltales oder der Jurahochregion hängen.
Um die Weihnachtszeit machte er sich gedankenschwer in einer stürmischen Nacht auf den Weg zum trauten Herd. Schon von weitem hörte er das gefährliche Rumoren; ein sicheres Bergen gab es da schon nicht mehr. Das wilde Gjach kam heulend und pfeifend, juchzend und brüllend heran. Der Schuster wurde hochgehoben und in eine dichte Dornenhecke geworfen. Arg richteten ihn die wilden Rosen zu.
Mühselig rappelte er sich hoch, torkelte heim und erzählte seiner Alten, was vorgefallen war. Sie richtete ihn wieder zusammen, konnte sich aber die Bemerkung nicht verkneifen: „Mannsbild bsuffans".
Der Mond hatte wieder zwei Eichenäste geschafft. Wie ein Schatten glitt gut und gern zweihundert Meter weiter ein Reh durch den Wald und strebte der Futterstelle zu. Am rauhbehaarten Bauch des Hundes wärmte ich mir die Hände.
Da fiel mit die alte schaurige Geschichte vom Moosburger ein. Der Moosburger war hartherziger Graf, der in den Bergen seinen stattlichen Besitz hatte. Wilddiebe ließ er unbarmherzig an einen Hirsch schmieden und vom wilden Tier zu Tode schleifen. Darum ist er verflucht.
Immer wenn es einen Sturm gibt, muß er vor dem Gebetläuten am Abend aus seinem Grab heraus und in den Wald hinein. Dort warten schon alle die gequälten Hirsche auf ihn mit den Gerippen der von dem Grafen geschundenen Menschen. Die Totenschädel grinsen und ihre knöchernen Finger greifen nach ihm. Da muß er flüchten über Stock und Stein, durch Disteln und Dornen und alles jagt hinter ihm drein und ein Entrinnen gibt es nicht. Bevor der Gockel in der Früh zum ersten Mal kräht, erwischen die Gespenster den Graf Moosburger, martern ihn, zerreißen ihn und zerstreuen seine Gebeine in die brausenden Lüfte. Vor dem endgültigen Hellwerden sammeln sich die Überreste des Grafen wieder im Grab, um erneut aufzustehen, wenn der Sturm heult. So geht das bis zum jüngsten Gericht. Bestimmt sieben Prisen

Als man noch mit der Flinte die Rehe schoß: Der Waidmann mit reicher Beute ist Gastwirt Jakob Geyer von Petersbuch. Der Bub ist Johann Geyer, heute Wirt von Pfahldorf.
(Foto: Josef Ettle)

Tabak hatte ich schon geschnupft, ein Stück Brot mit Speck gegessen und von meinem hochprozentigen Gebräu war auch nicht mehr viel da. Da vernahm ich in der Ferne, im Wald hinter mir, ein Knirschen im Schnee. Nach meiner Einschätzung war es ein Marder, und so drehte ich mich auch gar nicht um. Das Krachen im Schnee kam näher und wurde lauter. Als ich doch Nachschau hielt, war es eine Sau, die unaufhaltsam heranzog. Schlagartig war mir siedendheiß geworden und die beginnende Müdigkeit war verflogen. Vorsichtig einen Handschuh ausgezogen und die Waffe gerichtet. Lange hatte ich nicht mehr Zeit und die Sau hatte mich erreicht; der Mond sorgte annähernd für Tageslicht. Der Schuß war leicht. Doch die Sau ging in eine Fichtenschonung ab.

Nach der halbstündigen Wartezeit des Abkühlens und Abwägens, Bangens und Hoffens baumte ich ab. Mit dem Hund umschlug ich grob das Waldstück, in dem die beschossene Sau verschwunden war. Der Hund reagierte nicht. Inzwischen war der Mond auch hinter ein paar lichten Wolkenfetzen versteckt.
Mitteh der Nacht weckte ich den Förster Kriebel von Schernfeld, der einen guten Sauhund hatte und kündigte ihm die Nachsuche nach einer groben Sau an. Als er anderntags die Trittsiegel im Schnee sah, meinte er: „So grob ist die Sau aber nicht." Als der gute und eifrige Hund uns nach fünfzig Meter an den längst verendeten Schwarzkittel mit 46 Pfund herangeführt hatte, war dieser für mich doch „kapital".
Zuerst lachte ich einmal herzhaft aus lauter Freude. Dann versorgten wir den Überläufer und schleiften ihn über den gführigen Schnee ins Altmühltal. Das war meine erste Sau...
Rotwild war einst Standwild in den fürstbischöflich-eichstättischen Forsten. In den dreißiger Jahren des vergangenen Jahrhunderts wurde der Totalabschuß angeordnet. Wie Karl Kugler Mitte des vorigen Jahrhunderts in seinen „Geschichten und Sagen aus dem Altmühltal" schreibt, kamen allein im riesigen Schernfelder Forst rund 800 Hirsche, Stuck und Kälber zur Strecke.
Von den Jahren 1818 bis 1834 sind die Berichte von den Jagden im „Pfeiferl" und im „Zigeuner" erhalten. An manchen Tagen wurden von den fürstbischöflichen Jägern bis zu 90 Stück geschossen.
Einen ganz hohen Wildbestand hatten auch die gräflichen Waldungen von Pappenheim in jener Zeit. Chronisten schrieben nieder, daß an den Abenden in Lichtungen und am Waldsaum Rudel mit über dreißig Stück standen und freilich in den Feldern der Bauern arg zu schaden gingen.
Man kann es schon verstehen, daß die Bauern, denen oft die vielen Wildmäuler zum Ernten nicht mehr viel übrigließen, den Wildschützen jener Zeit Unterschlupf gewährten und ihnen Essen gaben, die sie vor dem obrigkeitlichen Wild schützten.
Die Bauern durften nicht einmal das Wild verjagen, sogar den Hunden mußte ein starker Prügel an den Hals gehängt werden, damit sie nicht jagern, streunen oder gar ein Stück reißen konnten.
In der Zeit des legendären bayerischen Hiasl, des Jennerwein und des Räubers Heigl gab es auch im Fürstenbistum einen gefürchteten Wilderer, den Schergenklaus. Wie er seinen Hals mit einer List aus der Schlinge zog und knapp dem Galgen entging, steht in dem Wilderbüchl „Der Schuß bei der Linde".

aus: „Der Dreiviertelmond"
Josef Ettle
Eichstätt 1983
Malepartus Verlag

Martin Winter

Mein schöner Hahnenkamm

... Da lobe ich zunächst einmal deine Bäche und Wässerlein, diese munteren Höhenkinder. Schon seit Jahrtausenden springen sie glucksend von deinem Dache herunter und laufen sich müde auf dem beschwerlichen Weg durch das Albvorland. Die einen eilen zur Wörnitz, die anderen zur Altmühl. Tiefe Täler und romantische Schluchten haben sie in dein Kalkgestein gegraben, haben dir mancherorts schon die Weißjurakappe abgezogen und deinen harten Eisensandstein zertalt. Aber ohne die formende und gestaltende Arbeit deiner Bäche wärst du gar nicht so schön, wie du dich heute zeigst.

Wer dich von der Ferne, etwa von den Burgsandsteinhöhen bei Gunzenhausen aus betrachtet, der erkennt dich im bäuerlichen Dunst nur als geschlossene, steil abfallende Mauer. Wer dich aber durchwandert, der merkt, daß du in zahlreiche Bergvorsprünge, tief eingreifende Talbuchten und zahlreiche Einzelberge gegliedert bist. Flüsse, Bäche und Gräben haben deinem Antlitz soviel heitere und jugendliche Anmut verliehen, daß du als die lebensfrohe Landschaft unseres Kreises von vielen Liebhabern verehrt und bewundert werden kannst.

Nur zweier deiner munteren Bächlein will ich hier gedenken. Sie führen den gleichen Namen, Rohrach werden sie genannt. Die westliche Rohrach hat südlich von Spielberg über Heidenheim, Hechlingen, Ursheim und Polsingen ein liebliches Tal ausgefurcht, in dem sie quicklebendig dahineilt. Sie gluckst um die Wurzeln der Schwarzerlen. Sie tänzelt um die alten Silberweiden, die zahlreich an ihrem Ufer stehen. Sie hat nicht viel Zeit, mit den roten Lichtnelken und den weißen Margeriten zu schwatzen, nicht einmal mit dem Schilfrohr, das ihr zu ihrem Namen verhalf. Die blauen Libellen die spielerisch über ihre Wellen gaukeln, sind empört über ihre Eile, aber die Rohrach ist ein Höhenkind und will schnell dem Ries, der großen Bauernschüssel, zustreben, wo die Wörnitz auf sie wartet, um sie mitzunehmen zur weiten Reise mit der Donau.

Die östliche Rohrach ist von anderer Art. Sie strebt zur Altmühl und läßt sich etwas mehr Zeit. Von Degersheim über Rohrach, Windischhausen und Wettelsheim hat sie ein tiefes Tal eingeschnitten, das schönste wohl in unserem Landkreis. Stille liegt über diesem Wiesengrund. Der Wald steigt von den nahen Steilhängen herab und drängt sich dicht an das Flüßlein heran. Rehe äsen friedlich an seinem Rande, ein Specht hämmert irgendwo drüben im Hochwald, eine Wildtaube klatscht auf. Ein schönes, stilles Tal.

Aber nicht nur die Bächlein mit ihren lieblichen Tälern muß ich rühmen. Der Wald wartet schon auf ein Loblied, der schöne Hahnenkammwald. Er ist überall, auf den Bergen, in den Tälern, an den Hängen, auf den einsamen Hochflächen. Er umsäumt die braunen Felder und die blühenden Wiesen. Er rauscht aus seinem grünen Herzen hinein in die stillen Dörfer. Er ist der schönste Wald im ganzen Kreisgebiet, heiter und ernst, hell und düster, lieblich und wild zugleich, eine erregende und wieder beruhigende grüne Welt. Im Mittelalter beherrschten vorwiegend Laubbäume die Höhen. Die Rotbuche, die Mutter des Hahnenkammwaldes, überschüttete jeden Herbst die Waldböden mit ihrem braunen Laub und schenkte damit dem Unterholz immer wieder neue Lebenskraft. Noch heute ist die Rotbuche der häufigste Baum in den Wäldern. Wie herrlich diese Buchendome auf den Höhen, wie zauberhaft die Frühlingspracht, bevor sich das Laubdach wölbt! Die Eiche, die Königin des Waldes, fand auf den tiefgründigen Tonböden der Talhänge eine gediegene Heimat. Noch vor dem letzten Weltkrieg standen dort jahrhundertealte Baumriesen. Heute ist die alte Eichenherrlichkeit vorüber, seit Fichte und Lärche durch die moderne Forstwirtschaft immer mehr eingebürgert und verbreitet werden.
Wie viele Tiere hast du, lieber Hahnenkamm, in den Zeiten der Not aus deinem Laubwald genährt! Nicht nur dein Wild hast du mit dem Wald über unerbittliche Winter gebracht, auch die Menschen hast du daraus versorgt. Sogar aus den fernen Großstädten kamen nach dem letzten großen Krieg die Hungernden, um in dem Laub der Wälder nach fetthaltigen Bucheckern zu suchen und sie in der Ölmühle auspressen zu lassen. Heute versorgst du mit deinen Wäldern nicht mehr die Hungernden, heute labst du die Müden und Abgehetzten. Rufe sie hinein in den stillen Frieden deiner Wälder, in die heilsame Luft, in den würzigen Kräuterduft! Lade sie ein zu einem erholsamen Spaziergang durch deine Buchenhaine! Zeige ihnen deine stillen Wunder, denn der Wunder birgst du so viele! ...

aus: Vom Altmühltal zum Hahnenkamm
Martin Winter
Hohentrüdingen, 1988

Weitere Autorenhinweise:

Ackermann, Rudolf Johannes: geb. 1936, Kunsterzieher, Eichstätt;
Bauch, Johann: geb. 1949, tätig beim Informationszentrum des Naturpark Altmühltal, Eichstätt;
Bielohlawek-Hübel, Gerold: geb. 1948 in Ingolstadt, Lehrer, Riedstadt;
Böckl, Manfred: geb. 1948, Schriftsteller in Lappersdorf bei Regensburg;
Dietz, Eduard: geb. 1932 in Breitenbrunn, Schriftsteller, Nürnberg;
Dorner-Wenzlik, Elisabeth: geb. 1949, Amberg;
Eich, Günter: (1907-1972)
Eichenseer, Erika: geb. 1934, Heimatpflegerin, Regensburg;
Ernst, Wilhelm: geb. 1916, Rektor i. R., Ingolstadt;
Ettle, Josef: geb. 1941, Redakteur beim Eichstätter Kurier, Eichstätt;
Fechner, Josef: geb. 1948, Uhrmachermeister, Berching;
Fendl, Josef: geb. 1929, Realschulkonrektor, Neutraubling;
Ganghofer, Ludwig: (1855-1920);
Gäck, Anton: (1902-1983);
Goetzl, Renate: geb. 1952, Redakteurin beim Neumarkter Tagblatt (Beilngries/Berching), Berching;
Hecker, Josef Ludwig: geb. 1910, Ingolstadt;
Held, Konrad: geb. 1936, Chefredakteur in Bamberg, Eichstätt;
Hölle, Margret: geb. 1927 in Neumarkt, Otterfing;
Keller, Christel: geb. 1946, Treuchtlingen;
Kinast-Edi: = Oberpfälzer Hausname von Eduard Dietz;
Kölwel, Gottfried: (1889-1958);
Kugler, Karl: (1803-1881);
Kühmoser, Karl: geb. 1961, Abitur in Neuburg, studiert in München und lebt in Rain am Lech;
Krach, J. Ernst, Dr.: geb. 1944 in Pappenheim, Diplombiologe und Studienrat, Ingolstadt;
Kraft, Wilhelm, Dr.: (1891-1969);
Liebl, Franz: geb. 1923, Lehrer i. R., Weißenburg;
Müller, Joseph Anton: (1764-1852);
Naubert, Helga: geb. 1939, tätig bei den Neumarkter Nachrichten, Neumarkt;
Ott, Alois Maria: geb. 1891 in Ingolstadt, Lehrer i. R., Starnberg;
Röber, Manfred: geb. 1928, Ressortleiter beim Donau Kurier, Riedenburg;
Röttel, Karl, Dr.: geb. 1939, Studiendirektor, Buxheim;
Salomon, Dieter: geb. 1940, Oberstudienrat, Wettstetten;
Schauer, Leonhard: geb. 1921, Angestellter i. R., Solnhofen;
Schauwecker, Heinz, Dr.: (1894-1977);
Scheringer, Richard: (1904-1986);
Schramm, Godehard, Dr.: geb. 1943, Schriftsteller in Nürnberg;
Senninger, Frieda: geb. 1898 in Regensburg, lebt in Ingolstadt;
Staudigl, Franz Xaver: geb. 1925, ehem. Bürgermeister, Beratzhausen;
Stöber, Karl: (1796-1865);
Till, Anneliese: geb. 1952, Wemding;
Tischlinger, Helmut: geb. 1946, Lehrer, Stammham;
Wessely, Herbert: geb. 1908, Schriftsteller und Kunstmaler, Karlsruhe;
Winter, Martin: geb. 1913, Oberlehrer i. R., Hohentrüdingen;
Zettel, Herbert: geb. 1929, Lehrer i. R., Ingolstadt;
Zöllner, Michael: = Olma, Karl geb. 1914, Redakteur i. R., Ingolstadt;